Gerhard Conrad/Martin Specht

Keine Lizenz zum Töten

Gerhard Conrad
Martin Specht

KEINE LIZENZ ZUM TÖTEN

30 Jahre als BND-Mann
und Geheimdiplomat

Econ

Wir verpflichten uns zu Nachhaltigkeit
• Klimaneutrales Produkt
• Papiere aus nachhaltiger Waldwirtschaft und anderen kontrollierten Quellen
• ullstein.de/nachhaltigkeit

MIX
Papier | Fördert gute Waldnutzung
FSC® C014496
www.fsc.org

Econ ist ein Verlag
der Ullstein Buchverlage GmbH

ISBN 978-3-430-21079-9

2. Auflage 2022

Lektorat: Dr. Annalisa Viviani, München
Gesetzt aus der Sabon Next LT Pro
Satz: LVD GmbH, Berlin
Druck und Bindearbeiten: GGP Media GmbH, Pößneck

Nichts Besseres weiß ich mir an Sonn- und Feiertagen als ein Gespräch von Krieg und Kriegsgeschrei, wenn hinten, weit, in der Türkei die Völker aufeinanderschlagen. Man steht am Fenster, trinkt sein Gläschen aus und sieht den Fluss hinab die bunten Schiffe gleiten. Dann kehrt man abends froh nach Haus und segnet Fried und Friedenszeiten.

Johann Wolfgang von Goethe, *Faust I*

Inhalt

EINLEITUNG

EU TOP SECRET?

Manchmal gibt es Momente, in denen die Zeit stillzustehen scheint. Inmitten großer Veränderungen, revolutionärer Umbrüche und Krisen, kehrt dann für einen Augenblick eine merkwürdige, fast unwirkliche Ruhe ein. Zuweilen bringt dieser Moment auch Klarheit, und man wird sich der Probleme nur allzu bewusst. Was ist bisher geschehen, wie soll und wird es in Zukunft weitergehen? Das sind die Fragen, die sich in solchen Augenblicken stellen. Einen solchen erlebte ich 2019 in Brüssel. Seit 2016 war ich dort Direktor des EU Intelligence Analysis Center (EU-INTCEN). Alle zivilen Geheim- und Nachrichtendienste der EU-Mitgliedstaaten stehen mit diesem Stab in Verbindung und unterstützen ihn. In meiner Funktion war ich der ranghöchste zivile Nachrichtendienstmitarbeiter in den Europäischen Institutionen. In wenigen Tagen würde ich diesen Posten abgeben. Einige Wochen später – nach fast dreißig Dienstjahren – auch den Bundesnachrichtendienst verlassen und mich in den Ruhestand begeben. Von Ruhe konnte in diesem Moment jedoch noch keine Rede sein, da ich vollauf damit beschäftigt war, die Amtsgeschäfte an meinen Nachfolger zu übergeben. An diesem Tag blieb ich darum bis zum Abend im Büro, im vierten Stock des Gebäudes, das auch den Militärstab der Europäischen Union beherbergt. Unten floss während der Rushhour der Verkehrsstrom stetig und gleichmäßig auf der Avenue de Cortenbergh. Der Verkehrslärm war in den klimatisierten Räumen nur gedämpft zu hören. Ein Hintergrundrauschen, wenn man so will, das von der Betriebsamkeit der europäischen Hauptstadt zeugte. Ich nahm etwas vom Schreibtisch und blickte dabei kurz aus dem Fenster auf die Lichter der Fahrzeuge. Dann fokussierte ich mich vom Verkehrsgeschehen auf mein Spiegelbild. Vor dem Hintergrund der abendlichen Großstadt betrachtete ich einen Moment lang den Mann in dunklem Anzug und Krawatte. Das war das Outfit, das man von mir als Director EU-INTCEN erwartete. In der Hand hielt ich ein geheimes Schriftstück. Passte also auch. Bei der Betrachtung des Spiegelbilds musste ich beinahe zwangsläufig an all die Schauplätze und Einsatzorte denken, an denen ich in den zurückliegenden dreißig Jahren als Mitarbeiter des BND aktiv war. Sie hätten unterschiedlicher nicht sein können. Das großzügige Büro in Brüssel mit seiner Sitzgarnitur, dem opulenten Besprechungstisch und dem Distanz gebietenden Schreibtisch war ebenso ein Arbeitsplatz, wie es die heißen und stickigen Hinterzimmer im kriegszerstörten Gazastreifen oder im Nachkriegs-Beirut waren, in denen ich mich mit der Hamas oder der Hizballah* getroffen habe. Eine Runde von hochrangigen Gästen war mir ebenso vertraut wie ein konspiratives Treffen im Nahen Osten inmitten eher finster dreinschauender Bewaffneter. Ich habe an einem Tag mit Staatsoberhäuptern, Regierungschefs und UN-Generalsekretären verkehrt und am nächsten mit Personen, die im Namen ihrer Ideologie zum Schlimmsten bereit waren. So bin ich in vielen Welten zugleich zu Hause gewesen. Einige davon sind durch meine berufliche Tätigkeit eng miteinander verbunden. Viele Missionen, an denen

---

* »Hizb Allah« bedeutet Partei Gottes und wird im Arabischen mit »z« geschrieben, darum verwende ich hier durchgängig die Schreibweise Hizballah. Der Leser möge es verstehen, dass ich – auch hier – nicht aus meiner Orientalistenhaut herauskann.

ich teilgenommen habe, Aufgaben, mit denen ich betraut war, hatten sehr ernste Hintergründe. Die Erinnerungen daran sind intensiv und manchmal allzu gegenwärtig. Darum lässt mich mitunter ein Blick auf die tief hängenden Regenwolken über Downtown-Brüssel oder Berlin an die Rauchwolken über dem brennenden Beirut denken.

Die Begegnung mit meinem Spiegelbild war tatsächlich nur eine Momentaufnahme, doch auch ein Moment der Reflexion im doppelten Sinn. Nachdenklich legte ich den Übergabebericht an meinen Nachfolger in den Panzerschrank. Gleich drei dieser Ungetüme befanden sich in meinem Büro. Ganz offenbar zierten sie bereits seit Einzug meines Vorvorgängers William Shapcott diese Räume. In einem davon befanden sich unsere Verschlusssachen, in einem zweiten die Geheimnisse meiner Vorgänger – nüchterner ausgedrückt: historische Akten –, und der dritte war leer und wurde nicht mehr benutzt. Die Panzerschränke waren letztlich ein Anachronismus, sie hätten zwar eine gute Kulisse in einem Spionagefilm abgegeben, der im letzten Jahrhundert spielt, doch im Zeitalter von verschlüsselter Kommunikation und Informationstechnologie hätte man sie eigentlich nicht mehr benötigt. Dass ich mich ihrer bei EU-INTCEN immer noch bediente, hing damit zusammen, dass die europäischen Institutionen den entscheidenden Schritt in die Moderne noch nicht gemacht hatten. Das wurde mir seinerzeit schmerzlich bewusst. Die in der EU vorherrschende friedliche Transparenz und allseitige Verständigung im Vordergrund sehende Mentalität hatte bislang verhindert, dass EU-INTCEN die erforderlichen Mittel und Befugnisse für einen gesicherten Informationsverbund mit seinen Abnehmern in Brüssel und in den über 140 EU-Delegationen im Ausland zugestanden worden waren. Digitale, verschlüsselte Kommunikationstechnologie anstatt Aktenstapel und Panzerschrank hätten eine milliardenschwere Investition vonseiten der Europäischen Union bedeutet. Es reicht ja nicht aus, einfach die entsprechenden Geräte aufzustellen und in einem gesicherten Netzwerk zu verbinden, sondern es müssen auch die Räume, in denen sie sich befinden, umgebaut und mit moderner Technologie abgeschirmt werden. Hier ist die Rede von weitläufigen Umbaumaßnahmen in zahlreichen Gebäuden und EU-Liegenschaften. Für ein solches Großprojekt muss der politische Wille vorhanden sein, und der wiederum basiert auf der Erkenntnis, dass es notwendig ist, ein leistungsfähiges EU Intelligence Analysis Center wirksam – und das bedeutet ebenso zeitgerecht wie sicher – in die Beratungs- und Entscheidungsprozesse der EU zu integrieren. Im Grunde war diese Erkenntnis ja ursprünglich vorhanden. Sie hatte dazu geführt, dass der »Kortenberg«, also das Gebäude, in dem sich INTCEN und EU-Militärstab befinden, um die Jahrtausendwende entsprechend konzipiert und ausgestattet war, damit jedoch im Ergebnis eine abgeschirmte Insel innerhalb der Institutionen bildete, die ihre Geheimnisse nur analog mit eingestuften Papieren verteilen konnte. Innerhalb des »Kortenberg« waren die Voraussetzungen für die höchste Geheimhaltungsstufe »EU TOP SECRET / TRÈS SECRET« geschaffen. Doch noch besaßen alle anderen Bereiche in der EU weder die Verfahren noch die Produkte, die eine solche Einstufung ermöglicht hätten. Höchste Zeit zum Handeln, dachte ich damals, während draußen der Verkehr abebbte, und ließ die verschiedenen Forderungen, die in Ratsschlussfolgerungen der vergangenen Jahre bereits dazu erhoben, jedoch nie umgesetzt worden waren, Revue passieren. Ich geriet ins Grübeln. Keiner wollte wohl den Schuss hören. In den vergangenen dreißig Jahren war die Welt beileibe kein besserer Ort geworden. Im Gegenteil, die Bedrohungslage war vielgestaltiger und schwerwiegender denn je geworden. Zum ersten Mal in der Geschichte der Menschheit lebten wir in einem *military global village*. Im

21. Jahrhundert würde bald schon jeder jeden erreichen können, nicht nur die relativ wenigen nuklearen Großmächte. Nordkorea würde höchstwahrscheinlich über einsatzfähige Raketen verfügen, die alle europäischen Städte treffen konnten, der Iran ebenso. Dazu gesellten sich neue Risiken der allen zugänglichen hybriden Kriegführung: Terrorismus, *dirty bombs*, ABC- oder groß angelegte Cyberangriffe. Regionale Konflikte bedrohten aufgrund der vielfältigen globalen Abhängigkeiten zunehmend die lebenswichtigen Liefer- und Versorgungsketten auch und besonders in Europa. Eine transnationale, global organisierte Kriminalität war in der Lage, Staaten und Wirtschaftsräume zu destabilisieren. Immer deutlicher wurden die gravierenden Konsequenzen des Klimawandels für Ressourcen und Überlebensräume ganzer Völker, mehr denn je drohten existenzielle Verteilungskonflikte und Migrationsbewegungen. Die schon 1808 von Goethe ironisierte heitere Unbeschwertheit des Spießbürgers aus dem Osterspaziergang im *Faust* war und ist heute weniger denn je angebracht und doch noch erschreckend weit verbreitet und handlungsbestimmend.

In solchen eher beschwerten Momenten der Reflexion tauchte immer wieder der Gedanke auf, ein Buch zu schreiben, in dem es um die Bedeutung von Nachrichtendiensten und ihren möglichen Beitrag zur Problemerkenntnis und Entscheidungsfindung angesichts dieser epochalen Herausforderungen gehen würde. Keine unmittelbare operative oder administrative Verantwortung mehr tragen zu müssen könnte von Vorteil sein. Es würde mir erlauben, einen Schritt zurückzutreten und eine andere, distanziertere Perspektive ohne tagespolitische Hektik und Rücksichtnahme einzunehmen, auf meine Erfahrungen zurückzublicken und die eine oder andere Schlussfolgerung zu ziehen.

Seitdem ist noch einiges mehr auf uns alle zugekommen. Allem voran natürlich ein Russland unter Präsident Putin, das nach den ersten massiven Übergriffen und der Annexion der Krim im Jahre 2014 nunmehr einen veritablen Feldzug gegen die Ukraine mit – inzwischen öffentlich erklärten – weitreichenden imperialen und revisionistischen Ambitionen und dem Einsatz des ganzen Spektrums hybrider Kriegführung begonnen hat, die ganz Europa unmittelbar bedrohen. Doch auch Chinas umfassende Hegemonialpolitik im eigenen regionalen Umfeld bringt ein großes Konfliktpotenzial bis auf die globale Ebene mit sich, wie die jüngsten – noch begrenzten, jedoch immer schwerwiegenderen – militärischen Eskalationen um Taiwan verdeutlichen. Die ohnehin schon problematische globale Ernährungs- und Versorgungslage wird durch die aktuellen Konflikte noch weiter massiv verschärft. Hunderte von Millionen Menschen sind existenziell bedroht.

Allein diese wenigen Beispiele zeigen: Wir befinden uns in einer epochalen Krise, deren Verlauf und Dimensionen nicht absehbar sind, die uns jedoch in jedem Fall in unserer Fähigkeit und unserem Willen zur Selbstbehauptung massiv fordern wird. Die seit den 1990er-Jahren so lieb gewordenen Vorstellungen vom »Ende der Geschichte«, von einer Ära mit den USA als »einzig verbliebener, natürlich vornehmlich im Sicherheitsinteresse ihrer Alliierten und Freunde – darunter Deutschland – handelnden Supermacht«, von einer Epoche des westlich orientierten normbasierten internationalen Multilateralismus und natürlich einer Zeit der »Friedensdividende« für Deutschland, hätte eigentlich bereits früh angesichts aller Konflikte und Kriege infrage gestellt werden müssen. Stattdessen haben zu viele zu lange an dieser vielfach auch politisch identitätsstiftenden Vorstellungswelt festgehalten, um dann plötzlich »in einer anderen Welt« aufzuwachen, die es leider zuvor schon die ganze Zeit gegeben hatte. Offensichtliche wie weniger prominente, dafür umso eindeutigere Anzeichen für das, was uns vor Kurzem schlagartig wachgerüttelt hat, hatte es eigentlich ausreichend gegeben. Gerade hier sind wirksame Auslandsnachrichtendienste aufgerufen, ihren Beitrag zu leisten. Sie sind, sachgerecht mandatiert, kompetent eingesetzt und angemessen in die staatlichen Entscheidungsprozesse einbezogen, ein wertvolles Instrument der Daseinsvorsorge, der Krisenprävention und der Krisenbewältigung, kurzum der Sicherheitsgewährleistung und Gefahrenabwehr. Im Fall des BND habe ich während meiner langjährigen Tätigkeit immer wieder erfahren müssen, dass die Möglichkeiten, die sich hier geboten hätten, nicht oder nicht angemessen genutzt, zum Teil jedoch auch noch nicht einmal geschaffen wurden.

In meinem beginnenden »Unruhestand« wollte ich mich daher zumindest noch eine Weile darum bemühen, aus meinen Erfahrungen als Soldat, Politologe, Völkerrechtler und Orientalist, den einen oder anderen Hinweis oder Denkanstoß »zur gefälligen Kenntnisnahme« oder gar Nutzung zu geben. Anfang 2019 war erstmals in Deutschland ein Masterstudiengang »Intelligence and Security Studies« an der Hochschule des Bundes für öffentliche Verwaltung und der Universität der Bundeswehr in München eingerichtet worden. Dort und am King's College London sowie an Sciences Po in Paris habe ich nunmehr entsprechende Lehraufträge beziehungsweise eine Gastprofessur aufgenommen Im »Gesprächskreis Nachrichtendienste in Deutschland e.V.« (GKND), einem gemeinnützigen Verein, dem neben ehemaligen Nachrichtendienstmitarbeitern zunehmend auch interessierte Vertreter von Medien, Wirtschaft und Wissenschaft angehören, engagiere ich mich inzwischen für ein sachgerechteres und sachlicheres Verständnis nachrichtendienstlicher Belange in Deutschland. Unser Land ist auch international dafür bekannt, dass gerade in diesem Feld bislang eher ungenaue bis missverständliche Vorstellungen davon verbreitet sind, was ein Nachrichtendienst ist und welche Aufgaben er mit welchen Mitteln und unter welchen Vorgaben erfüllen kann. Die Dienste sind allein schon aufgrund der notwendigen Geheimhaltung ihrer Arbeit in allen Gesellschaften Projektionsflächen für Mythen und Machtfantasien oder aber auch für Ängste, Verdächtigungen und Vorurteile, die wiederum stark von der jeweiligen aktuellen oder auch historisch geprägten politischen Kultur eines Landes beeinflusst sind. Hier ist der öffentliche Diskurs in Deutschland in besonderer Weise von Erfahrungen mit schwerwiegenden Unrechtsregimen geprägt, auch wenn diese, zumindest institutionell, nunmehr seit geraumer Zeit überwunden worden und einer demokratisch legitimierten, grundrechtsbasierten liberalen Ordnung gewichen sind. An einer aus obrigkeitsstaatlichen Verhältnissen stammenden – von Distanz, Furcht und Ablehnung geprägten –, häufig vagen, aber wirkungsmächtigen Wahrnehmung des »Staates« als einer für »die Gesellschaft«, mehr noch für den Einzelnen, strukturell eher bedrohlichen, jedenfalls aber inhärent fremden Institution, scheint dies jedoch nicht allzu grundlegend etwas geändert zu haben. Dass die Statik auch der deutschen Sicherheitsarchitektur notwendigerweise auch auf Elementen von *hard power* nach innen wie im Außenverhältnis beruht, wird vor diesem Hintergrund nur allzu gerne als unliebsame Realität verdrängt oder normativ grundsätzlich infrage gestellt, ohne sich allzu viel mit den damit einhergehenden Konsequenzen zu beschäftigen.

Nach den Katastrophen des 20. Jahrhunderts ist die Entwicklung zu Demokratie und liberalem Rechtsstaat für Deutschland ein großes Glück gewesen. Dies zu bewahren und notfalls auch wirksam zu verteidigen, ist nun jedoch ebenfalls Verpflichtung, auch in partnerschaftlicher Verantwortung für unsere Nachbarn und Freunde. Deutschland ist keine Insel der Seligen, an der im Goethe'schen Sinne »hinten, weit, in der Türkei« die Weltläufe vorbeiziehen und nötigenfalls von anderen abzuwettern sind, die man dann gerne auch noch geneigt ist, aus komfortabler Zuschauerposition kritisch zu begleiten. Deutschland ist von globalen Entwicklungen existenziell abhängig, die es zu erkennen, zu verstehen und – wo möglich und nötig – zu beeinflussen oder gar in ihren Konsequenzen abzuwehren gilt.

Es ist dieser internationale Kontext, in dem der Bundesnachrichtendienst auf gesetzlicher Grundlage agieren und seine Aufgaben erfüllen muss. Seine Aufgabe ist im Kern nichts anderes als Wissenserwerb, Informationsgewinnung und Analyse, die im Interesse der Handlungsfähigkeit der Bundesregierungen und des Schutzes von Quellen und Methoden überwiegend im Verborgenen stattfindet. Die wohlbekannte Sentenz »Wissen ist Macht« ist universal, sie gilt auch für demokratisch legitimierte Regierungen. Dies hat das Bundesverfassungsgericht in einem Grundsatzurteil vom 19. Mai 2020 wie folgt unmissverständlich festgestellt: »Die Versorgung der Bundesregierung mit Informationen für ihre außen- und sicherheitspolitischen Entscheidungen hilft ihr, sich im machtpolitischen Kräftefeld der internationalen Beziehungen zu behaupten, und kann folgenreiche Fehlentscheidungen verhindern. Insoweit geht es mittelbar zugleich um die Bewahrung demokratischer Selbstbestimmung und den Schutz der verfassungsrechtlichen Ordnung – und damit um Verfassungsgüter von hohem Rang. Infrage steht mithin ein gesamtstaatliches Interesse, das über das Interesse an der Gewährleistung der inneren Sicherheit als solcher deutlich hinausgeht.«

In einer globalen Welt über eine valide Wissensbasis zu verfügen und wo nötig auch einen Wissensvorsprung zu haben, kann mitunter essenziell sein – sowohl im großen Ganzen als auch in der einzelnen taktischen Situation. Während meiner Tätigkeit im Bundesnachrichtendienst habe ich mehrfach erlebt, dass es von den richtigen Informationen abhängen kann, ob es gelingt,

Terroranschläge zu vereiteln, Geiseln zu befreien oder Soldaten der Bundeswehr im Auslandseinsatz vor imminenten Gefahren zu warnen. Wenn ich eines in den vergangenen vierzig Jahren – im militärischen Nachrichtenwesen der Bundeswehr, im Bundesnachrichtendienst, in privaten Studienaufenthalten, wie in späteren Auslandseinsätzen – erkannt habe, so dies: Nichtwissen kann spätestens in Krise und Gefahr tödlich sein, doch auch schon vorher kann es zu schweren Nachteilen in der eigenen Interessenwahrnehmung führen. Verantwortungsvoll Zukunftsvorsorge zu betreiben bedeutet darum eben auch, nachrichtendienstliche Erkenntnisse zu gewinnen und angemessen in sachgerechten Entscheidungen zu beherzigen. Das gilt für den Einzelnen im exponierten Einsatz ebenso wie für Staaten oder Bündnisse.

KAPITEL 1

Austausch erster Akt

Ich schrecke aus dem Halbschlaf und prüfe reflexartig mit der Hand, ob ich angeschnallt bin. Ein starkes Schütteln erfasst den Airbus. Die Turbinen heulen auf. Irgendwo fällt etwas mit lautem Klappern zu Boden. Außer mir und der Besatzung befindet sich nur eine Handvoll Passagiere an Bord – und die sterblichen Überreste dreier weiterer Menschen im Laderaum. Ich kann nicht genau sagen, wo wir sind, aber wenn ich die Flugzeit kalkuliere, müsste es an der Südseite der Alpen sein. Das würde auch die heftigen Turbulenzen erklären. Draußen ist es noch dunkel. Ich halte einen Moment lang erschöpft die Stirn an das kühle Fenster.

In den vergangenen Jahren bin ich zum Vielflieger geworden und kenne die Routen zwischen Europa und dem Nahen Osten in- und auswendig. Es ist früh am Morgen, der 29. Januar 2004. In Beirut wird bald die Sonne aufgehen. Wieder wird die Maschine durchgeschüttelt. Ein Flugbegleiter der Bundeswehr löst seinen Sicherheitsgurt und geht breitbeinig in Richtung Heck. Ich sehne mich nach einem heißen Kaffee. »Ich hoffe, der Kaffeeautomat funktioniert bei dem Gerüttel«, bemerke ich, als der junge Mann im olivgrünen Fliegeroverall an mir vorbeigeht. »Ohne Kaffee geht hier gar nichts«, scherzt er zurück. »Zum Fliegen fast noch wichtiger als Kerosin.« Ich folge mit dem Blick dem jungen Soldaten. Er gehört zur Besatzung der Medical Evacuation (MedEvac) der Bundeswehr. Eigentlich sind diese Flugzeuge zum

Transport verwundeter Soldaten aus Kriegszonen gedacht und mit modernster Medizintechnik ausgestattet, sodass an Bord auch eine intensivmedizinische Betreuung möglich ist. Die Bundeswehr besitzt gleich mehrere davon. Diesen Airbus setzt sie nun für die finale Phase einer Mission ein, zu der ich seit Jahren gehöre. Das Flugzeug ist hell ausgeleuchtet und in matten Farben gehalten. So wie man es von einem Behandlungsraum oder einem Operationssaal erwarten würde. Neben dem medizinischen Equipment sind auch einige Sitzreihen, die ungefähr der Kategorie Economy entsprechen dürften, im großen Innenraum montiert. Einige Meter entfernt sitzt die libanesische Delegation mit einer israelischen Geisel. Wir sind unterwegs zu einem Austausch von Gefangenen und Gefallenen zwischen der Hizballah und der israelischen Regierung, der in wenigen Stunden auf dem militärischen Trakt des Flughafens Köln-Bonn stattfinden soll. »Jetzt dauert es nicht mehr lange«, auf den Plätzen neben mir sitzen drei Forensiker der Bundeswehr und des Bundeskriminalamts. »Etwa eine Stunde«, verrät mir der Blick auf die Uhr. »Sie und Ihre Kollegen vom BKA haben tolle Arbeit geleistet«, sage ich. »Soweit das unter diesen Umständen möglich war, schon«, räumt der BKA-Mann ein. »Die Israelis haben uns ganz gute Informationen und Vergleichsdaten zur Verfügung gestellt. Damit kann man zumindest eine vorläufige Identifizierung vornehmen. Völlig sicher ist es aber erst mit einer DNA-Analyse.« Darauf erwidere ich: »Dann hoffen wir mal, dass diese in allen drei Fällen positiv ausfallen wird.« Die Forensiker sind Vollprofis und gehören wahrscheinlich zu den Besten ihres Fachs. Nüchterne Wissenschaftler, die mit dem Tod in all seinen Formen und Schrecken vertraut sind. Mit knapp 900 Stundenkilometern rasen wir dem Ziel entgegen. Seit zweieinhalb Jahren bin ich in die Verhandlungen des bevorstehenden Austauschs eingebunden, wenn man mich fragt, kann es jetzt gar nicht schnell genug gehen.

Es war im späteren Frühjahr 2001, als die neue israelische Regierung unter Ariel Scharon den Bundesnachrichtendienst darum gebeten hatte, Verhandlungen mit der radikalen schiitischen Hizballah aufzunehmen. Die Organisation hatte einen israelischen Staatsbürger in ihrer Gewalt sowie drei israelische Soldaten in einem Überfall an der Grenze entführt, und man wollte ihre Rückkehr erwirken. Dass die israelische Regierung direkt mit der Hizballah verhandelte, war unmöglich. Sie hielt und hält sie für eine Terrorgruppe. Umgekehrt schloss auch die Hizballah Direktkontakte mit dem Erzfeind grundsätzlich aus. Die Wahl des Vermittlers fiel nicht zuletzt auf den Bundesnachrichtendienst, weil dieser bereits seit Jahren über ein ausreichendes Maß an Vertrauen bei allen direkt und indirekt beteiligten Verhandlungspartnern verfügte. Ich selbst war seit dreieinhalb Jahren Vertreter des Dienstes in Damaskus und Beirut und folglich mit den wichtigsten *key playern* sowie der aktuellen Situation recht gut vertraut. Also wurde ich eines Tages kurzfristig mit der Vorbereitung eines diskreten Besuchs von BND-Präsident Hanning im Libanon beauftragt. Im Schutz der Nacht flog mein Chef mit der Sondermaschine des BND, einer in die Jahre gekommenen dreistrahligen Dassault Falcon – intern auch »Dienstfliege« genannt –, in Beirut ein. Der Besuch stand unter dem Zeichen strengster Geheimhaltung, da es gerade in der Phase, in der mögliche Verhandlungen zwischen Erzfeinden sondiert werden, essenziell ist, dass nichts davon an die Öffentlichkeit dringt. Die beteiligten Parteien dürfen keinesfalls unter Druck geraten oder gar ihr Gesicht verlieren. Gerade in Israel sind Verhandlungen mit der Hizballah zutiefst umstritten und werden sehr emotional diskutiert. Aufseiten der Hizballah bestand die Gefahr, dass bei einem Bekanntwerden der Kontaktaufnahme zu Israel interne Kontroversen ausbrechen würden.

In tiefer Nacht und unter ebenso tiefer Konspiration traf sich der Präsident in kleinster Runde mit dem Generalsekretär der Hizballah, Sheikh Nasrallah. Am Morgen danach folgte ein kurzes Debriefing: Der BND habe ein Mandat zur Vermittlung erhalten. Ein Verhandlungsführer sei bereits von Sheikh Nasrallah vorgestellt worden, nun müssten auch wir dies tun. Es sei mit schwierigen und harten Verhandlungen zu rechnen. Anschließend flog Dr. Hanning genauso unbemerkt, wie er gekommen war, zurück ins winterliche Pullach.

Obwohl ich in die logistische Vorbereitungsphase involviert war, ging ich nicht davon aus, dass ich auch Teil der Operation werden würde. Ich nahm damals an, dass ich im Sommer 2002 nach vier Jahren regulär zurück nach Deutschland versetzt werden würde. Doch dann kam alles anders: Bereits im Januar 2002 wurde ich zum »Co-Piloten« in einem inzwischen noch einmal neu konstituierten Zwei-Mann-Verhandlungsteam berufen, das dann kurzfristig den geheimen Kontakt mit den israelischen Vertretern in Deutschland wieder aufnahm. In Israel selbst wäre das wegen des dort zu erwartenden Medieninteresses zu riskant gewesen. In Berlin oder München dagegen war das Risiko deutlich geringer. Die grundsätzlichen, natürlich unvereinbaren Forderungen waren zu diesem Zeitpunkt bereits ausgetauscht. Unsere Aufgabe war es nun, im Dialog mit beiden Seiten nach möglichen Kompromissen zu suchen. Von israelischer Seite wollte man die Freilassung Elhanan Tennenbaums, eines israelischen Geschäftsmanns, der in Dubai entführt worden war, sowie die Rückkehr von Benny Avraham, Omar Suwayed und Adi Avitan erreichen. Die drei Soldaten der israelischen Armee waren im Oktober 2000 mit ihrem Fahrzeug auf einer Patrouillenfahrt entlang der Grenze zum Libanon von Kämpfern der Hizballah überfallen worden. Die Angreifer schossen mit einer Panzerabwehrrakete auf den Humvee, sprengten anschließend eine Bresche in den Grenzzaun und zogen die Soldaten aus dem Wrack. Dann verfrachteten sie diese in einen eigenen Geländewagen und fuhren unter dem Kugelhagel der alarmierten israelischen Streitkräfte davon. Seitdem hatte man von den dreien nichts mehr gehört. Für Tennenbaum und die Soldaten forderte die Hizballah die Freilassung aller noch in israelischer Haft verbliebenen libanesischen Gefangenen. Darunter befanden sich so prominente Häftlinge wie Sheikh Obaid, Mustafa Dirani und Samir Kuntar, bei denen feststand, dass die israelische Regierung sie nicht einfach in die Freiheit entlassen würde.

Die Verhandlungen waren von Beginn an ebenso komplex wie kompliziert. Ich musste mich erst einmal in die Materie, ihre Vorgeschichte und insbesondere auch in ihre damit verbundenen humanitären und politischen Implikationen einarbeiten. Auf der »Wunschliste« der Hizballah stand immerhin eine Vielzahl von Namen. Einige davon waren von hoher politischer Symbol- und auch Sprengkraft. Ein langer Reigen von Forderung, Ablehnung, Modifikationen und Neufassung der Austauschrelationen war die notwendige Konsequenz.

Allein im ersten Jahr flogen wir im Schnitt ein- bis zweimal im Monat nach Beirut. Es blieb so auf Dauer nicht aus, dass ich vom »Kofferträger« und *note taker*, der sich während der Gespräche Notizen zu deren Verlauf machte und diese anschließend zu einem Protokoll zusammenfasste, zu einer Art Spindoktor avancierte. Damit fiel mir quasi die Verantwortung für die inhaltliche Dokumentation ebenso zu wie die Aufgabe, Vorschläge zur Entwicklung der Verhandlungsmaterie zu unterbreiten. Es war in der Tat viel Detailarbeit und Verhandlungspsychologie vonnöten, um sich in kleinen Schritten in Richtung einer Lösung zu bewegen.

Mit dem arabischen Kulturraum vertraut, wusste ich natürlich auch um seine Schwächen. So werden selbst wichtige Verhandlungen oft nur mündlich, im Vertrauen auf die Bindungswirkung des gesprochenen und bekräftigten Wortes geführt. Diese Kultur der Mündlichkeit ist eine uralte Tradition, und der Weg zur Schriftlichkeit ist ein Schritt, der zumindest in einer fluiden Verhandlungssituation eher selten gewählt wird. Das birgt den Nachteil fehlender Verbindlichkeit in sich, der häufig gerade in der Frühphase jedoch als Vorteil empfunden wird, bringt er doch ein hohes Maß an »Flexibilität« in der Verhandlungsführung mit sich. Doch die Fixierung des Gesprochenen in eine Schriftform erhöht dessen Verlässlichkeit. Wenn sich alle einig sind, dass das, was in einem Dokument steht, auch das ist, was gesagt wurde, kann man Schritt für Schritt eine ausreichend belastbare Verhandlungsgrundlage entwickeln. Aus diesem Grund ließ ich in der Frühphase der Verhandlungen und später immer dann, wenn wir zu entscheidenden Festlegungen kamen, mein Protokoll von der Hizballah am Folgetag gegenlesen, was praktisch darauf hinauslief, dass es quasi gegengezeichnet wurde. So ließ sich das Risiko von Missverständnissen und differierenden Erinnerungen minimieren, aber auch bestmögliche Transparenz schaffen und Vertrauen bilden. »Der heilige Sankt Bürokratius bei den Verhandlungen mit der Hizballah, das ist mein epochemachender Beitrag«, sagte ich einmal scherzhaft zu einem meiner Mitarbeiter angesichts dieser kleinen, aber doch sehr wichtigen Neuerung.

Gereist wurde *low profile* mit normalen Linienflügen zwischen Beirut und Europa. Noch auf der Rückreise schrieb ich auf meinem Laptop mein Protokoll, das den aktuellen Stand der Verhandlungsergebnisse wiedergab. Wie immer war auch hier Diskretion oberstes Gebot, und so saß mein Chef stets auf dem Gangplatz neben mir und gab mir Deckung vor neugierigen Blicken. Die israelische Delegation wartete meist schon auf unsere Ankunft in Deutschland. Sobald wir in einer ruhigen Ecke zusammensaßen, begann ich, die Papiere auf einem mobilen

Tintenstrahldrucker auszudrucken. Man hätte die Dokumente zwar auch auf einen USB-Stick ziehen und extern ausdrucken können, aber damit wäre die Geheimhaltung nicht mehr gegeben gewesen, denn auch ein unbeobachteter Drucker oder Laptop lässt sich kompromittieren, und Unbefugte können auf die Daten zugreifen. Der kleine Tintenstrahldrucker orgelte so immer zu Beginn unserer Treffen Zeile für Zeile vor sich hin, während die gespannt Wartenden ihm genervt zusahen. Bald bürgerte sich für das Gerät der Spitzname *lazy printer* und für mich die scherzhafte Bezeichnung *man with the lazy printer* ein. Tatsächlich hatte ich das Gerät aus Sicherheitsgründen immer in einer schwarzen Umhängetasche dabei. Zusammen mit Laptop und Papier muss ich wohl jedes Mal zwischen acht und zwölf Kilo Handgepäck zwischen Deutschland und dem Libanon transportiert haben.

Zum Jahreswechsel 2003/2004 gab es nach verschiedenen Krisen und Kontroversen in den Verhandlungen einen Durchbruch. Das israelische Kabinett legte sich auf einen Vertragsentwurf fest, den Sheikh Nasrallah akzeptierte. Zuvor hatte die Hizballah bereits offiziell den inoffiziell ohnehin als sicher angenommenen Umstand bekannt gegeben, dass die drei israelischen Soldaten schon bei dem Überfall auf ihr Fahrzeug ums Leben gekommen waren. Vor unserem Abflug aus Beirut hatte ich sie mir als Vertreter der deutschen Vermittlungsgruppe zusammen mit den Forensikern von BKA und Bundeswehr ansehen und die Ergebnisse ihrer Arbeit weitergeben müssen. Nachdem wir mit dem MedEvac im Schutz der Nacht gelandet waren, folgten wir dem Empfangskomitee zu einem flachen Hangar. Die Nachtluft in Beirut war im Vergleich zum winterlichen Deutschland mild, obwohl ein frischer Wind vom Mittelmeer her wehte. Ich blickte mich um und sah nur noch schwach den Umriss der unbeleuchteten Bundeswehrmaschine. Dank ihres mattgrauen Anstrichs verschmolz sie fast mit der Dunkelheit. Perfekt für unsere Zwecke. Auch die Forensiker hoben sich kaum von der Umgebung ab. Drei Männer mit Rollkoffern auf dem Weg zur Arbeit. Eine Arbeit allerdings, die nicht jedermanns Sache ist.

Ich versicherte mich, dass ich mein kleines Nokia-Mobiltelefon in der Tasche meines Jacketts dabeihatte. Mit ihm würde ich immer wieder in Deutschland anrufen müssen und meinem Chef den Stand der Dinge vor Ort mitteilen. Dieser würde die Informationen dann an die israelischen Kollegen weitergeben, die mit ihm in Köln-Bonn zur Vorbereitung der Austauschaktion präsent waren, damit diese wiederum Tel Aviv informieren konnten. Erst wenn ich die Identität der auszutauschenden Personen und die Wahrung der vereinbarten Prozeduren bestätigen würde, würden beide Parteien ihre *assets* – man sehe mir den technischen Ausdruck nach – in einem ausdifferenzierten Zug-um-Zug-Verfahren bereitstellen und auf den Weg nach Deutschland schicken.

Ich stolperte fast über die Schwelle der Tür, die ins Innere der Halle führte. Neonlicht im Inneren blendet mich. In einem Nebenraum, einem kleinen Büro im hinteren Teil, wartete bereits Elhanan Tennenbaum, von seinen Bewachern umgeben. »Guten Tag. Wir kennen uns ja. Ich bin Gerhard Conrad, Unterhändler der deutschen Regierung«, stellte ich mich vor. Tennenbaum kamen die Tränen, der Mann war zwar äußerlich unversehrt, aber ansonsten ziemlich fertig. »Ich bin hier von der Hizballah gut behandelt worden«, fing er an. »Sie werden mit uns nach Deutschland fliegen und von dort weiter nach Israel«, sagte ich in ruhigem Ton. Wieder kamen dem Mann die Tränen. Ich kontaktierte meinen Chef und gab im verabredeten Code durch: »Nummer eins ist o.k.« Es wäre leichtsinnig gewesen, über eine relativ einfach abzuhörende offene Leitung die Namen der Beteiligten oder andere aussagekräftige Details zu nennen. Seit der förmlichen Entscheidung des israelischen Kabinetts über den Austausch, die mit einer gesetzlich gebotenen Einspruchsfrist veröffentlicht worden war, wusste alle Welt Bescheid. Die Jagd auf Bilder und Informationen war eröffnet. Nach Tennenbaum musste ich mich nun »Nummer zwei, drei und vier« widmen. Drei unförmig wirkende Zinksärge standen im hinteren Teil der Halle. Gemeinsam mit den Forensikern und der libanesischen Delegation unter Leitung des Chefs der Sûreté schritt ich beklommen darauf zu. Die Forensiker legten ihre Kittel und Masken an und streiften Handschuhe über. Die Libanesen hoben die Deckel der Särge. Die Körper darin befanden sich in einem Zustand, wie er nach über drei Jahren wenig sachgemäßer Aufbewahrung zu erwarten war. Alle wichen zurück, manch einer hielt ein Taschentuch vors Gesicht. Ich musste jedoch dem ganzen Prozess der vorläufigen Identifizierung beiwohnen, da ich als Gewährsmann für einen korrekten Ablauf zu bürgen hatte. »Mit Fingerabdrücken ist hier wohl nicht mehr viel zu machen«, sagte einer der Forensiker. Zahnstände und andere unverkennbare Merkmale boten aber ausreichende Anhaltspunkte, und so konnte ich nach einer Weile eine erste positive Rückmeldung geben. »Nummer drei ist o.k.«, gab ich durch. Es folgte »Nummer zwei«, und zuletzt stellte ich mit Erleichterung fest: »Nummer vier ist o.k. Wir packen auf und sind so gut wie auf dem Weg.« Die Leichen wurden in die Maschine gebracht. Gemeinsam mit Tennenbaum und einer hochrangigen libanesischen Sicherheitsdelegation, zu der auch ein Angehöriger der Hizballah-Verhandlungsgruppe gehörte, bestiegen wir den MedEvac. Ich setzte meine letzte Meldung ab: »Ready for take off.« Die ganze Aktion hatte knapp drei Stunden gedauert. Mit heulenden Turbinen hob die dunkle Militärmaschine ab und flog in die Nacht hinaus.

Die Nacht geht jetzt zu Ende, und die Ankunft in Deutschland steht bevor. Müde schaue ich aus dem Fenster, als die Maschine in den Sinkflug geht. Die Choreografie des Austauschs ist angelaufen, alles folgt jetzt vorab vereinbarten Schritten. Nach jeder meiner Rückmeldungen aus Beirut müssten in Tel Aviv die Vorbereitungen eingeleitet worden sein, um die Gefangenen freizulassen. Die 14-köpfige Kerngruppe müsste sich unter schwerer Bewachung an Bord einer Boeing 707, die ebenfalls in Richtung Köln-Bonn starten sollte, befinden. Ein zweites Flugzeug mit einem forensischen Labor an Bord dürfte ebenfalls unterwegs sein. Die israelische Armee wird die rechtsverbindliche Identifizierung der Gefallenen vor Ort als Voraussetzung für den Vollzug des Austauschs vornehmen. Tennenbaum schläft. Niemand spricht. Die Turbulenzen haben aufgehört. Bis auf das gleichmäßige Brummen der Turbinen ist es still an Bord. Wir tauchen in die graue Wolkendecke ein.

KAPITEL 2

Frühe Erfahrungen zwischen den Fronten

Während ich mich Köln-Bonn nähere, wenden sich meine Gedanken noch einmal Beirut zu. Für mich ist es eine vielgestaltige Stadt mit einer tragischen Geschichte. Im Laufe der Zeit habe ich mich oft dort aufgehalten und kenne sie mittlerweile recht gut. Im Herbst 1979 war dies noch nicht der Fall. Ich war als Student der Orientalistik von Damaskus aus mit einem Sammeltaxi über die libanesische Bekaa-Ebene in die Metropole gekommen, um das Institut der Deutschen Morgenländischen Gesellschaft (DMG) im Stadtteil Zoqaq al-Blat aufzusuchen. Im äußersten Westen der Stadt, in Ra's Beirut, hatte ich ein kleines Hotel gefunden. Am Vormittag machte ich mich zu Fuß auf den Weg durch die belebte Einkaufsmeile der Hamra. Händler boten ihre Waren an, und Taxis schoben sich hupend durch die verstopften Straßen. Als Student reiste ich *low budget* und wollte meine Ressourcen schonen, außerdem dachte ich, es könne nicht schaden, die Stadt zu Fuß ein wenig zu erkunden. Ich spürte die aufmerksamen Blicke, mit denen ich gemustert wurde. Ich war wohl unschwer als Fremder zu erkennen. Das war ich bereits gewohnt, doch hier hatte ich den Eindruck, dass auch Argwohn mit im Spiel war. Die ersten brutalen Bürgerkriegsjahre hatten ihre Spuren bei den Menschen hinterlassen. Der Weg zum Institut führte in die Nähe des umkämpften Stadtzentrums, doch der

Betrieb sollte, so hatte ich in Bonn gehört, weiterhin aufrechterhalten worden sein. Daraus folgerte ich, dass die Situation nicht allzu schlimm sein konnte, und ging beherzt darauf los.

Bald tat sich eine sprichwörtlich andere Welt auf. Die Fassaden der Gebäude waren von Einschusslöchern zernarbt, das Innere ausgebrannt. Leere Fensterhöhlen säumten den Weg. Es herrschte beklemmende Stille. Riesige Seecontainer waren in zwei bis vier Lagen turmhoch aufeinandergestapelt, verhinderten die Durchfahrt für Fahrzeuge und nahmen jede Sicht auf das, was dahinter lag. An einigen Stellen klafften Löcher in den Außenwänden. Es sah so aus, als habe eine Riesenkralle große Stücke aus dem Metall herausgerissen. Daneben war – besonders in den unteren Reihen – eine Vielzahl kleinerer Löcher zu sehen. Manche hatten an den Rändern Rost angesetzt, und die Farbe war von den Stahlwänden abgeplatzt, an anderen Stellen glänzten die Zacken des zerfetzten Metalls scharfkantig und bedrohlich in der Sonne. Erde und Schutt quollen heraus. Aus Bundeswehrzeiten war mir der Anblick von Einschusslöchern nicht unbekannt. Der improvisierte Schutzwall war sowohl von Handwaffen als auch von Granatsplittern und Artilleriemunition getroffen worden. Menschen waren nicht zu sehen. Lediglich einige Straßenhunde drückten sich im Schatten herum und schauten mich aus lauernden Augen an. Ich ließ mich nicht abschrecken, sondern ging einfach weiter geradeaus. Nach einigen Metern holte ich den Stadtplan aus der Tasche. Das Papier knisterte und blendete, als ich die *Carte Touristique de Beyrouth* auseinanderfaltete. Ich kniff die Augen zusammen, konzentrierte mich. Der Plan war 1977 herausgegeben worden und somit auf einem relativ aktuellen Stand. Zumindest glaubte ich das. Ich fand die Küstenlinie samt Hafen und folgte mit dem Blick einer breiten Straße ins Zentrum von Beirut, als mich ein scheppberndes Geräusch aufschrecken ließ. Mit einem zusammengekniffenen Auge spähte ich über den Rand des Papiers: Auf der anderen Straßenseite erstreckte sich eine Brachfläche, zu sehen war weit und breit nichts. Ein Hund schleppte sich gähnend durchs Blickfeld und verschwand in die Richtung, aus der ich gekommen war. Wieder versuchte ich, mich auf die Karte zu konzentrieren. Schließlich konnte ich meine vermutliche Position und den Standort des Deutschen Morgenländischen Instituts bestimmen. »An der nächsten Ecke rechts und dann nach 200 Metern an einem kleinen Platz abbiegen«, murmelte ich vor mich hin, um mir den Weg einzuprägen. Da es bis zum Institut nicht mehr weit sein konnte, ging ich weiter und bog in eine Straße zu meiner Rechten ein. Auf beiden Seiten waren die Gebäude zerstört. Alles war von Einschusslöchern geradezu übersät. An einigen Stellen klafften größere Lücken, die durch Explosionen entstanden sein mussten. Auch die Straße selbst lag – sprichwörtlich – in Trümmern. Da waren zum einen die Bruchstücke, die von den Gebäuden herabgefallen waren, und zum anderen der Straßenbelag, der ebenfalls von Granaten getroffen und an vielen Stellen aufgerissen worden war. Durch die massive Gewalteinwirkung musste auch die darunterliegende Kanalisation zerstört worden sein; Kloakengestank lag in der Luft. Der Boden war von einer grün überwucherten Schicht und Schlamm überzogen. Zögerlich setzte ich einen Fuß vor den anderen und ging weiter. Erst im Gehen bemerkte ich, dass es unter meinen Füßen bei jedem Schritt knirschte und knackte: Das Glas der Fenster war durch die Explosionen herausgerissen worden und lag nun ebenfalls am Boden. In der Stille waren nur das Knirschen der Splitter und mein Atmen zu hören. Inzwischen war es heiß und stickig geworden. Links und rechts zogen die leeren Fenster wie schwarze Höhleneingänge in einem Stummfilm an mir vorbei. Ich blickte nach unten und sah einen einzelnen Männerschuh im Schutt liegen. Wenig später trat ich gegen eine leere Patronenhülse. Sie rollte klimpernd zur Seite. Es war eine von vielen an dieser Stelle. Der Kadaver eines grauen Hundes mit hellen Pfoten lag neben einem Hauseingang. Selbst für Straßenhunde war dies also eine No-go-Area. Ein Niemandsland inmitten des Schlachtfelds des libanesischen Bürgerkriegs.

Ich wusste von dem Konflikt, der seit 1975 zwischen den verschiedenen Volksgruppen des Libanon tobte, und hatte am Vortag sogar von der ehemals mondänen Uferpromenade in Westbeirut, der Corniche, aus beobachtet, wie unter dem johlenden Applaus der meist jugendlichen Umstehenden die syrische Artillerie den Hafen im christlichen Ostbeirut beschoss. Da hatte ich mich in vergleichsweise sicherer Entfernung vom Kriegsgeschehen aufgehalten und war von Menschen umgeben gewesen, die mit der Situation vertraut waren. Nun war ich mutterseelenallein in eines der Epizentren des Bürgerkriegs hineinmarschiert und wusste nicht, was mich erwartete.

Ein lautes metallenes Ratschen unterbrach jäh die beklemmende Stille. Das Geräusch kannte ich ebenfalls nur zu gut aus meiner Bundeswehrzeit: Jemand lud offenbar seine automatische Waffe durch. Ich schaute nach oben. Nichts war zu sehen. Stattdessen hörte ich Schritte, die sich knirschend im Inneren der Gebäude bewegten. Auch dort war offensichtlich alles mit Glassplittern bedeckt. Wieder wurde eine Waffe durchgeladen. Trotzdem ging ich weiter: Jetzt nur keine Unsicherheit erkennen lassen, sagte mir mein Instinkt. Wenn ich diese Situation mit meinem Wissen von heute betrachte, muss ich zugeben, dass ich mich wohl auch als aktiver Nachrichtendienstler selten derart schutzlos in einer ähnlich unkalkulierbaren Situation befunden habe. Kollegen aus Israel, mit denen ich Jahre später einmal über meine Abenteuer gesprochen hatte, hatten mich in aller Freundschaft für »verrückt« erklärt, derart vor die Flinte schießwütiger Bürgerkriegsmilizen gelaufen zu sein. Natürlich konnte mich persönlich zwar niemand als Feind oder Kriegspartei betrachten, doch ich war einfach zur falschen Zeit am falschen Ort gelandet. Was würde geschehen, wenn sich jemand in den Ruinen durch meine Anwesenheit bedroht oder auch nur irritiert fühlte? Würde man mich einfach wie einen Straßenhund über den Haufen schießen? Ein Menschenleben, noch dazu das eines erkennbar Fremden, galt hier wahrscheinlich nicht allzu viel. Dennoch ging ich einfach weiter. Wäre ich umgekehrt oder hätte ich gezögert, hätte ich mich möglicherweise verdächtig gemacht und am Ende gar »Jagdinstinkte« ausgelöst. Klopfenden Herzens gelangte ich zu dem kleinen Platz, den ich auf dem Stadtplan gesehen hatte. Kein Schuss war gefallen. Niemand hatte sich gezeigt. Mein Mund war trocken, und vor Anspannung schmerzten mir die Muskeln im Nacken. Die Straße der Zerstörung – wohl eine direkte Frontlinie – lag hinter mir, und so war ich glücklich beim Institut angekommen. Auch hier sah ich Spuren kurz zurückliegender Kampfhandlungen. Einschusslöcher, Autowracks und nur wenige Menschen, die sich schnell und gehetzt durch die Straßen bewegten. Das Gebäude lag verdeckt hinter hohen Mauern, das Tor war verschlossen. Neben dem Eingang entdeckte ich einen Klingelknopf, den ich gleich mehrmals hintereinander betätigte. Eine Glocke schellte. Erst Minuten später vernahm ich Schritte. Mit lautem Schlag öffnete sich ein kleines Sichtfenster. Daraus blickte mir das bleiche – und verschreckt fassungslose – Gesicht eines jungen Europäers entgegen. Ich begrüßte ihn der Einfachheit halber erleichtert auf Deutsch. »Bist du denn wahnsinnig?«, schrie er mich an. Zeit zu antworten ließ er mir nicht. »Wie bist du hierhergekommen? Und was, um Gottes willen, willst du hier?« Ein menschliches Gegenüber, mit dem ich mich noch dazu in meiner Muttersprache unterhalten konnte, gab mir ein wenig von meiner Sicherheit und dem Gefühl von Normalität zurück. Es fiel mir darum leicht, die Beweggründe für mein

Erscheinen am Institut zu erklären. Das Gespräch verlief dann doch sehr nett, wobei wir beide nicht mehr auf die Frage Nummer eins zurückkamen. Als schließlich einer der Torflügel zurückschwang, empfing mich die vorübergehende Geborgenheit des Instituts.

Gewöhnlich herrscht an solchen Orten eine gelehrte Geschäftigkeit. Studenten und Mitarbeiter kommen und gehen, sind in den Bibliotheksräumen in ihre Studien versunken oder stehen in kleinen Gruppen zusammen und unterhalten sich. Nicht mehr an diesem Institut, so der blasse Student, bis auf eine kleine Notbesetzung habe man die Mitarbeiter evakuiert. Der Lehrbetrieb sei eingestellt, man rechne täglich mit dem Schlimmsten, da sich verfeindete Milizen in dem Viertel immer wieder mit Schusswaffen und Artillerie bekämpft hätten. Bislang wäre es nur den guten Beziehungen zu einer Kurdenmiliz, die hier die stärkste Kraft darstellte, und einer guten, über Jahrzehnte gewachsenen Integration in die Nachbarschaft zu verdanken, dass das Institut eine gewisse Protektion genieße. »Ich haue ab, sobald sie mir die Gelegenheit dazu geben«, sagte der Student. »Hier hält mich nichts mehr. Ich will nur noch lebend aus dem Kampfgebiet herauskommen.«

Anders sah es der Bibliothekar, ein Italiener fortgeschrittenen Alters. Es war nicht nur sein graues Haar, das ihm die Würde eines Gelehrten verlieh. Er freute sich über meinen Besuch und lud mich ein, die Bibliothek zu besichtigen. Auf dem Weg deutet er mit lässiger Handbewegung auf eine Mörsergranate, die am Boden lag. »Ein Blindgänger«, schüttelte er missbilligend den Kopf. Die Bibliothek, die er im Laufe der Jahre zusammengetragen hatte, war beeindruckend. Zum Bestand zählten sowohl historische Quellen als auch moderne arabische Literatur. Ich war fasziniert – war ich doch selbst mit einem etwa vierzig Kilo schweren Koffer voller Bücher auf meiner Studienreise aus Damaskus angereist – vom Lebenswerk des Italieners. Wir verstanden uns auf Anhieb. Zu dieser Zeit war das Studium der Sprache und historischer Quellen ja auch meine größte Leidenschaft und Antrieb für meine Reisen in den Nahen und Mittleren Osten.

Nach der Bundeswehr hatte ich mich 1975 für das Studium der Orientalistik eingeschrieben. Die Wahl fiel auf Germersheim, seinerzeit der einzige Ort, an dem man Arabisch nicht nur studieren, sondern auch praktisch erlernen konnte, sogar unter Zuhilfenahme eines veritablen Sprachlabors mit Kabinen und einem frühen, noch in der Entwicklung befindlichen, tonbandgestützten Kurs. Deutsche Orientalistik war seit dem 18. Jahrhundert im besten Humboldt'schen Sinne »zweckfrei« und dem »Guten, Wahren und Schönen« zugewandt. Ihre frühen Exponenten kamen häufig aus der Bibelforschung und genossen als Meister aller schriftlich überlieferten semitischen Sprachen und Dialekte große Anerkennung in der kleinen internationalen Schar der Historiker des Nahen Ostens. Sprachpraxis, etwa auch Regionalerfahrung, standen dabei nicht im Zentrum der Ambitionen, die sich auf weit zurückliegende Jahrhunderte richteten, die durch die noch erhaltenen schriftlichen Quellen zu erschließen und zu interpretieren waren. Mit dieser Einstellung wurde ich zu Beginn meiner Orientierungsbesuche an deutschen Universitäten konfrontiert, wo mir ein würdiger Vertreter des Fachs mit leicht mitleidig-verächtlichem Unterton bedeutete, dass es nicht darauf ankomme, »Arabisch zu plappern«, sondern die frühen Schriften, einen Tabari, einen Ibn Hischam, einen Bukhari oder Ibn Hanbal lesen und verstehen zu können. Wo man vielleicht das »Plappern« lernen könnte, wusste er natürlich nicht, weil es ihn wohl in keiner Weise interessierte.

In Germersheim gewann ich einen ersten Eindruck von den riesigen Unterschieden, welche die regionalen Dialekte von Marokko bis in den Irak und all diese wiederum von der Hochsprache Arabisch trennten. Nach einem Jahr Studium stand dann der erste Feldversuch an. Im Sommer 1976 schiffte ich mich in Genua mit dem Ziel Tunesien ein. Ich erinnere mich noch gut an den Moment, als ich vom Deck der Fähre aus die nordafrikanische Küste erblickte. Es wurde mir immer mehr bewusst, dass ich mich anschickte, für einige Wochen in einem mir bislang völlig fremden Kultur- und Sprachraum zu leben, ohne familiäre oder freundschaftliche Beziehungen oder Ansprechpartner. Ich war recht behütet in bildungsbürgerlichen, jedoch auch recht bodenständigen Verhältnissen in Südwestdeutschland aufgewachsen. Damals basierten meine Auslandserfahrungen hauptsächlich auf Besuchen der Nachbarländer Frankreich und Schweiz. Zwar hatte ich auf dem Gymnasium – wie wahrscheinlich so mancher Schüler meiner Generation – den großformatigen Diercke-Atlas immer wieder mit einem gewissen Anflug von Fernweh betrachtet und, den Folianten auf den Knien, Reiserouten in exotischen Gegenden ersonnen, doch war dies bislang stets im Bereich von »Wille und Vorstellung« geblieben. Als den geborenen Abenteurer oder Weltenbummler betrachtete ich mich jedenfalls nicht. Trotzdem versuchte ich, angesichts der fremden Küste ein Gefühl des Zutrauens und der Selbstsicherheit zu entwickeln. »Wenn andere es schaffen, Arabisch zu sprechen, und dort zurechtkommen, so kannst du es auch«, ging es mir ein wenig trotzig durch den Kopf. In Tunis immatrikulierte ich mich am Institut Bourguiba des Langues Vivantes (IBLV), um in den nun folgenden sechs Wochen einen Sprachkurs zu absolvieren. Das Studentenwohnheim glich eher einer Kaserne, der allerdings die militärische Ordnung fehlte. Abgesehen von dem vordergründigen, aber durchaus spürbaren »Kulturschock«, der durch das Erscheinungsbild der Waschräume und Toiletten hervorgerufen wurde, fühlte ich mich dort nach kurzer Eingewöhnung dennoch ganz wohl. Daran hatten meine Zimmergefährten einen maßgeblichen Anteil: ein Palästinenser, in Großbritannien aufgewachsen und von seinem Vater zum Erlernen der Muttersprache nach Tunis geschickt, sowie ein Ire, der als Karmelitermönch in Damaskus zum Islam konvertiert war. Der Ex-Mönch lernte aus religiöser Überzeugung und mit dem Eifer eines Konvertiten Arabisch, um das Wort Gottes, den Koran, und die großen religiösen Werke des Islam in der Originalsprache lesen und verstehen zu können. Meine Zimmergefährten nahmen mich ohne großes Federlesen in ihre »Leidensgemeinschaft« auf, die es uns allen ermöglichte, uns über die ungewohnte Situation und das eine oder andere Tief hinwegzuhelfen.

Für mich waren die ersten Tage eine große Herausforderung. Alles, was ich in Germersheim gelernt hatte, zerschellte an der Realität. Ich gab mir redlich Mühe, doch in der Anfangszeit fanden meine Kommunikationsversuche eher auf dem sprachlichen Niveau eines Kleinkindes statt. Ich sagte, was ich gelernt hatte und was ich aufschnappte, für Außenstehende wohl mitunter unzusammenhängend und unverständlich. Trotzdem machte ich im Laufe der Zeit Fortschritte. Im Kreis der frisch gewonnenen tunesischen Freunde des »muslimischen Karmelitermönchs«, mit denen ich abseits des Instituts lange Nachmittags- und Abendstunden zwischen den Gebetszeiten verbrachte, freute man sich – genau wie bei den ersten verständlichen Worten eines Kindes – herzlich über meine ersten gelungenen Sätze. Mit der schrittweise gewonnenen Sprachmächtigkeit und der mitmenschlichen Aufnahme nahmen auch das unmittelbare Verständnis und die Empathie für die arabische Welt und ihre Menschen zu. In den darauffolgenden Jahren besuchte ich wiederholt Tunesien, Ägypten, Syrien, Jordanien, den Irak und eben auch den Libanon.

Dort wäre ich im Herbst 1979 gerne länger in der Bibliothek des Instituts geblieben, doch drängte man zu Recht darauf, dass ich unbedingt noch bei Tageslicht ins Hotel zurückkehren sollte. Sogar der gelassene Bibliothekar wurde nervös und sagte, ich solle unbedingt einen anderen Weg zurückgehen als den, auf dem ich gekommen war. Mithilfe der *Carte Touristique de Beyrouth* erklärte er mir, wie ich der *Green Line* – einer von syrischen Truppen kontrollierten Demarkationslinie, die West- und Ostbeirut trennen sollte – folgen und die aktuelle Kampfzone umgehen könne. Anders als auf dem Hinweg begegnete ich auf dem Rückweg in der Tat auch Menschen. »Min ayna? Woher kommst du?«, fragten nicht wenige und schauten mich dabei misstrauisch an. »Min al-Ma'had al-Almani – aus dem Deutschen Institut«, gab ich zur Antwort und konnte so meine Anwesenheit legitimieren. Ich folgte der Straße, bis ich erneut auf einen meterhohen Schuttwall, der durch einige Überseecontainer verstärkt worden war, stieß. Gelangweilt nahmen mich die syrischen Soldaten, die ihn bewachten, in Empfang. »Khatir, boom boom – hier ist es gefährlich, es macht bum, bum«, riefen sie mir lachend in jener Art der Kindersprache zu, mit der man auch in Deutschland gerne unbedarft wirkende Ausländer bedenkt. »Passport!«, wurde mir autoritär, aber freundlich bedeutet. Mein deutscher Reisepass erwies mir gute Dienste. Gerade im syrischen Umfeld jener Zeit genoss die Bundesrepublik – und Deutschland generell – ein hohes, leider in seiner historischen Begründung nicht immer schmeichelhaftes Ansehen. Zusammen mit meinen Sprachfertigkeiten brachte es mir Sympathien ein. Bei einem Glas Tee, das mir aus dem Unterstand herausgereicht wurde, erhielt ich eine weitere Einweisung in den voraussichtlich sichersten Weg zurück in den Westen der Stadt.

Mit der Herausforderung einer glaubhaften und plausiblen Legitimation, also der Begründung, warum man sich an einem Ort aufhält, an dem Fremde eher selten – und wenn, dann mit potenziell sinistren Absichten – anzutreffen sind, habe ich es in meiner Zeit beim BND immer wieder zu tun gehabt. *Hiding in the open* bringt dieses Verhalten auf den Punkt. Man muss sich in ein Umfeld harmonisch einfügen, und hierzu braucht es eine glaubhafte Legitimation der eigenen Existenz, ansonsten erregt man Aufsehen und Misstrauen. Wir sprechen hier von einer Aufenthaltslegende. Diese ist in besonderer Weise in Gesellschaften fordernd, denen die kühle Distanziertheit und Anonymität westlicher Großstädte fremd ist. Auf die Erkenntnis der Einheimischen »Der gehört nicht hierhin« reagiert eine Art von gesellschaftlichem Immunsystem meistens recht schnell und bringt seine »Fresszellen« auf den Weg. Etwas, das es auf jeden Fall zu vermeiden gilt. Umgekehrt können im Schutz und in der Solidarität spontaner Hilfsbereitschaft und Gastfreundschaft auch zunächst unübersichtliche Gefährdungslagen unbeschadet überstanden werden.

Auf diese Weise stand auch mein Rückweg unter einem wesentlich besseren Stern. Schon bald fand ich mich auf der nachmittäglichen Corniche wieder. Der Boulevard folgt sehr malerisch geschwungen der mediterranen Küstenlinie. 1979 war er aber auch schon vom Bürgerkrieg gezeichnet. Auf beiden Seiten der Barrikaden zwischen Ost- und Westbeirut – entlang der Green Line – standen sich verfeindete Milizen gegenüber. Selbst angesichts des idyllischen Sonnenuntergangs war das Kriegsgeschehen auf der Corniche evident. Neben nur noch wenigen schicken Cabriolets, in denen westlich gekleidete Menschen saßen, fuhren Pick-ups mit bewaffneten Milizionären an Bord. Auf den Ladeflächen einiger Vehikel waren schwere Maschinengewehre oder auch rückstoßfreie Geschütze montiert. Unter dem Applaus der umstehenden Passanten strebten die Insassen in der Abendsonne der Green Line zu, um dort mit Einbruch der Dunkelheit im Stellungskrieg kämpferische Mutproben abzulegen und am Morgen wieder als »Helden« zurückzukehren – oder zu sterben. Es war ein surreal anmutendes Bild, wie die Menschen Lieder singend und unter lautem Gebrüll dem nächtlichen Playground zustrebten, während andere Einwohner Westbeiruts mit holländischem Dosenbier und lokalem Fast Food das bizarre Schauspiel verfolgten. Zu alldem dröhnten immer wieder dumpf die Explosionen einzelner syrischer Granaten, die in der Hafengegend im Ostteil der Stadt einschlugen. Wenig verwunderlich, dass ich meine Gedanken – und Gefühle – am Ende des Tages erst einmal ordnen musste.

Meine Reisen in den Nahen Osten waren in jener Zeit in erster Linie meinen geschichtswissenschaftlichen Studien gewidmet, insbesondere der Suche nach früher arabischer Historiografie und Originalquellen, doch nun hatten mich meine Recherchen gleich in zwei Gebiete geführt, die von Bürgerkrieg und Ausbrüchen religiöser Gewalt heimgesucht wurden, denn auch in Syrien hatten die Spannungen zwischen Sunniten und Alawiten im Gefolge der Machtübernahme von Hafez al-Assad und insbesondere der syrischen Intervention in den libanesischen Bürgerkrieg im Jahre 1976 zugenommen. In dieser Situation hätte ich mich in den Elfenbeinturm des Islamwissenschaftlers zurückziehen und der unruhigen Region fernbleiben können. Dass ich es nicht tat, lag auch daran, dass ich mich auf einen Weg in den Nahen Osten begeben hatte, der mir keine andere Wahl ließ, als mich mit den Menschen vor Ort auseinanderzusetzen und mich auf sie einzulassen. Wäre ich dazu nicht in der Lage gewesen, hätte ich tatsächlich gleich wieder nach Hause fahren können. Denn da meine Ressourcen beschränkt waren und ich zu Anfang über keine nennenswerten Beziehungen verfügte, musste ich mir meine Hilfe selbst organisieren. So kam es zu einer sprachlichen und gesellschaftlichen Direktexposition jenseits der polyglotten, in Europa ausgebildeten Eliten. Ich lernte zumindest Teile der unverstellten Realität mit all ihren guten und weniger guten Seiten, ihren Sorgen und Nöten ebenso wie ihren Fähigkeiten, sich in einem schwierigen Leben zu behaupten, am eigenen Leib kennen. Im Nahen Osten, wie in vielen Teilen des globalen Südens leben die gesellschaftlichen Eliten nur zu oft in einer durch ein gestaffeltes System von Bediensteten und Mittelspersonen abgeschirmten Blase, die von der gesellschaftlichen Realität vor Ort weit entfernt ist. Die Angehörigen dieser Eliten leben in einer anderen Welt, ebenso ihre ausländischen Gäste und Geschäftspartner, wenn sie sich unter der entsprechenden Protektion im Land aufhalten und sich in diesen Brückenkopf-Eliten bewegen.

Bei mir war das weitgehend anders, und während meiner gesamten Zeit beim Bundesnachrichtendienst habe ich unendlich von den Erfahrungen dieser frühen Lehr- und Wanderjahre profitiert. Durch den Zwang, sich im realen Leben mit den Menschen auseinanderzusetzen, lernt man die Sozialstrukturen und Verhaltensmuster in ihrer Sinnhaftigkeit, Funktionalität und Wirkungsmacht kennen. Ich erinnere mich an die vielen Stunden – sogar Tage –, die ich auf harten Bänken oder Plastikstühlen vor Amtsstuben in Damaskus verbracht habe, um Genehmigungen für meine Studienaufenthalte zu bekommen. Ich verfügte damals weder über die nötigen Verbindungen noch über die Mittel, ein ansehnliches Bakschisch zu zahlen, und so blieb mir nichts anderes übrig als auch den meisten Einheimischen: mit Demut und Geduld den wägbaren Unwägbarkeiten der syrischen Bürokratie zu begegnen. Diese *éducation sentimentale* sollte ein wertvolles Fundament und einen Bezugsrahmen für meine späteren Jahre in der Region bilden.

Vielleicht kündigte sich sogar damals schon an, in welche Richtung sich mein Berufsleben einmal entwickeln würde. So begab ich mich im Winter 1980 für entfernte Familienangehörige auf eine erste »nachrichtendienstliche Mission«. Zumindest humorvoll kann man sie als solche bezeichnen. Zu Hause war ja nicht verborgen geblieben gewesen, dass ich mich zunehmend im arabischen Kulturraum bewegte. Nun war eine Cousine kurz nach ihrem 18. Geburtstag zu einem Drogentrip nach Marokko aufgebrochen und seitdem dort verschollen. Die verzweifelten Eltern wussten sich nun nicht anders zu helfen, als mich als »Sonderermittler« ihrer Tochter hinterherzuschicken, um wenigstens etwas über ihren Verbleib in Erfahrung zu bringen. Ich machte mich auf den Weg und reiste als »Emissär des Vaters«, ausgestattet mit einem Schreiben »To whom it may concern« und einem Bild der Gesuchten. Bei dieser »Mission« konnte ich tatsächlich erste praktische Erfahrungen im Aufbau eines Informations- und Unterstützernetzwerks in einem fremden Land sammeln. Schon in Deutschland hatte ich vor dem Hintergrund meiner Kontakte zu Bundesbehörden Beziehungen knüpfen können, die mir erste Ansprechpartner in den deutschen Konsulaten in Rabat, Tanger und Casablanca vermitteln konnten.

In Marokko fragte ich mich bei Polizeidienststellen und örtlichen Kirchenvertretern durch. Zumindest im Fall einer möglichen Festnahme wäre damit der Boden für eine relativ rasche Benachrichtigung der deutschen Konsulate bereitet. Ich reiste von den Grenzübergängen im Atlasgebirge durchs Landesinnere bis zu den Küsten im Süden, um mögliche Hinweise auf den Verbleib der Cousine zu gewinnen oder um wenigstens möglichst viele Ansprechpartner für den »Fall des Falles« zu sensibilisieren. So bewegte ich mich auch durch das internationale Tramper-, Camper- und Kiffermilieu. Die Hilfsbereitschaft in Marokko war allseits groß, nicht zuletzt auch angesichts des im Lande – weniger natürlich in der »Szene« – gesellschaftlich unmittelbar wirkungsmächtigen Narrativs »Familienvater schickt ›Sohn‹ auf die Suche nach der Tochter«. Eine Ausnahme bildeten lediglich die Dealer im damaligen Drogenhotspot Ketama im verschneiten Atlasgebirge, die eine verdeckte internationale Polizeiaktion hinter der familiär daherkommenden Initiative vermuteten.

Ich erinnere mich noch an eine beklemmende Nacht, die ich dort im einzigen Hotel verbrachte. Bereits beim Einchecken kamen ziemlich finstere Typen in schwarzen Lederjacken an die Hotelrezeption und begutachteten ausführlich meinen Reisepass. Zum Glück blieb es dabei. Und dankenswerterweise war auch das Glück meiner verschollenen Cousine zumindest dahingehend hold, dass sie eines Tages völlig abgebrannt, jedoch gesund und munter auf dem deutschen Generalkonsulat in Casablanca auftauchte, wo man quasi auf sie bereits gewartet hatte.

Ungeachtet seiner Anekdotenhaftigkeit bot mir der Fall doch reichliches Anschauungsmaterial und *food for thought* über die operativen Bedingungen, Ansatzpunkte und Unwägbarkeiten einer solchen Recherche ebenso wie über die Notwendigkeit eines möglichst umfassenden Informationshintergrunds über die Operationsumgebung – lauter Dinge, deren Sinnhaftigkeit sich in der späteren nachrichtendienstlichen Tätigkeit in besonderer Weise zeigen sollte.

KAPITEL 3

Austausch zweiter Akt

Mit einem metallenen Knacken öffnet sich die Flugzeugtür, kalte Luft strömt ins Innere des MedEvac. Die frische Brise tut gut. Ich atme tief ein. »Daheim und auf dem Boden«, sage ich. »Gott sei Dank », antwortet der Forensiker neben mir. »Es war eine lange Nacht – für Sie geht es wohl noch weiter?« – »Ich muss bleiben, bis der Austausch abgeschlossen ist. Und dann fliegen wir mit nach Tel Aviv.« Durch die offene Tür ist das Innere des riesigen Hangars zu sehen. Unser Airbus ist in die rechte Hälfte gelotst worden. Durch das Tor sehe ich grauen Himmel. Es ist ein typischer Januarmorgen in Deutschland. Potenziell ungemütlich und kalt. Der Pilot hat die Turbinen abgestellt. Von draußen sind Geräusche zu hören. Die Stimmen der Bodencrew, der Motor eines Fahrzeugs und irgendwo weiter weg die Rotoren eines Hubschraubers. Der militärische Trakt des Flughafens Köln-Bonn liegt dem zivilen Terminal gegenüber, auf der anderen Seite des Flughafens. Von hier aus fliegen die Soldaten in die Auslandseinsätze, Flugbereitschaft sowie MedEvacs sind ebenfalls hier stationiert. Der gesamte Bereich ist gut gesichert und wegen der umliegenden Waldgebiete von außen nicht einsehbar. Angesichts der laufenden Austauschaktion durften heute die Sicherungsmaßnahmen noch einmal verschärft worden sein. Es wäre ungünstig, wenn Fernsehteams oder Journalisten auftauchen würden. Erst wenn der Transfer tatsächlich stattgefunden hat – und nichts mehr schiefgehen kann –, soll die Öffentlichkeit informiert werden. »Mal sehen, wie es unseren Freunden aus dem Libanon geht«, sage ich und löse meinen Sicherheitsgurt. Der Forensiker nickt und unterdrückt mit Mühe ein Gähnen.

Es tut gut, aufzustehen und die Beine zu bewegen. Einige Mitglieder der libanesischen Delegation schauen neugierig aus den Fenstern. Elhanan Tennenbaum schläft. Ich gebe den Libanesen ein Zeichen: Daumen hoch, alles so weit in Ordnung. »Welcome to Germany«, sage ich zur Begrüßung. »Wir sind wie abgesprochen in Köln-Bonn gelandet. Ich frage jetzt nach, wann wir mit dem Eintreffen der israelischen Flugzeuge rechnen können.«

Im Cockpit sind Pilot und Co-Pilot mit den Instrumenten beschäftigt. Beide tragen die grauen Fliegerjacken der Bundeswehr. Der Pilot spricht über Funk mit dem Tower. Durch das Flugzeugfenster sehe ich auf die Vorderseite des Hangars. Der gesamte Bereich liegt im Scheinwerferlicht, Wachposten stehen herum. »Guten Morgen, meine Herren«, begrüße ich die beiden Piloten von der Tür aus. »Aha, der Herr vom BND«, dreht sich der Pilot um. »Ich hoffe, Sie hatten einen guten Flug.« – »Alles wunderbar«, antworte ich. »Gibt es schon Nachrichten von den israelischen Maschinen?« – »Über den Flugfunk wissen wir, dass sie innerhalb der nächsten dreißig Minuten landen werden.« – »Sehr gut. Fliegen Sie die Maschine zurück nach Beirut?« – »Nein, das ist dann eine andere Besatzung. Unsere Zeit ist um. Wir bereiten die Übergabe an die Kameraden vor.«

Im Passagierraum sehe ich, dass Tennenbaum aufgewacht ist. Der Mann wirkt gehetzt, schaut von einem zum anderen, sucht meinen Blick. Ich erkläre ihm und der libanesischen Delegation, dass er von nun an bis zum Vollzug des Austauschs unter der Obhut der deutschen Vermittler bleiben werde. Die Libanesen nicken. Sie wollen sichergehen, dass hier alles Zug um Zug abgewickelt wird. Mann gegen Mann, Zusage gegen Zusage. Immerhin herrscht zwischen ihnen und den Israelis tiefstes Misstrauen und erbitterte Feindschaft. Ein Austausch unter deutscher Sachherrschaft auf deutschem Territorium ist eine Premiere. »Im Hangar wartet die deutsche Vermittlungsgruppe mit der israelischen Delegation. Die Flugzeuge aus Israel werden auch bald landen«, erkläre ich. »Wir werden gemeinsam bei unserer Maschine bleiben und dort warten.« Auf der Gangway schlage ich den Kragen meines Mantels hoch. Tennenbaum bleibt in der Mitte, eng umringt von seinen Bewachern. Im Hintergrund sehe ich die Israelis, meinen Chef und den BND-Präsidenten. Ich bin froh, auf Dr. Hanning zu treffen. Seine norddeutsche Art, seinen trockenen Humor, seine Kaltblütigkeit und Umsicht habe ich immer geschätzt. August Hanning hat etwas, das ich als *gravitas* bezeichnen würde, eine natürliche Autorität, die sich auch in seiner zurückgenommenen Wortwahl manifestiert. »Gutes Wetter habt ihr jedenfalls nicht mitgebracht.« Mit einer lockeren Bemerkung versucht er, die Anspannung etwas zu lösen. »Na, wir wollen ja auch nicht, dass es unseren Besuchern bei uns zu gut gefällt. Dann wollen sie wohlmöglich nicht mehr zurück«, nehme ich den Ball auf. Hanning schmunzelt. Zusammen mit meinem Chef begleite ich Tennenbaum unter den misstrauischen Blicken der libanesischen Delegation in die Nähe der israelischen Vertreter, damit diese sich von seiner Identität und seinem Zustand überzeugen können. »Tennenbaum bleibt in deutscher Obhut«, sage ich den Libanesen. »Wir verfahren nach Protokoll.« Trotzdem kann ich ihr Misstrauen spüren. Aus ihrer Sicht besteht zu jedem Zeitpunkt die Gefahr, ausgetrickst zu werden. Es könnte eine Kommandoaktion stattfinden, und Geisel sowie Tote könnten ohne Gegenleistung nach Israel gebracht werden. Natürlich ist das aus meiner Sicht unrealistisch. Ein eklatanter Bruch internationalen Rechts, der weitere Verhandlungen auf lange Zeit hin unmöglich machen würde. Doch ein Angehöriger der Hizballah hat eben nach zwanzig Jahren kompromissloser Kämpfe, voller Hinterhalte und Verrat, eine andere Sicht auf die Dinge.

Tennenbaum befindet sich nun jedenfalls in unserer Obhut und gewissermaßen schon mit einem Fuß in der Freiheit. Hanning gibt mir ein Zeichen, gemeinsam gehen wir einige Schritte. »Die Israelis sind nervös. Offensichtlich gab es gerade einen Zwischenfall. Ein israelischer Journalist hat es bis in die Nähe der VIP-Lounge des militärischen Flughafens geschafft. Konnte erst dort von Sicherheitskräften zurückgewiesen werden.« – »Ungewöhnlich, dass er den richtigen Riecher hatte. Wir haben doch München oder Berlin als wahrscheinliche Übergabeorte lanciert.« – »Der Mann kommt aus Israel. Ist dort ein bekannter Investigativjournalist.« Während wir miteinander reden, gelangen wir zum Tor des Hangars. Von Osten nähert sich ein Flugzeug. Die Landescheinwerfer dringen bereits durch die tief hängenden Wolken. Hanning hält sein Mobiltelefon ans Ohr. »Die erste Maschine«, sagt er. Bald ist auch das Geräusch der Turbinen zu hören. Vor dem grauen Himmel heben sich die braunen Abgaswolken der Boeing 707 ab. »Zug um Zug«, sage ich zu meinem Vorgesetzten. »Kann man nur hoffen.«

Nachdem die Maschine gelandet ist, rollt sie in unsere Richtung. Kurz darauf setzt eine zweite 707 auf der Landebahn auf. Beide Maschinen sind in mattem Weiß gehalten und tragen keine Hoheitsabzeichen. Geisterflugzeuge, *ghost flights* im Jargon der Nachrichtendienste. In der ersten befinden sich die Gefangenen, in der zweiten ein komplettes forensisches Labor, mit dem die Identität der Toten zweifelsfrei geklärt werden soll. Das Kreischen der Turbinen wird lauter, während die Flugzeuge auf den Hangar zurollen. Mit einer kurzen Drehung des Kopfes vergewissere ich mich, dass im Hangar beide Delegationen auf ihren Positionen verharren. Sämtliche Blicke sind auf die weißen Flugzeuge gerichtet. Man beginnt damit, die Särge aus dem Frachtraum des MedEvac zu holen. Die Tür einer der israelischen Maschinen öffnet sich, mein Chef und Mitglieder der Delegation gehen die Gangway hinauf. Soldaten in der grünen Winteruniform der israelischen Streitkräfte steigen aus. Es ist ein ungewohnter Anblick für mich – und mit Sicherheit auch für die libanesische Delegation –, sie hier auf deutschem Boden zu sehen.

Während die israelischen Soldaten die Container, die das forensische Labor enthalten, auszuladen beginnen, gehe ich zu meinen Gesprächspartnern aus dem Libanon. Misstrauisch bis hasserfüllt betrachten sie das Geschehen. Die Israelis errichten Sichtschutzblenden in der Mitte des Hangars. Sie wollen sich nicht in die Karten schauen lassen. »Das war ja so abgesprochen«, sage ich vermittelnd. »Es geschieht, um die Pietät zu wahren, zu verbergen gibt es nichts. Ich werde Sie über jeden Schritt informieren.« Ein Angehöriger der Sûreté Générale nickt. »Keine Sorge, Mister Gerhard, wir verstehen das. Sie sind hier für alles verantwortlich.«

Ich kenne den Geheimdienstmann, er bekleidet einen hohen Rang. Er zieht eine Zigarettenpackung aus der Tasche. Ein Zeichen, dass er nervös ist. »Tut mir leid«, sage ich. »Aber hier im Hangar und in der Nähe der Flugzeuge dürfen Sie nicht rauchen.« Die Zigarettenpackung verschwindet wieder. Wir sind alle übernächtigt. Noch dazu ist es kalt und zugig. Hinter den Sichtblenden ist das Klirren von Metall zu hören, als das Labor aufgebaut wird. »Fragen Sie doch bitte, wie lange das voraussichtlich dauert«, sagt ein Angehöriger der libanesischen Gruppe. Die Bitte um Auskunft ist höflich formuliert, doch wird sie auch mit einem bestimmten Unterton vorgebracht. Man will offensichtlich im zeitlichen Ablauf keine Zugeständnisse an die Gegenseite machen. Dabei – das sollte eigentlich allen Anwesenden bewusst sein – ist es vollkommen unerheblich, wie lange es dauern wird, solange am Ende ein positives Ergebnis steht. »Ich frage nach, kein Problem«, antworte ich höflich und mache mich auf den Weg zur gegenüberliegenden Seite des Hangars.

Nachdem ich die Sichtblende umrundet habe, sehe ich, dass die israelischen Soldaten mit dem Aufbau des Labors bereits ziemlich weit vorangekommen sind. Stromkabel schlängeln sich über den Boden, und Computerbildschirme leuchten. Ich spreche einen BND-Mitarbeiter an, der bei der Gruppe ist. »Man möchte wissen, wie lange es dauern wird, bis die Toten identifiziert sind.« – »Ich werde fragen«, sagt auch mein Kollege. Bis zum Abschluss der Identifizierung werden die Gefangenen, die aus Israel eingeflogen wurden, an Bord des zweiten Flugzeugs bleiben müssen. Erst wenn die Toten positiv und verbindlich von den israelischen Forensikern identifiziert worden sind, dürfen sie es verlassen. Im Gegenzug wird daraufhin Tennenbaum an die israelische Seite überstellt werden. Anschließend fliegen beide Parteien zurück in ihre Heimatländer.

Die Choreografie der Austauschaktion – Zug um Zug, Schritt um Schritt – wird in dieser Endphase besonders deutlich. »Sie sagen, dass sie mit drei bis vier Stunden rechnen«, informiert mich der BND-Mitarbeiter. Neben der Identifizierung werden die sterblichen Überreste der Gefallenen hier auch rituell auf das Begräbnis in Israel vorbereitet werden. Dazu ist der Chefrabbiner der israelischen Streitkräfte – ein Geistlicher im Rang eines Brigadegenerals – eigens mit nach Deutschland gekommen. Mit der Auskunft mache ich mich wieder auf den Weg zur anderen Seite. Es ist kalt, und ich fühle mich ein wenig erschöpft. Im Gehen denke ich, dass die Szenerie etwas zutiefst Surreales hat. Nachdem wir Tausende von Kilometern geflogen sind, bleiben in dem riesigen Flugzeughangar nur noch wenige Meter, die die Vertreter der verfeindeten Parteien zurücklegen müssen, um sich physisch zu begegnen. »Je näher man sich kommt, desto schwieriger wird es möglicherweise«, denke ich.

Bislang sind sich die beiden Fraktionen nur dann so nahe gekommen, wenn sie aufeinander geschossen haben. Doch heute ist der Hangar zu einer Art Spielfeld geworden. Es gibt die Seite der Israelis und die der Libanesen. Dazwischen die Zone, die überquert werden muss. Niemandsland. Ein leerer Raum, doch zugleich auch eine Barriere, die nicht jeder überschreiten kann. In meiner Funktion als Vermittler und Angehöriger des Bundesnachrichtendienstes muss ich mich zwischen beiden Seiten bewegen. Einen Schritt vor den anderen setzend, wird mir auf einmal die ungeheure Verantwortung meiner Aufgabe bewusst. Ich spüre sie beinahe körperlich. In meinem übermüdeten und überreizten Gehirn machen sich kurz »Weltuntergangsszenarien« breit. Was würde geschehen, wenn auf den letzten Metern der Teufel in seiner vielgestaltigen Form das Spielfeld betreten würde? Dabei müsste es sich ja nicht einmal um den bösen Willen einer der beiden Parteien handeln, der alles zunichtemacht. Wer weiß schon, unter welchen Bedingungen die sterblichen Überreste in Chaos und Kriegswirren in den letzten Jahren im Libanon aufbewahrt worden waren. Durch Zufälle hätte es vielleicht zu Verwechslungen gekommen sein können, die bei der vorläufigen Identifizierung nicht erkannt wurden. Oder was würde geschehen, wenn Israel statt der 29 Gefangenen nur 28 nach Deutschland mitgebracht hätte? Es könnte ja möglich sein, dass einer von ihnen gar nicht scharf darauf ist, in den Libanon zurückzukehren, weil man ihn dort – zum Beispiel – als Verräter verdächtigen würde. Eine Entscheidung, darum vorsichtshalber in Israel in Haft zu bleiben, kann durchaus in letzter Minute getroffen und dann, um des Gesamterfolgs willen, nicht kommuniziert worden sein. Selbst eine spontane Bitte um Asyl eines der Gefangenen auf deutschem Territorium würde nach deutscher Rechtslage zu einer außergewöhnlichen Krise führen. »Es ist unwahrscheinlich, aber möglich«, warnt die

Stimme des Nachrichtendienstmanns in mir. Nicht auszudenken, wie es dann weiterginge. Wären neue Verhandlungen nötig? Müssten die Gefangenen in diesem Fall in Deutschland verbleiben, wenn das einer der Verhandlungspartner fordern würde? Die Bundesrepublik Deutschland hätte dabei überhaupt keine rechtliche Grundlage, sie festzuhalten. »Illegale Einreise bestenfalls«, denke ich voller Ironie. Die Mitglieder der libanesischen Delegation verfolgen jeden meiner Schritte, während ich im Hangar unterwegs bin. Ich schüttle die obsessiven Gedanken ab, schlage den Mantelkragen hoch und setze beinahe mechanisch einen Fuß vor den anderen. Jetzt gilt es, Nerven zu behalten und einen Schritt nach dem anderen stoisch zu tun. In diesem Moment hängt erst einmal alles Weitere von den Erkenntnissen der israelischen Forensiker ab.

KAPITEL 4

Jeden Stein umdrehen

Durch die Sichtblenden meinem Blick entzogen, bemühen sich die Forensiker, die Identität der Gefallenen zu bestätigen. Gewissheit über das Schicksal der Vermissten zu erlangen, folgt dem Grundsatz der israelischen Regierung, jeden ihrer Soldaten wieder nach Hause zu holen. Ob lebendig oder tot, macht dabei, was Aufwand und Entschlossenheit angeht, grundsätzlich keinen Unterschied. Alle israelischen Kombattanten – Angehörige der Geheimdienste mit eingeschlossen – können sich darauf verlassen, dass sie nicht zurückgelassen werden.

Diese Haltung ist im Bewusstsein der israelischen Öffentlichkeit tief verankert. Darum kennt heute jedes Schulkind in Israel auch den Namen eines Waffensystemoffiziers, der seit 1986 im Libanon vermisst wird. Am 16. Oktober 1986 mussten sich Ron Arad und der Pilot eines Jagdbombers vom Typ F-4 Phantom über dem Südlibanon in der Nähe der Stadt Sidon mit dem Schleudersitz retten. Beide Besatzungsmitglieder landeten mit dem Fallschirm hinter den feindlichen Linien. Der Pilot wurde kurze Zeit später von einem israelischen Kampfhubschrauber gesichtet. Unter feindlichem Beschuss klammerte er sich an die Kufen des Cobra-Gunships und wurde aus dem Kampfgebiet geflogen. Ron Arad hatte weniger Glück: An der Schulter verletzt, war er Kämpfern der schiitischen Amal-Miliz in die Hände gefallen. Er wurde nach Beirut gebracht und unter der Aufsicht von Mustafa Dirani, dem damaligen Sicherheitschef der Organisation, gefangen gehalten. Bald darauf gab Amal-Führer Nabih Berri die Gefangennahme des israelischen Soldaten öffentlich bekannt und forderte umfassende Zugeständnisse für dessen Freilassung und Rücküberstellung in die Heimat.

Zunächst musste allerdings ein indirekter Gesprächskanal zwischen den verfeindeten Seiten geschaffen werden, was über internationale Beziehungen Berris, dessen Familie in Sierra Leone im Diamantenhandel zu ansehnlichem Vermögen gekommen war, relativ leicht möglich wurde. Im Laufe des Jahres 1987 wurden mehrere Lebenszeichen Arads an die israelische Seite übermittelt. Auf zwei Fotos ist der Waffensystemoffizier in Zivilkleidung zu sehen. Auf den Bildern trägt Arad einen Bart und sieht abgezehrt aus. Außerdem wurden drei von ihm verfasste Briefe überstellt. Doch dann führten die Bürgerkriegswirren im Libanon dazu, dass die Amal sich spaltete und Mustafa Dirani sich mit Gleichgesinnten auf die Seite des iranisch inspirierten schiitischen Widerstands schlug. Im April 1988 gründete er eine eigene radikale Gruppe, die »Believing Resistance«, die er als weitere Miliz neben der Hizballah und dem Islamischen Dschihad etablieren wollte. Selbstredend wusste Dirani um den Wert seines Gefangenen, den er konsequenterweise – wir würden heute sagen als »Start-up-Kapital« – unter konspirativen Umständen aus seinem Gewahrsam in Südbeirut in die Bekaa-Ebene bringen ließ. Von dort aus – so der Plan – würde man dann auf eigene Rechnung die Verhandlungen mit Israel aufnehmen und sowohl finanziell als auch politisch einen Coup landen können.

Die Ereignisse gerieten jedoch außer Kontrolle. Aus dem vermeintlich sicheren Unterschlupf in Nabi Shith, einem Dorf am Westhang des Antilibanongebirges und Hochburg der iranischen Revolutionsgarden, den Pasdaran, verschwand Arad im Mai 1988. Spurlos und seither unauffindbar. Im Sommer 1989 entführte Israel den schiitischen Prediger Sheikh Obeid aus dem Südlibanon, um ihn gegen Ron Arad auszutauschen, ohne jedoch einen operativen Ansatz hierfür zu finden. Spezialkräfte wurden zu Kommandooperationen in den Libanon entsandt, um vermutete Verstecke zu stürmen oder auch Zeugen zu entführen.

In den frühen Morgenstunden des 21. Mai 1994 landeten israelische Spezialkräfte in zwei Hubschraubern in der Nähe des Ortes Qsarnaba. Das Dorf liegt nur wenige Flugminuten von der syrischen Grenze entfernt in der libanesischen Bekaa-Ebene. Das Kommando war vom Mittelmeer aus eingeflogen, und nach der Landung eilte ein kleiner Trupp zum Haus von Mustafa Dirani, dem ehemaligen Sicherheitschef der Amal, in dessen Gewalt sich Arad bis 1988 befunden hatte. Die Soldaten schlugen die Tür ein und überraschten die Zielperson, deren Familie und Gefolgsleute sprichwörtlich im Schlaf. Der Zugriff soll nur etwa sieben Minuten gedauert haben. Anschließend flog das Kommando samt Dirani und einigen erbeuteten Dokumenten zurück nach Israel.

Es erübrigt sich zu sagen, dass solche Angelegenheiten riskant sind und statt eines Erfolgs ebenso gut zwei abgeschossene Hubschrauber und etliche tote *special forces* im Libanon hätten zurückbleiben können. Die Risikobereitschaft der israelischen Regierung unterstreicht zum einen die Entschlossenheit, mit der man nach Ron Arad suchte, zeigt aber auch, dass sie zumindest in jener Zeit bei derart riskanten Aktionen die öffentliche Meinung nicht generell zu scheuen brauchte, da die Mehrheit der Bevölkerung grundsätzlich hinter ihren Bemühungen stand. Mit der Festsetzung Mustafa Diranis verfolgte man das Ziel, Informationen zu gewinnen. In Israel befragte man den Gefangenen intensiv – auch unter Einsatz eines Polygrafen – über den Verbleib des Waffensystemoffiziers, doch die dadurch gewonnenen Erkenntnisse führten nicht entscheidend weiter. Dirani gab an, er habe Ron Arad aus dem Gewahrsam von Amal in die Bekaa-Ebene an einen sicheren Ort bringen lassen, doch sei er dort schon bald in andere Hände, vermutlich solche, die den in der Bekaa-Ebene maßgeblichen iranischen Pasdaran nahestanden, gefallen. Diese Information schloss nicht aus, dass sich Arad – zumindest zeitweise – im Iran befand.

All dies ist bekannt und hinreichend dokumentiert. Auch ist es kein Geheimnis, dass über die Jahre immer wieder Einzelpersonen behaupteten, etwas über den Verbleib Arads zu wissen. Manche von ihnen forderten exorbitante Summen von der israelischen Regierung. In einigen Fällen stand auch die Herausgabe sterblicher Überreste zur Disposition. Niemals jedoch ergab sich so etwas wie eine heiße Spur. Dass in den Jahrzehnten seit dem Verschwinden Arads trotz aller Bemühungen und außergewöhnlicher israelischer Angebote rein gar nichts aufgetaucht ist, ist sehr ungewöhnlich und macht die Angelegenheit zu einem Mysterium.

Das Schicksal Ron Arads hatte auch im Mittelpunkt der Verhandlungen gestanden, die unter deutscher Vermittlung zwischen Israel und der Hizballah geführt worden waren. Nicht zuletzt ging es ja gerade auch um die Freilassung von Sheikh Obeid und Mustafa Dirani. Sie hätten eigentlich weiterhin als Faustpfand für Arad dienen sollen. Was mich in diesem Fall anspornte, war auch das Bewusstsein dafür, was ein unaufgeklärtes Schicksal für die Angehörigen und Freunde eines Menschen bedeuten kann. Hier sind die politische und die menschliche Ebene unmittelbar miteinander verbunden. Es gilt dabei im Kern, ein humanitäres Problem unter Einbeziehung aller Mittel, auch der nachrichtendienstlichen, zu lösen. Das Beispiel Ron Arads zeigt es deutlich: Die israelische Regierung hat – auch aus religiösrechtlichen Gründen – den vermissten Soldaten bis heute nicht für tot erklärt und hält so die Hoffnung am Leben, dass Arad tatsächlich eines Tages wieder auftaucht. Es ist schwer, sich vorzustellen, was das für die Frau und die Tochter des Mannes, bedeuten muss. Ich habe sie im Zuge meiner Bemühungen kennengelernt. Ein Leben zwischen Hoffnung, Enttäuschung und Verzweiflung führen zu müssen, ist sehr hart. Viele Menschen haben in solchen Situationen jeden Lebensmut verloren.

Die Schicksale Vermisster haben auch handfeste juristische Implikationen. Beispielsweise dann, wenn eine Ehefrau wieder heiraten möchte, kann sie dies nur, wenn ihr vorher verschollener Ehepartner offiziell für tot erklärt wurde. Sind die sterblichen Überreste nicht aufzufinden, ist dies je nach Rechtslage ungleich schwieriger. Die Bundesrepublik Deutschland hat das Verfahren nach dem Zweiten Weltkrieg der Realität angepasst, da viele Opfer von Bombenangriffen, Kampfhandlungen an der Front oder auch von Deportation und Kriegsgefangenschaft nicht mehr aufzufinden waren. In Israel gilt eine andere Praxis und – wichtiger noch – eine sich an Vorstellungen aus der Thora anlehnende althergebrachte Grundeinstellung: Sterbliche Überreste des Opfers müssen für eine forensisch einwandfreie Identifizierung vorhanden sein, damit er auch wirklich als verstorben gelten und nach den Regeln der Halacha, des die Religionsgesetze umfassenden Teils des Talmuds, bestattet werden kann. So hängen tatsächlich Lebensschicksale von der Lösung solcher Fälle ab.

Der Versuch der Repatriierung der Gebeine Eli Cohens nach Israel ist ein weiterer prominenter Fall, wenn auch weniger rätselhaft als der Ron Arads. In den 1960er-Jahren war Cohen vom israelischen Geheimdienst Mossad nach Syrien eingeschleust worden. Der Agent gab sich dabei als syrischer Geschäftsmann aus, und es gelang ihm, das Vertrauen mehrerer hochgestellter Politiker und Militärs in Damaskus zu gewinnen. Zeitweise fungierte er sogar als Berater des syrischen Verteidigungsministers. Seine Informationen übermittelte er per Funk und Brief an den israelischen Geheimdienst. Die Erkenntnisse waren wertvoll. Cohen wird zugeschrieben, einen wesentlichen Anteil am siegreichen Ausgang des Sechstagekriegs gehabt zu haben. Dank seiner Aufklärungsarbeit waren die Positionen der syrischen Stellungen auf den Golanhöhen bekannt. 1965 wurde Cohen dann jedoch beim Absetzen eines Funkspruchs von der syrischen Spionageabwehr angepeilt und festgenommen. Nach einem viermonatigen Schauprozess wurde er öffentlich in Damaskus gehängt.

Die israelische Regierung hatte einen Austausch syrischer Agenten und einen Millionenbetrag für die Freilassung Cohens angeboten, nach seiner Hinrichtung versuchte man, den Leichnam zurückzuholen. Es ging sogar so weit, dass Agenten des Mossad nach Syrien entsandt wurden, um die sterblichen Überreste zu bergen. Nachdem die Operation scheiterte, wurden sie von syrischer Seite an einen geheimen Ort verbracht und dem Vernehmen nach im Laufe der Zeit mehrfach umgebettet. Seit jeher bemüht sich Israel darum, die Gebeine des Meisterspions – Eli Cohen wird in Israel als Nationalheld verehrt – heimzuholen. Im Zuge des Bürgerkriegs nach 2011 und insbesondere im Gefolge der russischen militärischen Intervention in Syrien zugunsten Assads ergab sich die Chance für einen Paradigmenwechsel. Die Präsenz und der Einfluss russischer Streitkräfte in Syrien, auch in Damaskus, eröffneten für Israel über seine Kontakte zu Moskau neue operative Möglichkeiten. Tatsächlich berichteten mehrere israelische Zeitungen im Jahr 2021, dass russische und syrische Armeeangehörige damit begonnen hätten, auf dem Friedhof des palästinensischen Flüchtlingslagers Yarmuk nach den Überresten Cohens zu suchen. Bereits 2018 war es dem Mossad gelungen, die goldene Armbanduhr Cohens in Syrien sicherzustellen und sie an seine hochbetagte Witwe zu übergeben.

Doch zurück zu Ron Arad, von dem, anders als von Cohen, bislang jede Spur – und jede Information seit 1989 – fehlt. Das Letzte, das wir mit Sicherheit wissen, ist, dass das politische Teheran im Sommer 1989 angesichts aktueller Entwicklungen im libanesischen Bürgerkrieg erhebliches Interesse an Arad hatte. Man wusste, dass er sozusagen als *deposit* bei einer politisch nahestehenden Gruppierung im Libanon in Verwahrung war. Es liegt auf der Hand, dass man einen so wichtigen Gefangenen nicht einfach dem Nächstbesten anvertraut, sondern nur erprobten »Freunden«. Darum ist und bleibt es ein höchst erklärungsbedürftiger Sachverhalt, warum Arad binnen einem Jahr – zwischen 1988 und 1989 – verschwunden sein soll, ohne dass es auch nur die kleinste Spur von ihm oder Wissensträger über sein Schicksal gibt. Bereits 1991 hatte sich laut UN-Chefunterhändler Giandomenico Picco hartnäckig die Geschichte gehalten, dass Arad 1989 an die iranischen Revolutionsgarden »verkauft« worden sei. Die dies jedoch stets bestritten. Iranischerseits habe man gegenüber Picco festgehalten, dass »sie« – also offenbar die Pasdaran – bis 1989 über seinen Verbleib Bescheid gewusst, danach jedoch den Kontakt zu seinen Gewahrsamsnehmern verloren hätten. In all diesen – wie auch allen späteren mir bekannten – Einlassungen von iranischer oder libanesischer Seite bleiben die Details konsequent im Dunkeln. Eine Mauer des nur zu häufig sehr beredten – zuweilen auch nur stillen – Schweigens.

Damals wie heute habe ich mir als Nachrichtendienstler immer wieder eine zentrale Frage gestellt und diese auch mit den israelischen Partnern diskutiert: Welches könnten aus Sicht der Täter nachvollziehbare Gründe sein, auf ein politisches Vermögen zu verzichten? Man muss sich hier noch einmal verdeutlichen, dass jeder, der auch nur einen einzigen Knochen Ron Arads besäße oder über beweiskräftiges Wissen verfügte, auch heute noch dafür von Israel ein politisches oder auch materielles Vermögen erwarten könnte. Nicht auszudenken wäre der hypothetische Fall, Arad könnte noch lebend überstellt werden. Doch auch im Fall forensisch identifizierter sterblicher Überreste würden Fragen nach näheren Umständen oder gar Verantwortlichkeiten in den Hintergrund gestellt werden. Der Krieg im Libanon hat schon so viele Opfer gefordert, die zwar bitter beklagt, aber nicht individuell gerächt werden. Letztlich würde es einmal mehr ein Fall für das resignative französische *c'est la guerre* sein, Hauptsache, die Ungewissheit kann überwunden werden. So waren ja auch die sterblichen Überreste des französischen Orientalisten Michel Seurat im Oktober 2005, fast zehn Jahre nach seinem Tod in Geiselhaft, durch »puren Zufall« im Machtbereich der Hizballah aufgefunden worden.

Ich habe den Eindruck gewonnen, dass die Israelis für einen derartigen *material proof* extrem weit gegangen wären und wohl auch noch gehen würden. Millionen und Abermillionen US-Dollar und die Freilassung Tausender Gefangener hätten hier durchaus im Rahmen des Möglichen gestanden. Wenn also jemand die politische und sachliche Herrschaft über Ron Arad – oder seine sterblichen Überreste – hatte, was hinderte ihn dann daran, dies für sich zu nutzen? Im Grunde genommen kann es sich nur um einen Fall von objektiver Unmöglichkeit handeln. Als der Iran 1989 offenbar versuchte, Ron Arad von einer Gruppe, die unter seinem direkten Einfluss stand, zurückzuerhalten, war er schlichtweg nicht mehr da. Aus politisch-operativer Sicht musste sich damals somit ein Unglücksfall ereignet haben. Aus verschiedenen, seit 2007 auch immer wieder öffentlich erwähnten Quellen – darunter offenbar auch Luft- und Satellitenaufklärung der Israelis – ist bekannt, dass die Hizballah auf der Suche nach den Überresten Arads im Libanon ganze Landstriche umgepflügt hat. Mit großem Aufwand an Mensch und Material wurde ergebnislos nach dem verschollenen Soldaten gesucht. All diese Erkenntnisse zusammengenommen, bedeutet dies für mich, dass wir es hier mit einem Sachverhalt zu tun haben, der außerhalb jeden politischen Kalküls steht. Es gibt wirklich keinen einzigen rational nachvollziehbaren Grund, aus dem eine der beteiligten Parteien – oder überhaupt jemand – die Möglichkeit eines solchen Geschäfts, wie es eine Information über den Verbleib Arads bedeuten würde, ungenutzt an sich vorbeiziehen lassen würde.

Dadurch wird das Verschwinden des Waffensystemoffiziers nur noch erklärungsbedürftiger. Eine detaillierte Bestandsaufnahme und minutiöse Analyse des Bürgerkriegsgeschehens in einem *all sources intelligence*-Verfahren, im Übrigen methodisch vergleichbar mit einem umfassenden staatsanwaltschaftlichen Ermittlungsverfahren, würde hier eine ganze Reihe von *persons of interest* zutage fördern, an deren zumindest »zeugenschaftlicher Vernehmung« ein erhebliches Interesse bestehen müsste. In Ansätzen konnten solche Vorergebnisse in den gemeinsamen Bemühungen erzielt werden, und erneut liegt es natürlich in der souveränen Entscheidung der israelischen Behörden, wie hier im Einzelnen zu verfahren sei. Natürlich wären viele von ihnen, ähnlich Mustafa Dirani, außerhalb des Zugriffsbereichs israelischer Behörden, und Rechtshilfeersuchen würden in den meisten Fällen schwerlich von irgendeinem Erfolg gekrönt sein. Erneut würde hier die Stunde der Nachrichtendienste schlagen, nicht notwendigerweise in spektakulären Entführungsoperationen, sondern in geduldiger operativer Arbeit.

Inzwischen sind allerdings einige Zeitzeugen verstorben oder aber, wie eine in diesem Fall besonders exponierte Person, der Pasdaran-General und nachmalige Vizeverteidigungsminister

Ali Reza Askari, auf einer Auslandsreise in der Türkei im Jahre 2007 spurlos verschwunden. Internationales Augenmerk fiel in seinem Fall auch auf den israelischen Mossad, dem man – angesichts früherer vergleichbarer Handlungsweisen plausibel – eine mögliche Entführung unterstellte, die dann aber angesichts des Schweigens ebenso zu keinem erkennbaren Ergebnis geführt hätte. Im Herbst 2021 erklärte der israelische Ministerpräsident vor der Knesset anlässlich des Gedenktags für Ron Arad, dass der Mossad eine groß angelegte Operation im Ausland durchgeführt habe mit dem Ziel, etwas über Arad zu erfahren. Einige Wochen später tauchten in israelischen Zeitungen unbestätigte Berichte auf, wonach Angehörige des Mossad im Rahmen dieser Operation offenbar einen iranischen General in Syrien entführt und in einem nicht näher bezeichneten afrikanischen Land verhört hätten. Anschließend sei der Mann wieder auf freien Fuß gesetzt worden. Mehr wurde nicht bekannt. Es bleibt jedoch offensichtlich, dass weiterhin nachrichtendienstliche Ermittlungen und Operationen in dem vorgenannten Sinn stattfinden.

Möglicherweise hat der Fall Ron Arad jedoch auch etwas mit dem spurlosen Verschwinden von vier Iranern im Libanon im Sommer 1982 zu tun. Einiges deutet zumindest darauf hin. Die Männer befanden sich, ausgestattet mit iranischen Diplomatenpässen und in Begleitung eines Fahrzeugs der libanesischen diplomatischen Polizei, auf dem Weg aus ihrem Standort in der libanesischen Bekaa-Ebene in das damals belagerte Westbeirut. Dabei wurden sie an einer Straßensperre nördlich von Beirut von Anhängern der christlichen Falange – auch Kataeb genannt – festgesetzt. Zwei der Iraner mussten für die Kataeb von besonderer Bedeutung gewesen sein: General Ahmad Mutavasselian, der Kommandeur des damals nach Syrien entsandten militärischen Pasdaran-Kontingents und maßgeblicher Feldherr bei der Rückeroberung des iranischen Chorramschahr von den irakischen

Truppen, und – wichtiger noch – Sayyed Mohsen Mousavi, ein Revolutionär der ersten Stunde mit engsten und höchsten Beziehungen in Teheran. Er war seit 1980 der erste operative Vertreter der Pasdaran in Beirut.

Schon früh gab es Berichte, denen zufolge die beiden, wie auch ihre Begleiter, bereits kurz nach ihrer Festnahme befragt, gefoltert, dann aber sehr rasch ermordet und spurlos beseitigt wurden, um allen Nachstellungen zu entgehen. Durch das Verschwinden zweier prominenter Angehöriger der revolutionären Elite – und im Fall Mousavis wohl auch eines jungen Mannes »von Familie« – sah sich Teheran nunmehr direkt herausgefordert und reagierte umgehend. Innerhalb von 48 Stunden nach der Entführung wurden von den Verbündeten der Islamic Amal und den im Libanon aktiven iranischen Pasdarankräften in umfangreichen Razzien in den christlichen Bevölkerungsgruppen der Bekaa-Ebene Geiseln genommen – darunter sogar ein Bischof –, um die vier Gefangenen wieder freizupressen.

Auch die allererste Geiselnahme eines westlichen Staatsbürgers im Libanon fällt in diese Zeit und hat diesen Hintergrund. Der damalige Acting President der American University of Beirut, David S. Dodge, wurde wenig später aus Beirut verschleppt, an die Pasdaran übergeben und schließlich nach einer Zwischenstation in Baalbek in das berüchtigte Evin-Gefängnis nach Teheran überstellt. Ein Jahr später wurde er auf Vermittlung Syriens freigelassen. Durch die *Debriefings* mit Dodge weiß man, dass es in seinen Vernehmungen hauptsächlich um den Verbleib der iranischen »Diplomaten« ging, in völliger Verkennung des an sich offenkundigen Umstands, dass der Arme aufgrund seines professionellen und gesellschaftlichen Hintergrunds dazu überhaupt nichts hatte beitragen können.

1987 bemühte sich der iranische Parlamentspräsident Rafsandschāni erneut öffentlich darum, das Schicksal seiner Landsleute aufzuklären, und stellte auch über komplizierte Umwege eine Verbindung zu Israel her, das als Schutzmacht der libanesischen Phalange galt. Wenig später wurde bekanntlich Ron Arad aus dem Gewahrsam der Amal in Beirut in radikal-schiitische Hände und damit in den unmittelbaren Machtbereich der iranischen Pasdaran verbracht. Welche Geisel wäre also aus iranischer Sicht geeigneter gewesen, ultimativen Druck auf Israel auszuüben, um maximale Informationssicherheit über die verschwundenen Iraner und im schlimmsten Fall eben die Herausgabe ihrer sterblichen Überreste zu erzwingen?

Die iranischen Forderungen zogen sich seitdem wie ein roter Faden durch alle Bemühungen um die Freilassung westlicher Geiseln, stets als Quidproquo im Zusammenhang mit Ron Arad, so auch in den Gesprächen mit UN-Unterhändler Giandomenico Picco in den Jahren 1989 bis 1991. Spätestens zu dieser Zeit war jedoch durch vielfältige Befragungen und Zeugenaussagen weiter erhärtet, was bereits zuvor bekannt und kommuniziert gewesen war: Die vier waren bald nach ihrer Gefangennahme ermordet und beseitigt worden, indem ihre sterblichen Überreste chemisch aufgelöst wurden, sodass sie nie gefunden werden konnten. Als Arbeitshypothese sollte daher jedenfalls bis zum Beweis des Gegenteils die Möglichkeit nicht ausgeschlossen werden, dass, nachdem dies zunehmend unabweisbar erschienen war, auch auf iranischer Seite die Entscheidung fiel, auch Ron Arad zu töten und – technisch durchaus machbar – spurlos verschwinden zu lassen. Man sollte in diesem Zusammenhang die starke Stellung des *wali al-dam,* des nach islamischem Recht Vergeltungsbefugten in einem Mordfall, nicht außer Acht lassen, der nach traditioneller Rechtspraxis vor dem *Qadi* über die Art der Rache quasi zivilrechtlich befinden darf. Sollte im vorliegenden Fall gar ein hochrangiger Angehöriger der revolutionären Nomenklatura in Teheran mit involviert gewesen sein, wäre dies sachlogisch nachvollziehbar. Damit würde der tragische Fall von Ron Arad dem archaischen Prinzip »Auge um Auge, Zahn um Zahn« folgen: ein trauriges Mysterium auf unserer Seite, ein trauriges Mysterium auf eurer Seite.

KAPITEL 5

Verhandlungen mit der Hizballah

»Wissen Sie, wer der Mann ist?«, fragt mein Gesprächspartner vom Mossad und legt ein grobkörniges Schwarz-Weiß-Foto auf den Tisch. Während der Verhandlungen zwischen der Hizballah und der israelischen Regierung treffen wir uns regelmäßig mit den Geheimdienstkollegen des israelischen Teams, um über den Fortgang zu berichten, gegenseitige Transparenz zu den Vorgängen in Libanon und Israel zu schaffen und so bestmögliche Koordination zu ermöglichen. Die Frage nach der Person auf dem Foto bezieht sich auf den von Generalsekretär Nasrallah eingesetzten Leiter des zweiköpfigen libanesischen Verhandlungsteams. Ich nehme das Foto in die Hand und schaue es mir aufmerksam an. Das Bild zeigt einen jugendlichen Kämpfer in Tarnuniform, mit wildem Haarschopf und breitem Lachen, der eine Kalaschnikow hält. Das Bild ist wohl vor längerer Zeit aufgenommen worden, denn es ist schwarz-weiß, körnig und unscharf. Wegen der Uniform und Bewaffnung würde ich es auf die frühen Achtzigerjahre datieren. Die langen Haare und der Schnurrbart lassen den Kombattanten darauf wild und verwegen, jedoch auch witzig und sogar irgendwie charmant aussehen. Anders als der aktuelle, unter Decknamen auftretende Verhandlungsführer der Hizballah, der sorgfältig gekleidet und etabliert auftritt. Trotzdem ist eine gewisse Ähnlichkeit unverkennbar. Ich reiche das Bild an meinen Teamleiter weiter und sage erst einmal nichts. Ich möchte ihn nicht beeinflussen und abwarten, zu welchem Schluss er gelangt.

Die Klimaanlage im Büro in Tel Aviv summt über unseren Köpfen, vor dem Fenster sind die Jalousien heruntergelassen. Mein Chef nickt. »Ja, das könnte er schon sein. In jungen Jahren …«, sagt er. »Das denke ich auch«, pflichte ich ihm bei. »Um wen handelt es sich denn?«, frage ich die Kollegen des Mossad. »Um Mustafa Badreddine.« Ich hole tief Luft. Natürlich weiß ich, wer das ist. Mein Verhandlungspartner hat sich zwar unter einem anderen Namen vorgestellt, doch war bereits von Anfang an klar gewesen, dass es sich hierbei um einen Decknamen handelte. »Guten Tag, ich bin Mustafa Badreddine, Topterrorist und einer der am meisten gefürchteten Männer im Nahen Osten. Wirklich schön, Sie kennenzulernen«, wäre ja auch unrealistisch. Obwohl es sich in diesem Fall um die bittere Realität handelt. Mustafa Badreddine – auch genannt Dhu al-Fiqar, das Schwert des Imam Ali – wurde 1961 im schiitischen Südbeiruter Stadtteil al-Ghubairi geboren. In jungen Jahren schloss er sich der in Libanon seit 1968 aktiven Fatah, der militanten palästinensischen Organisation von Jassir Arafat, an und gehörte dort zur Spezialeinheit Force 17. Aus dieser Zeit stammt möglicherweise auch das Foto. Zu Beginn der 1980er-Jahre wechselte Badreddine dann zu den iranischen Pasdaran und nahm an aufsehenerregenden terroristischen Aktionen im Libanon teil. So war er im April 1983 zusammen mit Imad Mughnieh, seinem Cousin und Schwager, operativ mitverantwortlich für die verheerenden Bombenanschläge auf das Hauptquartier der US-Marines und der französischen Fallschirmjäger in Beirut, bei denen Hunderte Menschen ums Leben kamen.

Auch haben die meisten Entführungen westlicher Geiseln in Libanon in den Jahren nach 1983 etwas mit ihm zu tun, wenngleich nicht als Täter, sondern als selbst zu befreiendes »Opfer«. So reiste Badreddine Ende 1983 mit einem falschen libanesischen Pass auf den Namen Elias Fu'ad Saab nach Kuwait mit dem Ziel, zusammen mit zwei weiteren Libanesen und 14 Gefährten aus der eng verbundenen irakischen schiitischen Hizb al-Da'wa eine Reihe von Attentaten auf westliche Einrichtungen und den Emir des Golfstaats zu verüben. Kuwait stand bekanntlich im Krieg mit dem Iran auf der Seite des Irak und wurde mithin ebenso als legitimes Ziel schiitischen Terrors betrachtet. Nach den Anschlägen wurden Badreddine und seine Mitverschwörer in Kuwait gestellt und Ende März 1984 zum Tode verurteilt. Das Urteil wurde jedoch nicht vollstreckt, vornehmlich weil bereits seit Februar 1984 die Welle der Entführungen westlicher Staatsangehöriger begonnen hatte. Imad Mughnieh will seinen Cousin und Schwager ebenso wenig aufgeben wie die übrigen Attentäter. Die »Kuwaiti Seventeen« wurden zum festen Begriff, deren Freilassung von den libanesischen Geiselnehmern und Flugzeugentführern der Achtzigerjahre stets gefordert, von Kuwait jedoch ebenso beharrlich verweigert wurde. Nach dem Einmarsch der Armee Saddam Husseins in Kuwait im August 1990 gelang den »Kuwaiti Seventeen« dann im Chaos der Invasion die Flucht. Über heimliche Wege im Irak, Iran und Syrien kehrte Baddredine in den Libanon zurück und schloss sich nunmehr – wie bereits zuvor sein Cousin Imad Mugnieh – der Hizballah an. Dem Vernehmen nach leitete Badreddine zeitweilig den Geheimdienst der Organisation, Mughnieh ihren militärischen Arm.

Die Tatsache, dass mir die Kollegen vom Mossad ein so altes Foto vorlegen, lässt darauf schließen, dass es seinerzeit keine aktuellen Bilder – zumindest keine, von deren Authentizität man ausgehen kann – gibt. Badreddine muss sehr gut abgeschirmt sein. Mit Sicherheit gibt es Bestrebungen einiger Staaten, ihn wegen seiner Aktivitäten zur Rechenschaft zu ziehen oder zu beseitigen. Während der Verhandlungen habe ich ihn jedoch keineswegs als notorischen Terroristen erlebt, sondern als einen meist sehr verbindlich auftretenden Gesprächspartner. Wenn er unter Schmerzen infolge seiner schweren Kriegsverletzungen und nervlichen Traumata zu leiden hatte, brach allerdings auch sein explosives Temperament durch. Badreddine war offensichtlich sehr wandlungsfähig, aber wohl auch vollkommen ruchlos, wenn er es für nötig hielt. Es ist nicht einfach, mit einer solchen komplexen Persönlichkeit in einer Weise umzugehen, die eine konstruktive und ergebnisorientierte Gesprächsführung zulässt.

Damit komme ich zur Grundvoraussetzung meiner Verhandlungsführung: Ich muss mit allen Beteiligten sprechen und die erforderliche Höflichkeit, Zurückhaltung, Wertschätzung und manchmal auch Empathie mit einbringen. In einer kühlen, distanzierten oder von unterschwelliger Ablehnung geprägten Atmosphäre erstirbt jede Kompromissbereitschaft. Zumal die Gesprächspartner ihre internationale Diskreditierung als Terroristen durchaus kennen, auch wenn sie dies kategorisch zurückweisen. Aus der Sicht der Hizballah gibt es in ihren Reihen keine Terroristen, sondern vielmehr nur Mudschahedin, Freiheitskämpfer gegen die Unterdrückung der Muslime im Allgemeinen und der Schiiten im Besonderen.

Meine israelischen Kollegen, und nicht nur diese, sehen das bekanntlich ganz anders, und an dieser Stelle beginnt ein sehr wichtiger Teil der Vermittlertätigkeit. Wie bereits erwähnt, hatte die Hizballah die Freilassung libanesischer Gefangener gefordert, die in Israel wegen terroristischer Aktivitäten verurteilt und inhaftiert worden waren. Darum war es für keine israelische Regierung leicht, auf derartige Forderungen einzugehen und die Maßnahmen zu guter Letzt auch politisch durchzusetzen. Trotzdem bemühte man sich, sie – im wohlverstandenen Eigeninteresse, also der Rettung oder zumindest Rückführung eigener Soldaten oder Bürger – zu erfüllen, und es gehörte zu meinen Aufgaben, dieses Dilemma der Hizballah glaubhaft zu vermitteln. Mitunter musste ich dazu recht deutliche Worte finden, von denen ich nicht immer wissen konnte, wie meine Gegenüber – insbesondere Mustafa Badreddine – sie aufnehmen würden.

Der Schlüssel zum Erfolg der Verhandlungen ist nicht zuletzt in der Fähigkeit begründet, alle Seiten in ihren Motiven und in ihrer Vorstellungswelt zu verstehen. Man muss sie ja deswegen nicht akzeptieren – in diesem Fall wohl ein Ding der Unmöglichkeit –, aber zumindest durch ein qualifiziertes Verständnis eine tragfähige Verhandlungspartnerschaft bilden, auf deren Grundlage man dann nach einer Lösung sucht. Ein wesentliches Element der zahlreichen Besuche in Beirut war es darum auch, diese unwandelbare Voraussetzung immer wieder in Erinnerung zu rufen: Beide Seiten mussten verhandeln und damit Konzessionen an den Gegner, ja den Feind, und dessen Interessenlage machen, wenn sie das bekommen wollten, was sie anstrebten. Denn die Hizballah war militärisch nicht in der Lage, ihre Gefangenen aus israelischen Gefängnissen zu befreien, ebenso wenig wie Israel Elhanan Tennenbaum und seine drei Soldaten mit Gewalt zurückholen konnte. Alle verabscheuten es, aber um des Ergebnisses willen musste man miteinander reden und zumindest punktuell sogar aufeinander Rücksicht nehmen. Psychologisch war es manchmal fast unmöglich, diese gemeinsame Basis zu schaffen, und so bewegten wir uns auf einem extrem schmalen Grat. Trotzdem war eine Art temporärer und sachlich limitierter indirekter Zwangspartnerschaft zwischen Israel und der Hizballah entstanden.

Ein vertieftes Verständnis beider Seiten erfordert somit auch das Eintauchen in die Geschichte der Hizballah, in ihre Entstehungsgeschichte, ihre gesellschaftliche Verortung, Funktion und Zielsetzungen. Die schiitische Organisation ist bereits seit

Langem der Staat im Staate Libanon und in ihrer von Iran zur Verfügung gestellten Bewaffnung und Ausrüstung stärker als die gesamte libanesische Armee. Oft lässt es sich nicht auseinanderhalten, ob jemand für die Regierung oder für die Hizballah arbeitet, da alles – auch durch die familiären Strukturen der libanesischen Gesellschaft begünstigt – miteinander verflochten ist. So kann es sein, dass ein Sohn bei der Sûreté Générale, den Streitkräften oder dem Militärischen Nachrichtendienst und der andere bei der Hizballah tätig ist. Dies trifft übrigens nicht nur auf die Hizballah zu, sondern auch auf alle anderen ehemaligen Bürgerkriegsmilizen.

Von den USA, der EU und folglich auch der Bundesregierung wird die Hizballah seit den Achtzigerjahren als terroristische Organisation eingestuft. Wohl auch darum begegnet man der verbreiteten Ansicht, dass sie überwiegend aus Terroristen bestünde, doch das trifft in dieser Allgemeinheit nicht zu, auch wenn terroristische Gewalt – wie auch transnational organisierte Beschaffungskriminalität – Teil ihres Modus Operandi ist. Das zeigt bereits ein Blick auf die Ursprünge der Organisation. Im Libanon lebt von jeher eine große schiitische Bevölkerungsgruppe, die aber traditionell von einer auch konfessionell mehrheitlich praktizierten quietistischen Form der Religionsausübung geprägt ist. Man war unpolitisch, erlitt, erduldete, war ein Unterworfener, betete – und wartete auf bessere Zeiten, auf das Erscheinen des Imam Mahdi, des legitimen Nachfolgers des Propheten Mohammed. Erst dieser, so der schiitische Glaube, werde das Unrecht auf Erden beseitigen. Darum wurde jede weltliche Herrschaft erst einmal als notwendig unvollkommen und letztlich illegitim, zugleich jedoch auch als quasi alternativlos und als Strafe für frühere Sünden angesehen. Dieses Konzept änderte sich im Laufe der Sechziger- und Siebzigerjahre mit den emanzipatorischen Lehren eines Muhammad Baqir al-Sadr im Irak, die ihren politischen Ausdruck in der dortigen Hizb al-Dawa fanden, und der gesellschaftspolitischen Formierung der libanesischen Schiiten durch Sayyid Musa al-Sadr im Rahmen des Hohen Islamischen Schiitischen Rats und seit 1976 der schiitischen Amal-Miliz zur Selbstbehauptung im Bürgerkrieg. Die entscheidende Wende hin zum politischen Aktivismus nahm das Schiitentum bekanntlich 1979 mit der Islamischen Revolution im Iran und der Machtergreifung Ayatollah Khomenis, letztlich nach dem Motto: »Es gibt nichts Gutes, außer man tut es!«, um Erich Kästner zu zitieren. Obwohl ich nicht glaube, dass Khomeni ihn gelesen hat. Jedenfalls bringt es der Satz des deutschen Schriftstellers ganz gut auf den Punkt: Schluss mit dem Warten auf bessere Zeiten! Stattdessen handeln und lieber gleich, mit allen Mitteln, die einem zur Verfügung stehen, konkrete soziale und wirtschaftliche Abhilfe schaffen und ein gottgefälliges System errichten.

So entwickelte Khomeni die Lehre von der weltlichen Herrschaft des Rechtsgelehrten, der *velayat-e faqih*, an der sich im Iran die Islamische Revolution ausrichten sollte, die wiederum zur Entstehung der Islamischen Republik mit einem dezidiert islamischen Herrschaftsanspruch und einer entsprechenden innen- wie außenpolitischen Agenda führte. Viele konventionelle Schiiten wollten davon zuerst nichts wissen, doch dann tauchten die revolutionären Gedanken auch in den Zirkeln der schiitischen Kleriker des Libanon auf, die ohnehin traditionell in engem Kontakt mit ihren Glaubensbrüdern im Iran standen. Schiitisches Kernland im Libanon waren vornehmlich die Bekaa-Ebene und der Süden. Viele libanesische schiitische Ideologen und Kleriker folgten nach der Revolution im Iran der »Linie Khomeinis« und strebten eine tiefgreifende soziale und politische Umstrukturierung auch ihres Landes im Sinne eines islamischen Systems an, zwar notgedrungen multikonfessionell, aber mit eindeutiger Vorherrschaft der Mehrheitsbevölkerung der Muslime und hier insbesondere der Schiiten. Die nicht muslimischen Religionsgruppen sollten darin – ganz in der Tradition der Scharia – einen minderen – aber immerhin gesicherten – Rechtsstatus bekommen. Angesichts der Kräfteverhältnisse im Bürgerkrieg war dies zwar nicht unmittelbar umzusetzen, bestimmte aber fortan die Ideologie. Der iranische *support* war allerdings nicht nur ideologischer Natur, sondern man begann ab 1980, über die Pasdaran – die auch für den Export der Revolution zuständige iranische Revolutionsgarde – erste schlagkräftige militärische Gruppen aus geeigneten libanesischen Schiiten aufzubauen. Diese wurden bald im lokalen Sprachgebrauch »libanesische Pasdaran« genannt. Zu ihnen gehörten auch Imad Mughnieh und Mustafa Badreddine. Parallel hierzu schlossen sich junge schiitische Kleriker im Geiste der Iranischen Revolution zusammen und gründeten nach 1982/1983 die Hizballah, die erst einmal anfing, in der libanesischen Bekaa-Ebene für das Religions- und Staatsverständnis der Islamischen Republik Iran zu werben und Anhängerschaft in einer clan- und stammesorientierten Gesellschaft aufzubauen. Richtig mächtig wurde die Hizballah erst, nachdem sie in der Auseinandersetzung mit der konkurrierenden schiitischen Amal-Miliz nach 1987 zunehmend die Oberhand gewonnen hatte.

Man darf sich die Hizballah dieser Zeit also nicht als homogen strukturierte umfassende Organisation vorstellen, vielmehr hatte man es eher mit einer schrittweise expandierenden klerikalen »Holding« zu tun, in die eine Vielzahl kleinerer Start-ups, die ihre Assets in Form von Kämpfern, Waffen und auch Geiseln in die gemeinsamen Bürgerkriegsbemühungen einbrachten. Oft handelte es sich dabei um clanorientierte Gruppen, Netzwerke von hochgerüsteten »Familienbetrieben«. In dieser Zeit wurden auch Imad Mughniyah und – nach seiner Befreiung 1991 – sein Cousin und Schwager Mustafa Badreddine in die Reihen der Hizballah eingegliedert oder, besser gesagt, kooptiert.

Die ab 1984 überhandnehmenden Entführungskampagnen gegen westliche Staatsbürger fallen daher nicht direkt in die politisch-operative Verantwortung der Hizballah, die gerade im Begriff war, sich zu formieren. Das heißt natürlich nicht, dass es nicht – sachlogisch eher wahrscheinliche – persönliche Beziehungen gab. Auch hätte man sich schwergetan, irgendwelche Verurteilungen des Treibens durch die Hizballah zu finden.

Motiv dieser Entführungen war es zum einen, die »Kreuzzügler« aus dem Land zu vertreiben und zu diesem Zweck ein politisch nutzbares Druckmittel in die Hand zu bekommen. Doch die Aktionen sind auch in Zusammenhang mit dem iranisch-irakischen Krieg zu sehen, in dem der Westen den Irak unterstützte. Anfang Januar 1987 wurde der im Libanon geborene Mohammed Ali Hammadi auf dem Frankfurter Flughafen bei dem Versuch, Sprengstoff über Deutschland nach Frankreich zu schmuggeln, festgenommen. Bereits wenige Tage später entführten Familienmitglieder in Beirut – darunter der in Deutschland lebende Abbas Hammadi – den Hoechst-Manager Rudolf Cordes und den Siemens-Techniker Alfred Schmidt. Dadurch wollte man das Familienmitglied Mohammed Hammadi aus deutscher Haft freipressen, so, wie man dies im heimischen Libanon getan hätte. Doch Hammadi war an der Entführung des TWA-Flugs 847 im Juni 1985 beteiligt gewesen, bei der die Terroristen einen amerikanischen Marinetaucher ermordeten. Seine Auslieferung an die USA stand damit sehr weit oben auf der amerikanischen Agenda. Dann wurde auch noch Abbas Hammadi bei seiner Rückkehr nach Deutschland verhaftet. Nun saßen gleich zwei Mitglieder der Familie in deutschen Gefängnissen. Der älteste Bruder und Chef des Hammadi-Clans, Abdalhadi Hammadi, sah sich damit vor einer Herausforderung, die er nur durch Geiselnahmen und Erpressung der Bundesregierung bewältigen zu können glaubte.

Mit diesem Fall wurde die Bundesrepublik ins Zentrum nahöstlicher Gewalt katapultiert, aus der sie sich bis dahin, trotz des Terroranschlags auf die Olympischen Spiele in München 1972, einigermaßen herausgehalten hatte. Am 13. Juli 1988 begann der Prozess gegen Mohammed Hammadi. Zuvor waren Cordes und Schmidt auf iranischen Druck und in der Hoffnung, damit eine Auslieferung an die USA und vielleicht doch noch eine Verurteilung vermeiden zu können, freigelassen worden. Das »trotz alledem« doch bevorstehende Urteil veranlasste Abdalhadi Hammadi dann am 16. Mai 1989 zu einer erneuten Geiselnahme: Heinrich Strübig und Thomas Kempner, zwei Mitarbeiter der privaten humanitären Organisation ASME-Humanitas, wurden gekidnappt und erst im Dezember 1991 freigelassen. Mohammed Hammadi war zwar zu lebenslanger Haft verurteilt, jedoch eben nicht an die USA ausgeliefert worden, wo ihm die Todesstrafe gedroht hätte. Während meiner Beteiligung an der deutschen Vermittlungsmission nach 2002 hatte ich mehrfach den Eindruck, dass eine zeitliche – und möglicherweise auch kausale – Beziehung bestand zwischen den Haftumständen oder auch den Perspektiven von Mohammed Hammadi für eine frühere Entlassung nach der Verbüßung der Mindesthaftdauer von 19 Jahren und der Stimmung und Fortschrittswilligkeit in Beirut.

Nicht alle Opfer der Entführungswelle kamen bekanntlich mit dem Leben davon. So starb der Leiter der CIA-Mission in Beirut, William Buckley, nach 444 Tagen Geiselhaft an den Folgen von Krankheit und Misshandlung. An der Entführung Buckleys im März 1984 soll Imad Mughniyah, der Schwager Badreddines, federführend beteiligt gewesen sein. Wie man heute aus zahlreichen Erfahrungsberichten der überlebenden Geiseln weiß, handelte es sich bei vielen Geiselnehmern um instabile Persönlichkeiten – letztlich auch geschädigt durch erlittene Kriegstraumata –, die emotional zu Extremismus neigten. In

Kombination mit einer Kultur der Gewaltbereitschaft mag das vielleicht die scheußlichen Verbrechen, die an manchen Geiseln verübt wurden, zumindest zum Teil erklären.

Betrachtet man die Entwicklung der Hizballah vor dem Hintergrund der 1980er-Jahre, wird deutlich, wie schwierig eine juristisch valide Attribution einzelner Taten – und Täter – zu der Organisation ist. Es handelte sich eben um keine monolithisch geschlossene Organisation, sondern um einen Flickenteppich. Von daher lässt sich die Frage, was wann auf wessen Befehl und was aus eigener Initiative einzelner, später assoziierter oder kooptierter Gruppen geschehen ist, zumindest für die formative Periode kaum zuverlässig beantworten. Grundsätzlich kann man aber davon ausgehen, dass die Organisation – mit Wissen der iranischen Regierung, die über die Pasdaran einschlägig involviert war – Terroristen gedeckt hat und für sich arbeiten ließ. Mit Terrorismus hatten die Baalbeker Kleriker zwar zunächst einmal vermutlich operativ kaum etwas zu tun, doch haben sie ihn eindeutig als Teil des Dschihad legitimiert.

Die Vertreter der Hizballah, mit denen ich mich während der Verhandlungen traf, unterschieden sich in ihrem Auftreten von den vermummten Kämpfern der frühen 1990er-Jahre, mit denen sich Picco noch auseinanderzusetzen hatte. Keine Sturmhauben und provisorischen Verstecke mehr, dafür Sonnenbrille, Jackett und standesgemäße Geschäftsräume. Einmal sagte ein Mitglied der Eskorte, die uns unauffällig am Hotel abholte: »What if we took you with us?« Das war zwar scherzhaft gemeint, doch begaben wir uns tatsächlich auf Gedeih und Verderb in ihre Hände. Technisch gesehen hätten sie uns umbringen oder entführen können. Aber andererseits lag auch die Verantwortung für unser Wohlergehen bei der Organisation, da wir offiziell eingeladen worden waren und somit Gastrecht genossen. Außerdem waren Entführungen – anders als in den 1980er-Jahren – kein valides

»Geschäftsmodell« mehr. Für die Hizballah hätte es auch gar keinen Sinn gemacht, die Vermittler als Geisel zu nehmen. Geschäftspartner entführt man nicht.

Über das Entführungsrisiko machte ich mir darum keine Sorgen, zumal die einzig mir bekannte Ausnahme der Brite Terry Waite war, der als Gesandter des Erzbischofs von Canterbury zwischen 1985 und 1986 erfolgreich die Freilassung von zwei Geiseln mit der iranischen Regierung und den schiitischen Entführern verhandelt hatte. Als Waite Anfang 1987 nach Beirut zurückkehrte, um abermals zu vermitteln, wurde er von den Geiselnehmern entführt und verbrachte die nächsten fünf Jahre – unter sehr harten Bedingungen – in Gefangenschaft. Was Waite zum Verhängnis wurde, waren seine Diskreditierung durch die Iran-Contra-Affäre, die den geheimen Hintergrund für seine humanitären Bemühungen bildete, und die damit verbundene Nähe zu amerikanischen Diensten. Man hatte ihm nach dem politischen Eklat bedeutet, dass er in Beirut nicht mehr willkommen sei, doch leider zog er es vor, dies zu ignorieren. Es war ein Tabubruch, den Unterhändler zu kidnappen, doch man begründete es damit, dass man Verrat am Verräter üben dürfe.

Zwanzig Jahre später verhandelten wir mit einer etablierten Hizballah vor dem Hintergrund eines bereits erprobten Vertrauensverhältnisses aus der Mitte der Neunzigerjahre. Bereits beim ersten Aufenthalt in Beirut traf sich das zu Jahresbeginn neu zusammengestellte BND-Verhandlungsteam im Frühjahr 2002 mit Sheikh Nasrallah, Mustafa Badreddine und dem persönlichen Beauftragten für internationale Beziehungen im Hauptquartier in Südbeirut. Der Sheikh – Generalsekretär der Organisation – saß als Eminenz am Kopfende einer kleinen Diwaniyya in der Mitte, flankiert von seinen beiden Adlaten, mein Chef und ich links von ihm. Die rechte Seite wäre höherrangigen Besuchern vorbehalten gewesen. Wir waren zwar als Gäste willkommen, doch immerhin Ausländer und Nichtgläubige. Nasrallah war während des Gesprächs gut gelaunt, manchmal vielleicht ein wenig priesterlich, was bei ihm als Kleriker nicht verwunderlich ist. Trotzdem wirkte er zu keinem Zeitpunkt arrogant oder entrückt. Er besaß Charisma, Empathie, auch Humor und flocht immer wieder einmal eine witzige Bemerkung in die Konversation ein. Natürlich weiß ich, dass Sheikh Nasrallah in seiner Funktion große Autorität besitzt, die er – wie ich es einige Male erlebt habe – gegebenenfalls deutlich erkennen und nötigenfalls konsequent durchsetzen lässt. Er hat zweifellos Führungsqualitäten.

Die Hizballah verkörpert – angesichts ihrer Geschichte, ihrer Beziehungen zum Iran und zu Syrien – die Komplexität von Bürgerkrieg und gleichzeitiger Einbindung in regionale und internationale Interessenlagen. Das geht bis zu libanesischen und iranischen Haftfällen in Deutschland. Angesichts dieser Komplexität und schwierigen regionalen Gemengelage besaß unsere Verhandlungsmission auch eine wesentliche nachrichtendienstliche Komponente. Dass wir Angehörige des BND waren und uns während der Verhandlungen die Mittel und geheimen Beziehungen des Nachrichtendienstes zur Verfügung standen, machte in den Gesprächen einen großen Unterschied. Da ist zum einen die *intelligence culture* des Nahen Ostens, in der Geheim- und Nachrichtendienste sehr weit oben im Gefüge der Macht angesiedelt sind. Die Muchabarat sind extrem wichtig und als direkte Emanation der Staatsgewalt allmächtig – leider nicht selten mit der unmissverständlichen Betonung auf Gewalt. Wer diesen Beruf ausübt, ist relevant und einflussreich, so die allgemeine Vorstellung. Der BND-Präsident ist aus dieser Perspektive möglicherweise sogar wichtiger als der Regierungschef, zumindest muss er aber privilegierten Zugang zu diesem haben und stets bei ihm Gehör finden. In der Bundesrepublik und in Westeuropa ist dies in dieser Weise selbstverständlich nicht der Fall, doch im Nahen Osten wird man so gesehen. Es handelt sich hier um eine instinktive Einstellung des Gegenübers, wie ja auch wir Europäer von uns auf andere schließen und dabei öfter als uns lieb ist und deutlich öfter als notwendig Schiffbruch erleiden.

Wichtig ist, diese Wahrnehmungswelt zu erkennen und mit dieser sorgsam umzugehen. Nicht umsonst standen auch auf israelischer Seite die Geheimdienste und nicht die Diplomatie in der Pflicht. In den Verhandlungen mit der Hizballah waren die Glaubhaftigkeit von Zusagen und die Glaubwürdigkeit der Person sehr wichtig. Umso schlimmer, wenn diese dann auf politischer Ebene konterkariert wurden. Ich habe oft bemerkt, dass die Perzeption von Kompetenz und Machtverhältnissen eine große Rolle spielte, mit der in verantwortungsvoller Weise in der Gesprächsführung umzugehen war. Psychologie, Strategie in der Konversation und nicht zuletzt auch das Wissen darum, was außerhalb der Verhandlungen gedacht und gesagt wird, flossen in jede Verhandlungsrunde mit ein. Mit der Aufklärung dessen, was im verborgenen Hintergrund während der Verhandlungen und in ihrem internationalen Umfeld stattfand, war folglich eine wesentliche nachrichtendienstliche Beschaffungsaufgabe und Analyse verbunden.

KAPITEL 6

Austausch dritter Akt

Der schlaksige junge Mann scheint das Zeug zu einer Nervensäge zu haben. Aufgesetzte Lässigkeit, zur Schau getragene Geringschätzung, eher unangenehm. Steven Smyrek trägt eine graue Trainingsjacke und gibt sich ersichtlich Mühe, selbstbewusst aufzutreten. Er grinst überheblich, auch wenn er offensichtlich froh ist, dass er die israelische Haftanstalt in Aschkelon nach sieben Jahren hinter sich gelassen hat. Ich begrüße ihn kurz und wechsle danach einige Worte mit den Mitgliedern der israelischen Delegation.

Bei Smyrek handelt es sich in der Tat um einen Sonderfall unter den Gefangenen der Austauschaktion, denn er ist deutscher Staatsbürger. 1971 geboren, wuchs er im nordrhein-westfälischen Detmold als Sohn eines britischen Soldaten und einer deutschen Mutter auf, kam auf ein Internat in Großbritannien, diente vier Jahre in der Bundeswehr, deren Dienst ihm jedoch zu lasch vorkam, geriet mit Drogen in Berührung und lebte schließlich eher perspektivlos in der norddeutschen Provinz. Während er in einer türkischen Pizzeria in Herford jobbte, kam er erstmals über persönliche Kontakte mit dem Islam in Berührung. Für Smyrek bot die religiös geprägte Weltanschauung, die er dort in ihrer Striktheit und Finalität kennenlernte, offenbar genug Anreiz, sich dem Islam anzunähern und zuzuwenden. Dieses durchaus suggestive Angebot von Halt, Zielorientierung, einfachen Botschaften und Rigorismus war mir aus eigener Erfahrung in meinen frühen Studienjahren geläufig. Mir war die kulturelle und zivilisatorische Selbstversicherung im Europa der Aufklärung nicht allzu schwergefallen, doch bei Smyrek kam es anders.

In einer Moschee in Braunschweig lernte er 1995 Angehörige der verbotenen türkischen Kaplan-Bewegung kennen und identifizierte sich zunehmend mit dem Gedankengut des Dschihad und der gewaltsamen Errichtung eines Islamischen Staates. Empört über die Bilder von Tod und Gewalt aus Israel und den Palästinensergebieten während der zweiten Intifada, suchte Smyrek Kontakt zu Terrorgruppen im Nahen Osten und bot sich als potenzieller Selbstmordattentäter an. Ein »Vorstellungsgespräch« bei der Hizballah in Beirut verlief erfolgreich, und er wurde in ein Ausbildungslager geschickt. Einsatzziel: Israel. Wie die zeitgleichen Entwicklungen in den »Banlieues de l'Islam« in Frankreich zeigten, war Smyrek keine Ausnahme. Polizei, Nachrichtendienste und auch die soziologische Radikalismusforschung haben in den Werdegängen europäischer radikalislamischer Extremisten und Terroristen immer wieder übereinstimmende Muster gefunden. Eins davon zeigt auf, dass es sich oftmals um prekäre, zeitweise auch kleinkriminelle Existenzen handelt, die in einer Ideologie und verschworenen Gemeinschaft Halt, Selbstwertgefühl und Bestimmung finden, die ihre soziale Marginalisierung als Ergebnis religiöser Diskriminierung ebenso erklärt und aufwertet wie ihr zum Teil kriminelles Handeln, das sich in der neuen Perspektive als legitimer Widerstand – Dschihad – gegen eine »unislamische« und *per se* ungerechte, repressive Gesellschaft richtet.

Ganz ähnlich verhielt es sich mit Steven Smyrek, allerdings mit dem – seinerzeit noch eher seltenen – Unterschied, dass er keinen orientalischen oder asiatischen Hintergrund hatte, sondern ein nach Phänotyp und Sozialisierung eindeutig mitteleuropäischer Mensch war und sein Kriegsschauplatz Israel werden sollte. Auch darum war man bei der Hizballah froh über den Freiwilligen. Mit seinem nordeuropäischen Aussehen und einem deutschen Pass konnte er relativ ungehindert nach Israel – oder in andere Staaten – einreisen. Nachdem Smyrek in Beirut eingehend befragt und durchgecheckt worden war – es könnte sich ja auch um den Versuch gehandelt haben, einen Informanten im Rahmen einer sogenannten *sting operation* an die Organisation heranzuspielen –, wurde er in ein Ausbildungslager geschickt.

Smyrek erklärte sich bereit, den Weg des Märtyrers einzuschlagen und einen Selbstmordanschlag zu verüben. Im Jahr 1997 schickte ihn die Hizballah nach Israel, offenbar um potenzielle Ziele für ein Attentat auszukundschaften. Bereits bei seiner Ankunft wurde Smyrek jedoch verhaftet, da sein Treiben den zuständigen Diensten auf Dauer nicht verborgen geblieben war. Nach umfänglicher Ausermittlung und Prozessvorbereitung wurde er 1999 von einem Gericht in Tel Aviv wegen Terrorismus zu einer zehnjährigen Haftstrafe verurteilt. Obwohl man ihm als deutschem Staatsangehörigen angeboten hatte, seine Strafe in der Bundesrepublik zu verbüßen, zog er es vor, in Israel zu bleiben. Im Gefängnis von Aschkelon, wo viele Angehörige radikaler Gruppierungen ihre Haftstrafen verbüßen, lernte er Arabisch und blieb seinen radikal islamistischen Ansichten treu. Während der Verhandlungen über einen Gefangenenaustausch stand Smyrek sehr weit oben auf der Wunschliste, wohl nicht zuletzt aufgrund der Besonderheiten seines Falls. Generalsekretär Nasrallah hatte persönlich seine Freilassung gefordert. Nun ist der Gefangene in Deutschland gelandet.

Während ich in Sachen »Pendeldiplomatie« abermals auf die libanesische Seite des Hangars hinübergehe, verrät mir ein Blick auf die Uhr, dass es kurz nach zehn ist. Es sieht so aus, als würde es heute nicht richtig hell werden. Die israelischen Forensiker haben die Identität der Gefallenen positiv ermittelt, damit stehen

»drei plus eins« – also die drei Gefallenen plus Elhanan Tennenbaum – bereit. Im Gegenzug ist bestätigt, dass die israelische Seite alle Gefangenen beigebracht hat. Immer noch an Händen und Füßen gefesselt, warten sie unter israelischer Aufsicht mit zunehmender Ungeduld. Wir sind auf der Zielgeraden, denke ich und beschleunige meine Schritte. Das Geräusch, das beim Auftreten auf dem Betonboden entsteht, hallt durch den Hangar und gibt den Takt meiner Gedanken vor. Es hört schlagartig auf, als ich vor den Mitgliedern der libanesischen Delegation haltmache.

»Meine Herren, wie Sie sehen, hat alles seine Ordnung. Wir können den Austausch nun stattfinden lassen.« Einige Libanesen nicken. Einer von ihnen atmet hörbar laut aus. »Smyrek kommt doch mit in den Libanon, nicht wahr? Wir müssen darauf bestehen.« Einerseits überrascht mich der Satz, andererseits habe ich etwas in dieser Art befürchtet. Jetzt stoße ich einen Seufzer aus. Was kann ich auf die Frage – die zugleich auch eine Forderung ist – antworten? Keinesfalls darf ich mir anmerken lassen, dass soeben eine Situation entstanden ist, die den Austausch gefährden könnte. »Ich werde ihn fragen«, sage ich. Bei meiner Rückkehr zur israelischen Seite hallt das Geräusch meiner Schritte durch den Hangar. Ich bemühe mich, die Lage zu erfassen, und arbeite an einer Lösung. Meine Kollegen und ich sind während der ganzen Verhandlungszeit davon ausgegangen, dass die Gefangenen jeweils in ihre Heimat zurückkehren würden, im Fall Smyreks also nach Deutschland.

In der Nähe der israelischen Sondermaschine sehe ich meinen Chef, Dr. Hanning. Er telefoniert. »… wir schauen, was wir da machen können. Auf Wiederhören«, beendet Hanning das Gespräch. »Wir haben ein Problem«, falle ich gleich mit der Tür ins Haus. »Die Hizballah möchte, dass Smyrek mit nach Beirut fliegt, und dieser wohl auch.« – »Schwierig, in der Tat«, sagt Hanning nachdenklich. »Sie werden die freigelassenen Gefangenen mit großem Bahnhof in Beirut empfangen.« – »Für die Organisation ist es ein Triumph, ohne Zweifel. Wenn sie da noch einen deutschen ›Märtyrer‹ präsentieren können, ist es umso besser.« – »Und umso schlechter für die israelische Seite. Das wird ihnen nicht gefallen.« Ohnehin sind die Israelis in diesem Punkt bereits besonders dünnhäutig, da Smyrek vor Kurzem in einem ARD-Interview – noch aus seiner Haft heraus – gesagt hat, dass er den bewaffneten Kampf in den Reihen der Hizballah fortsetzen werde. »Ich habe eigentlich gar nicht daran gedacht, dass Smyrek nicht erst einmal nach Deutschland zurückkehren will. Das war auch nie ein Thema in den Gesprächen gewesen, mithin ein versteckter Dissens oder eine erst kurzfristig entstandene Willensbildung«, gebe ich zu. »Ich spreche mit Smyrek und den Israelis. Warten Sie einen Moment«, sagt mein Chef. Ich schaue ihm nach, während er die Gangway zum Flugzeug hinaufgeht. Seine ruhige Präsenz und Souveränität sind in diesem Moment sehr wichtig für mich. Nach der emotionalen Anspannung in Beirut und dem Rückflug fühle ich mich erschöpft, übernächtigt und mental stark gefordert. Ich muss mich tatsächlich ein wenig zusammenreißen, um mich neuerlich der Herausforderung zu stellen. Nachdenklich schaue ich zu den weißen Tragflächen der israelischen Maschine hinauf.

Nach einigen Minuten kehrt Dr. Hanning zurück. Drei Männer in Zivil begleiten ihn. »Unsere Kollegen vom Bundeskriminalamt«, stellt er sie vor. Sie nicken und wünschen einen guten Tag. »Smyrek möchte tatsächlich in den Libanon weiterreisen«, fährt Dr. Hanning fort. »Und dort zusammen mit den anderen Gefangenen von der Hizballah empfangen werden. Den Israelis ist das verständlicherweise nicht genehm. Besonders da zu erwarten ist, dass Smyrek öffentlich auftreten wird und weiter seine Bereitschaft ankündigt, in einer Märtyrer-Operation gegen Israel zu kämpfen.« – »In der Tat ist das mehr als unangenehm«, sage ich. »Ja, allerdings. Doch die Frage stellt sich aktuell erst einmal nicht. »Die Kollegen vom BKA warten ohnehin bereits darauf, Smyrek vorerst in Haft zu nehmen«, sagt Dr. Hanning, und ich meine, die Spur eines Lächelns in seinem sonst ernsten Gesicht zu erkennen. »Smyrek muss noch eine ausstehende Geldstrafe zahlen, zu der er in Deutschland verurteilt worden war«, schaltet sich ein BKA-Beamter ein. »Es handelt sich um einige Hundert Euro. Er war zwar für einige Jahre außer Landes und deswegen nicht zu belangen, aber wie man sagt: Die Justiz vergisst nicht. Wenn er nicht bezahlen kann, muss er die entsprechende Zahl an Hafttagen einsitzen.« – »Und außerdem hat er keinen gültigen Reisepass«, fügt Dr. Hanning hinzu. »Der ist in der Zwischenzeit abgelaufen. Es würde mich wundern, wenn sich hier allein schon aufgrund der Kürze der Zeit Ersatzpapiere ausstellen ließen.« – »Dann wird Smyrek zumindest bis zur Klärung dieser Fragen einige Zeit in Deutschland verbringen müssen«, schlussfolgere ich. Dr. Hanning und die Kollegen vom BKA nicken. »So sieht es aus«, sagt einer von ihnen. »Dann erkläre ich das den Libanesen«, sage ich und mache mich auf den Rückweg. »Und ich informiere Smyrek und die Israelis«, erwidert Dr. Hanning.

Was ich zu sagen habe, wird den Vertretern der libanesischen Delegation nicht gefallen, doch sind die Fakten klar, und es ist fraglich, ob der Austausch aus diesem Grund tatsächlich gefährdet werden sollte. Zumal der Gefangene ja ebenfalls in die Freiheit – wenn auch gegebenenfalls erst innerhalb weniger Tage und nicht in den Libanon – entlassen wird. »Die deutsche Justiz hat ein Problem mit der Ausreise von Herrn Smyrek«, sage ich, woraufhin mich mindestens ein Vertreter der Sûreté Générale verständnislos anschaut. »Bitte?« – »Herr Smyrek hat noch eine Geldstrafe zu zahlen. Die deutsche Justiz hat uns kontaktiert und besteht darauf.« – »Na, wenn es nur das ist, das können wir doch umgehend regeln. Wir haben genug Geld dabei.« – »Außerdem besitzt er keinen gültigen Pass und kann deswegen nicht ausreisen. Herr Smyrek muss warten, bis die zuständigen Behörden aktuelle Ausweispapiere ausstellen.« – »Wie lange wird das dauern?«, möchte ein Vertreter der Hizballah wissen. »Soweit ich informiert bin, zwischen vier und sechs Wochen.« Die Mitglieder der Gruppe wechseln untereinander aufgeregt einige Worte. Ich halte mich abseits, um nicht neugierig zu erscheinen, und bemühe mich um eine positive Ausstrahlung. Im Libanon hat die Sûreté Générale beinahe uneingeschränkte Befugnisse und könnte sich in einer vergleichbaren Situation ohne Weiteres über die Anordnungen der Polizei oder formaljuristische Hindernisse wie einen abgelaufenen Reisepass hinwegsetzen. Ein Vertreter der Sûreté Générale würde jetzt einfach bestimmen »Smyrek kommt mit! Die Formalitäten erledigen wir später«, und damit wäre es erledigt.

»Herr Conrad, wir sind nicht zufrieden mit dieser Entwicklung und betrachten dies als einen Bruch von Vereinbarungen. Sie sollten im Rahmen Ihrer Verantwortung für den von Ihnen ausgehandelten Deal mehr tun!«, lässt mich ein libanesischer Agent mit angespannter Miene wissen. Der Mann bekleidet einen hohen Rang, und ich kenne ihn aus den Verhandlungen. Obwohl meine Geduld und mein Nervenkostüm strapaziert sind, gebe ich mir Mühe, den Sachverhalt erneut in aller Breite nachvollziehbar zu erklären und auf »höhere Gewalt« zu plädieren, was letztlich zutraf. »Hier gibt es keinen Handlungsspielraum.« – »Danke für die Erklärung. Wir müssen in Beirut nachfragen, ob wir diese Entwicklung akzeptieren können; die Operation steht vor einer Krise.« – »Tun Sie das bitte. Ich kann Ihnen versichern, dass Smyrek in Deutschland nach Regelung aller rechtlichen Verpflichtungen ein freier Mann sein wird.«

Die Libanesen telefonieren. Ich weiß, dass auf dem libanesischen Delegationsleiter ebenfalls ein hoher – auch terminlicher – Druck lastet, denn zu Hause in Beirut ist für die Heimkehrer ein Staatsempfang geplant. Präsident Lahoud und der Generalsekretär der Hizballah, Sheikh Nasrallah, werden daran teilnehmen. Allein schon deswegen kann er sich ein Scheitern nun nicht mehr leisten. Ich gehe zurück zu Dr. Hanning. Mein Chef schaltet sich jetzt auch direkt in die Gespräche mit der libanesischen Seite ein. Auf den holprigen letzten Metern gelingt es ihm, die Libanesen davon zu überzeugen, den Deal zu akzeptieren und ohne Steven Smyrek nach Beirut zurückzufliegen. »Alles bestens. Ab geht's nach Tel Aviv«, klopft mir ein gut gelaunter Dr. Hanning auf die Schulter.

In dieser spannungsreichen Endphase des Austauschs ist die langjährige Erfahrung meines Chefs sehr wichtig für mich. Es tut auch gut zu wissen, dass Ernst Uhrlau – Koordinator der Nachrichtendienste im Bundeskanzleramt – als diskrete Macht im Hintergrund beteiligt ist und uns auf seiner Ebene – die bis zum Chef des Kanzleramts, gar bis zum Bundeskanzler selbst – den Rücken frei hält. Wieder einmal wird mir bewusst, was das Arbeiten im Team unter einer weitsichtigen und kompetenten, politisch unterstützten Führung gerade auch im Nachrichtendienst bedeutet. Dr. Hanning wird die libanesische Delegation nach Beirut begleiten. Tennenbaum und die sterblichen Überreste der Gefallenen werden förmlich in israelische Obhut übergeben, im Gegenzug verlassen die 29 Gefangenen jubelnd die israelische Sondermaschine. Jeder von ihnen wird von den Mitgliedern der libanesischen Delegation umarmt. Sheikh Obeid und Mustafa Dirani werden mit besonderer Hochachtung begrüßt. Smyrek verlässt in Begleitung der Polizei das Gelände. Anschließend steigen 28 Libanesen in den MedEvac.

Die Emotionalität der Situation lässt nicht nur mich nicht unberührt. Plötzlich nimmt mich ein Mitglied der israelischen

Delegation in den Arm. Der große, breitschultrige Mann ist Angehöriger des israelischen militärischen Nachrichtendienstes Aman. Wir kennen uns gut aus den Verhandlungen und schätzen uns sehr. »Nun geht Dirani«, bricht es aus ihm heraus. Seine Stimme bebt vor Rührung, und in seinen Augen stehen Tränen. »Da geht er dahin«, sage auch ich. »Vor fast zehn Jahren habe ich ihn aus seinem Bett in der Bekaa-Ebene geholt. Ich war Angehöriger der Sayeret-Spezialeinheit gewesen, die Dirani für unseren Kameraden Ron Arad gefangen genommen hat. Nun muss ich zusehen, wie wir ihn wieder ziehen lassen, ohne dass wir Ron und seiner Familie helfen konnten.« Wir bleiben schweigend in der Kälte stehen. Die Gefallenen, der damalige Kommandeur der Special Forces, wir als Vermittler, alle haben wir auf unsere Weise einen sehr persönlichen Anteil an dem, was gerade geschieht. Trotz der zunehmenden Müdigkeit fühle auch ich mich ungeheuer erleichtert, als ich sehe, dass Tennenbaum von seinen Landsleuten in Empfang genommen wird. »Zeit einzusteigen«, sagt mein Chef aus der zweiköpfigen BND-Vermittlergruppe. Aus alter Gewohnheit und beinahe automatisch hänge ich mir die Tasche mit dem *lazy printer* und dem Laptop über die Schulter, dann gehe ich zur Gangway. Erschöpft lasse ich mich auf einen der Sitze fallen. Es ist früher Nachmittag. Während die Maschine zur Startbahn rollt, schlafe ich ein und wache erst unmittelbar vor der Landung in Tel Aviv auf. Ich habe gerade noch Zeit, mein Äußeres ein wenig in Ordnung zu bringen. Wir bleiben in Begleitung unserer Kollegen vom Mossad und Aman im Flugzeug, bis alle anderen ausgestiegen sind. Unsere Identität und unsere Anwesenheit stehen unter strikter Geheimhaltung.

Erst als alle Vorbereitungen abgeschlossen sind, gehen auch wir zu einem Hangar. Dort stehen die Särge der drei Gefallenen. Sie sind mit der israelischen Flagge bedeckt. Es wimmelt von Bewaffneten in Zivil und israelischen Soldaten. Vertreter des

Mossad gehen still an uns vorbei und begrüßen meinen Chef und mich sehr herzlich. Hochrangige Regierungsmitglieder treffen ein. Premierminister Ariel Scharon ergreift nach dem Kaddisch, dem feierlichen Totengebet, das Wort. Die Stimmung ist dem Anlass gemäß ernst und feierlich. Während ich den hebräischen Worten zuhöre, wenden sich meine Gedanken der Frau und der Tochter Ron Arads zu. Wir sind beiden während der Verhandlungen begegnet. Nachdem feststand, dass im Rahmen unserer Verhandlungen keine neuen Erkenntnisse über Ron Arad ans Licht kommen würden, haben sich beide in der Öffentlichkeit gegen einen Austausch ausgesprochen. Sie vertraten den Standpunkt, dass man Männer wie Mustafa Dirani und Sheikh Obeid nicht auf freien Fuß setzen könne, solange das Schicksal Arads ungeklärt sei. Beide seien erklärtermaßen zu diesem Zweck in waghalsigen Operationen entführt und in Haft genommen worden. Nun würden sie und 433 weitere palästinensische Gefangene, darunter viele Terroristen, für drei Gefallene und einen Geschäftsmann dubioser Reputation aufgegeben. Je mehr dann über die Person Elhanan Tennenbaums und die Umstände seiner Entführung öffentlich bekannt geworden war, desto umstrittener wurde auch der Austausch. Der zwielichtige Geschäftsmann war wegen eines vermeintlichen Drogendeals mit falschen Papieren nach Dubai gelockt und dort gekidnappt worden. Selbst ein toter Ron Arad wäre bei seiner Rückkehr in Israel als wahrer Held, als Ikone der israelischen Verteidigungsstreitkräfte (IDF) und Symbol für die unverbrüchliche Treue Israels gegenüber seinen Soldaten empfangen worden, doch wie man mit der Heimkehr des verlorenen Schafes Tennenbaum umgehen sollte, war unklar und letztlich umstritten. Aus diesem Grund standen bei unserer Ankunft wohl auch die Gefallenen so sehr im Mittelpunkt des Geschehens.

»Wir haben tatsächlich etwas erreicht«, denke ich. Die Zeremonie endet, und die Anwesenden streben zum Ausgang. Unsere israelischen Begleiter führen uns in einen Bürotrakt des Hangars. Nach einer Weile tritt Ariel Scharon in den kargen Büroraum. Schwergewichtig und weißhaarig, etwas gebeugt von Alter und Verantwortung, doch unverändert in voller geistiger und physischer Präsenz. Als Kommandeur, Befehlshaber der Streitkräfte und Verteidigungsminister hat er an allen Kriegen Israels teilgenommen, große Erfolge als Kriegsherr erzielt und Schuld auf sich geladen. Nicht zuletzt gerade auch im Libanonkrieg von 1982. Ihn verbindet sein Kriegerleben mit Generationen junger Soldatinnen und Soldaten, die ihr Leben für ihr Land und ihre Zukunft aufs Spiel setzen. Scharon schüttelt uns die Hand. Er dankt den Mitgliedern des BND-Teams, erinnert aber auch daran, nun auch die noch ausstehenden Folgeverpflichtungen aus dem Deal einzulösen.

Ich blicke in die vertrauten Gesichter meiner Kollegen. Die Operation war ein großer Erfolg, ein Höhepunkt meiner bisherigen Laufbahn im Bundesnachrichtendienst. Wir haben zwar den heutigen Austausch zu einem glücklichen Ende gebracht, aber noch immer gibt es die Causa Arad und ein beachtliches Konfliktpotenzial. Wie hatte der israelische Verteidigungsminister Schaul Mofas gesagt: Notfalls könne man ja auch Sheikh Nasrallah entführen. Die israelische Regierung wird weiterhin mit allen Mitteln nach ihren Vermissten suchen, die Hizballah wird nach wie vor versuchen, den Topterroristen Samir Kuntar zu befreien. Geheimdienstdiplomatie und nachrichtendienstliche Forensik würden mithin Gebot der nächsten Phase sein, um Schlimmeres zu verhindern.

KAPITEL 7

Das Ende der Geschichte: Was wollen Sie jetzt noch beim BND?

Die Frage hatte es in sich. Wenn ich mich heute an mein Vorstellungsgespräch vor der Auswahlkommission des Bundesnachrichtendienstes im Herbst 1989 erinnere, dann vor allem daran, was ein leitender BND-Beamter – in beinahe vorwurfsvollem Ton – von mir wissen wollte: »Was wollen Sie eigentlich jetzt noch beim BND?« Pullach im Jahr 1989 schien tatsächlich ein wenig aus der Zeit gefallen. Die Bäume beschatteten die Wege zwischen den nüchternen Gebäuden auf dem großflächigen Areal zwischen dem Isar-Hochufer und der S-Bahn-Trasse nach Wolfratshausen. Das Waldstück wurde von der Außenwelt durch eine vier Meter hohe stacheldrahtbewehrte Spundwand abgeschirmt. Obwohl damals bereits seit Jahren allgemein bekannt war, dass sich hier das Hauptquartier des Bundesnachrichtendienstes befand, wies nichts explizit darauf hin. Lediglich neutrale Schilder mit der Aufschrift »Behördenunterkunft – Fotografieren verboten«, die alle ein- bis zweihundert Meter an der Mauer angebracht waren, ließen eine besondere Sicherheitsstufe vermuten. Dieser Eindruck wurde durch eine mehrspurige, tief gestaffelte Einfahrtsanlage, die mit riesigen Rolltoren geschlossen werden konnte, verstärkt.

Nun herrschte plötzlich Frieden an einer über Jahrzehnte als *frontline of intelligence* im Kalten Krieg verstandenen Grenze, und die DDR befand sich in einem immer dynamischer werdenden Auflösungsprozess, gegen den die Sowjetunion offensichtlich nicht die Absicht hatte vorzugehen. Ich hatte den Eindruck, dass man den sich abzeichnenden Paradigmenwechsel bei aller Überraschung und Freude auch ein wenig verstört zur Kenntnis nahm. Nach Jahrzehnten der Konfrontation standen Sowjetunion und Warschauer Pakt innerhalb weniger Monate vor dem Aus, von der DDR ganz zu schweigen. Die dramatischen Umwälzungen der vergangenen Monate hatten mich natürlich ebenfalls überrascht, und ich verfolgte sie seitdem wie fast alle mit gespanntem Interesse – zuweilen auch ein wenig mit ungläubigem Staunen.

Nun saß ich vor einem Panel von vier entspannt wirkenden Abteilungsleitern des Nachrichtendienstes. »Herr Conrad, das erstaunt mich schon ein wenig, dass Sie jetzt hier sind«, sagte der ranghöchste. »Sie wissen doch sicher, dass wir uns angesichts eines absehbaren Endes der bisherigen Ost-West-Konfrontation in einer völlig neuen Situation befinden. Was soll denn der BND da auf mittlere und längere Sicht noch tun?« In der Tat war mir die Antwort auf eine derartige Frage sehr geläufig, da ich in den vergangenen sieben Jahren als Reserveoffizier und Referent im Führungsstab der Streitkräfte, der im Bundesministerium der Verteidigung angesiedelt war, die militär- und sicherheitspolitische Weltlage sehr genau mitverfolgt hatte. Zuletzt gerade erst im Sommer 1989 die regionalpolitische Umorientierung im Nahen Osten nach dem Ende des iranisch-irakischen Kriegs und dem Tod des iranischen Revolutionsführers Ayatollah Khomeini. All das führte mich zu einer völlig anderen Schlussfolgerung als eben der, dass nun mit dem sich abzeichnenden Ende des Kalten Kriegs alles Nachrichtendienstliche erledigt sei.

Den Posten im Verteidigungsministerium hatte ich bereits

1979 durch die Vermittlung meines Völkerrechtsprofessors an der Universität Bonn erhalten, der als Berater der Bundesregierung über gute Beziehungen im Auswärtigen Amt und im Verteidigungsministerium (BMVg) verfügte. Ursprünglich hatte ich lediglich nach einer Möglichkeit für das obligate Praktikum im Rahmen meines Jurastudiums gesucht. Im Auswärtigen Amt war so etwas damals noch nicht möglich, und so bot meine Eigenschaft als Reserveoffizier die personalwirtschaftliche Grundlage für eine als Praktikum anerkannte Wehrübung, der zahlreiche weitere folgen sollten. Diese Kontinuität ergab sich aus dem rasch geweckten Interesse im BMVg an der Expertise eines Islamwissenschaftlers. Mit Freuden ergriff ich die Chance, neben dem akademischen Elfenbeinturm der Orientalistik auch eine unmittelbar wirksame Form der Lageanalyse und Politikberatung kennenzulernen, und begann meinen Dienst als zunächst noch väterlich belächelter junger Leutnant unter Obristen und Generälen in Bonn.

Die Weltsicht im Führungsstab gestaltete sich in den Achtzigerjahren gemäß den Gegebenheiten des Kalten Kriegs rigoros bipolar. Man unterschied zwischen großzügig ausgestatteter »Wehrlage Ost« – was die Staaten des Warschauer Pakts betraf – und einer eher sparsam dimensionierten »Wehrlage West/übrige Welt«. Das Referat »Wehrlage West« – also der Nahe Osten, Afrika, Asien, Südamerika und so weiter – war mit gerade einmal vier Stabsoffizieren personell sehr knapp besetzt. Ich war mit meinen Kenntnissen über den arabischen Kulturraum somit ein »weißer Rabe« in diesem Bereich. Der Führungsstab der Streitkräfte war dem Generalinspekteur der Bundeswehr direkt unterstellt und hatte unter anderem die Aufgabe der jeweils aktuellen sicherheits- und verteidigungspolitischen Lagefeststellung und Beurteilung der wichtigsten globalen Ereignisse. Dass hierbei die Entwicklungen im Warschauer Pakt absolute Priorität für die

Landes- und Bündnisverteidigung hatten, verstand sich auch in den letzten Jahren des Kalten Kriegs von selbst. So wurde an jedem Morgen für den Generalinspekteur zunächst einmal ein kurzer Bericht über die militärische Lage im Warschauer Pakt, insbesondere im Hinblick auf die in der DDR stationierten Verbände der »Westgruppe der Truppen (WGT)« erstellt. Die einem solchen »militärischen Lagebild« zugrunde liegenden Informationen stammten aus den verschiedenen Bereichen der militärischen Aufklärung: Bundeswehr und NATO-Verbündete, BND und Partner im internationalen Aufklärungsverbund.

Die Zusammenstellung der Vielzahl von generierten Einzelinformationen und Hinweisen zu Truppenstrukturen und Truppenbewegungen erfolgte nicht im Verteidigungsministerium, sondern im nachgeordneten Amt für Nachrichtenwesen der Bundeswehr (ANBw), dessen verbunkerter Lageraum sich in Ahrweiler befand. Im Tagesgeschäft des Führungsstabs lernte ich viel darüber, worauf es beim sinnvollen und verantwortungsvollen Umgang mit Informationen und ihrer Bewertung – sprich bei der Produktion von *intelligence* – ankommen sollte. Man musste sich ein Bild über die Herkunft der Informationen, der Validität der Quelle machen, ebenso wie die Zeitgerechtigkeit der Information überprüfen und letztendlich die Aussagekraft auf wahrscheinliche künftige Verläufe des Geschehens berücksichtigen. Damit überhaupt jemand etwas mit diesen Erkenntnissen anfangen konnte, musste ich sie in einer verwertbaren Form präsentieren. Einer der Schlüsselmomente meiner ersten Gehversuche auf Ministerialebene war, als das erste von mir verfasste Papier von drei Seiten auf eine gekürzt wurde – und dann auch noch gelungener war als zu Anfang!

Besonders prägend sollte die Art und Weise sein, wie Berichterstattung nach Thema, Umfang und Darstellungsweise so konsequent wie möglich den Terminen und Bedürfnissen der Abnehmer angepasst werden musste. Eine große Herausforderung, die bis heute unverändert besteht, ist es, mit wichtigen, am Ende gar unwillkommenen Informationen und Analysen rechtzeitig Gehör und insbesondere auch Beachtung zu finden. So wurde ich mit der essenziellen Frage, *why intelligence fails*, bereits in dieser frühen Zeit praktisch konfrontiert. Eine zentrale Lehre war hier, dass es auf die Nähe der Lagebearbeitung zum Entscheidungsträger ankommt, um zu verhindern, dass Inhalte »auf dem Weg nach oben« verloren gehen oder überformt werden, frei nach dem Motto »Das können wir dem Alten so nicht sagen«. »Feigheit vor dem Vorgesetzten« ist eine der Todsünden des Nachrichtenoffiziers.

Im Führungsstab der Streitkräfte kam ich auch erstmals mit dem Bundesnachrichtendienst in praktische Berührung. Beinahe täglich rief ich zum Lageabgleich die Kameraden in der militärischen Auswertung in Pullach an. Dabei handelte es sich um eine gesonderte Unterabteilung im Dienst, in der Soldaten der Bundeswehr unter Leitung eines Brigadegenerals ihren Dienst verrichteten und in erster Linie für die »Wehrlage Ost«, darüber hinaus aber eben auch für »Wehrlage West/übrige Welt«, also für militärische und militärpolitische Belange der Regionen Nah-/Mittelost und Afrika, zuständig waren. Die Mitarbeiter der Unterabteilung hatten meistens recht gute Informationen, auch von befreundeten Diensten, insbesondere aber ein fundiertes, auf kontinuierlicher Beobachtung beruhendes Lagebild und Expertise auch im Detail anzubieten. »Not too bad«, würde man in England dazu gesagt haben.

Die Arbeit als Nahostreferent »in Teilzeit« im Führungsstab der Streitkräfte war fordernd und faszinierend zugleich. Der Nahe Osten wurde in den 1980er-Jahren von einer Reihe von gravierenden Ereignissen erschüttert, die man – mit Ausnahme des israelisch-arabischen Konflikts – in der Bundesrepublik zumeist eher nur am Rande zur Kenntnis nahm und von denen man noch nicht ahnte, wie unmittelbar sie oder ihre Konsequenzen einmal die bundesdeutsche Außen- und Sicherheitspolitik nach der Wende betreffen würden. Da waren der irakisch-iranische Krieg von 1980 bis 1988, die Islamische Revolution im Iran von 1979, die Besetzung der Großen Moschee in Mekka 1979 durch frühe Vorläufer von al-Qaida, der libanesische Bürgerkrieg von 1975 bis 1990 und der Aufstand der Muslimbrüder in Syrien von 1976 bis 1984, aber auch die Ermordung des ägyptischen Präsidenten Sadat im Oktober 1981 durch radikale Islamisten in den Streitkräften, um nur einige wenige zu nennen.

Mich interessierten all diese Entwicklungen brennend, und darum war ich froh, als ich im Frühjahr 1989 auch einmal als Reserveoffizier im Rang eines Hauptmanns an den Militärattachéstab der deutschen Botschaft in Damaskus für eine Wehrübung entsandt wurde. Ich kannte die Stadt ja bereits durch die Forschungsaufenthalte während meiner Studienzeit. Nun würde ich dort gewissermaßen diplomatisches Parkett betreten und erste Eindrücke von der politischen Arbeit sammeln können. So besuchte ich das österreichische Gebirgsjägerbataillon der auf den Golanhöhen stationierten UN-Truppen, die den Waffenstillstand zwischen Syrien und Israel überwachten. Die Eindrücke von diesem seit 1974 bestehenden *frozen conflict* gaben mir seinerzeit sehr zu denken, bis hin zu den Anforderungen, die ein Auslandseinsatz an die entsandten Streitkräfte stellte. Sehr beeindruckt von der professionellen Haltung der österreichischen Kameraden, kabelte ich seinerzeit nach Bonn, dass »im Falle eines Falles« rechtzeitige Besuche beim Bundesheer in Wien und vor Ort in Syrien sicherlich wertvolle Anregungen für die Konzipierung und Vorbereitung möglicher künftiger Auslandseinsätze der Bundeswehr im UN-Rahmen ergeben müssten.

Bereits zwei Wochen nach meiner Ankunft in Damaskus kam

jedoch der amtierende Militärattaché bei einem tragischen Verkehrsunfall ums Leben. Im wahrsten Sinne über Nacht fand ich mich als verantwortlicher Inhaber des Dienstpostens wieder. Hatte ich mich einige Jahre zuvor noch als Privatmann ohne nennenswerte Protektion in Syrien aufgehalten und »durchgekämpft«, so tat ich dies nun mit Diplomatenstatus und im Offiziersrang, wobei meine Landes- und Sprachkenntnis den Mangel meiner administrativen und diplomatischen Erfahrung, zusammen mit großer kollegialer Hilfe, wenigstens einigermaßen kompensierten. Über Tage (und einige Nächte) war ich vollauf damit beschäftigt, im Zusammenwirken mit der Familie, dem BMVg, der Botschaft Damaskus, dem syrischen Verteidigungsministerium und dem internationalen Militärattachékorps die militärische Rückführung meines verstorbenen Vorgängers in einem angemessenen Rahmen zu organisieren. Im Nachgang zu dieser durchaus komplexen, dankenswerterweise jedoch recht erfolgreichen »Übung« wurde ich mit dem Ehrenkreuz der Bundeswehr ebenso bedacht wie mit einer schriftlichen Eloge des Botschafters, der sonst der Bundeswehr eher zurückhaltend gegenüberstand.

Der sechswöchige Aufenthalt in Damaskus sollte letztlich den Wendepunkt in meinem bislang überwiegend auf eine akademische Laufbahn ausgerichteten Lebensweg markieren. Durch meine Arbeit im Verteidigungsministerium und an der Deutschen Botschaft war ich »in die Optik« des BND geraten. Bis in die Neunzigerjahre hinein rekrutierte der Dienst sein Personal durch Tipps und Kooptation, nie jedoch in Reaktion auf Initiativbewerbungen. In Zeiten des Kalten Kriegs waren solche Bemühungen von vornherein zum Scheitern verurteilt, da sie gemeinhin als potenzielle nachrichtendienstliche Provokationen des Gegners interpretiert wurden. In meinem Fall kam der Kontakt über eine Anregung der Kameraden aus dem Verteidigungsministerium und des BND-Vertreters in Damaskus zustande. Hinzu kam, dass ich durch meine Arbeit im Führungsstab als »Kunde« des »Amts für Militärkunde« ohnehin schon amtsbekannt war. Nach ersten exploratorischen Vorkontakten in Bonn und einer aufwendigen Sicherheitsüberprüfung lud man mich schließlich zum Auswahlverfahren nach Pullach ein.

Angesichts dieses Werdegangs fiel es mir nicht sehr schwer, eine Antwort auf die Frage, was ich denn überhaupt noch beim BND wolle, zu finden. »Meine Herren, ich war jetzt sieben Jahre lang im BMVg ›Wehrlage West/übrige Welt‹ tätig und habe in dieser Zeit die Kriege und Konflikte in Nahost mitgeplottet«, sagte ich in die Stille des Konferenzraums hinein. Vier Augenpaare schauten mich dabei an. »Aufgrund dieser Erfahrung weiß ich sehr wohl, dass die Bundesrepublik Deutschland auch erhebliche Interessen jenseits der DDR und des Warschauer Pakts hat und in Zukunft noch mehr haben wird. Vielleicht ist das bislang außerhalb des BMVg und des Auswärtigen Amts noch nicht überall deutlich geworden, doch wird sich das sehr bald herausstellen. Darum habe ich Sie – also die militärische Auswertung – ja auch von Bonn aus täglich angerufen, weil der BND doch – abgesehen von dem, was er an Russland- und Warschauer-Pakt-Aufklärung jetzt schon leistet – auch in anderen Regionen einiges zu bieten hat und dort auch zunehmend gefordert werden dürfte. Da wird es darum gehen, Gefährdungen der deutschen außen- und sicherheitspolitischen Interessen jenseits des zu Ende gehenden Ost-West-Konflikts zu erkennen, abgesehen von der völlig offenen Frage, wie sich die Lage in der desintegrierenden Sowjetunion und den ehemaligen Staaten des Warschauer Pakts jeweils entwickeln wird.« Schweigen im Raum. Jemand nickte, ein angedeutetes Lächeln im Gesicht. »Ja, wenn Sie mich so fragen«, sagte ich, »Dann ist es genau das, wozu ich beim BND mit meiner akademischen Ausbildung und praktischen Regionalexpertise beitragen möchte.« Da nickte auch ein weiterer Abteilungsleiter, alle schauten einander an und ließen erkennen, dass sie mit dieser Antwort etwas anfangen konnten.

Recht schnell wurden wir uns danach handelseinig, und so trat ich am 1. August 1990 meinen Dienst in der Auswertungsabteilung des BND in Pullach an. Wie viele Neueingestellte dieser Zeit kam ich in den ersten Wochen in einer BND-eigenen Unterkunft im noblen Villenvorort Grünwald unter. Ihr Codename »Perle« diente offensichtlich der »Irreführung des nachrichtendienstlichen Gegners«. Das Gebäude stammte noch aus der Gründerzeit und war anscheinend nicht sehr oft renoviert worden. Der Parkettboden knarrte, die Treppenstufen waren in der Mitte ausgetreten. Die Vorhänge in meinem Zimmer hatten auch schon bessere Tage gesehen, vom Bett und den spartanischen sanitären Einrichtungen ganz zu schweigen. Von einer überzeugenden materiellen »Willkommenskultur« konnte darum keine Rede sein. Umso freundlicher war dafür der persönliche Empfang im Referat und in der Abteilung.

Wie bei jedem Beginn einer neuen Tätigkeit galt es auch in diesem Fall, ein gewisses Maß an Ausbildung zu absolvieren. Da die meisten Angehörigen des BND im höheren Dienst bereits über ein abgeschlossenes Studium oder eine Stabsoffiziersausbildung verfügten, bestand die BND-spezifische Schulung 1990 aus einem relativ überschaubaren sogenannten Einführungslehrgang von vier bis sechs Wochen Dauer. Man lernte die administrativen und rechtlichen Grundlagen der nachrichtendienstlichen Tätigkeit kennen, aber auch ganz konkrete handwerkliche Fähigkeiten. Darunter solche, die die eigene Sicherheit betrafen: Was man tut – und was besser nicht – und wie die eigene Abschirmung funktioniert. Zu dieser Zeit verwendeten wir noch Decknamen im Dienst, fuhren auch unsere Privatfahrzeuge mit Deckkennzeichen und reisten mit Arbeitsnamen. All das will auch irgendwann einmal gelernt sein, und das taten wir in den ersten Wochen. In einem dreimonatigen operativen Praktikum, das allerdings erst in Vorbereitung einer entsprechenden Verwendung zu einem späteren Zeitpunkt anzusetzen war, wurden dann Gesprächsführung, nachrichtendienstliche Forschung und Ansprache, aber auch Observation und Gegenobservation gelehrt und geübt.

Die Schule des BND unterhielt hierfür zu Schulungszwecken eine kleine Flotte leistungs- und hubraumstarker Gebrauchtfahrzeuge. Allesamt waren diese bereits stark in Anspruch genommen worden und standen kurz vor der Ausmusterung. Ich bekam einen 325er BMW. Wenn ich richtig aufs Gas trat, musste ich aufpassen, dass der Motor nicht brannte. Kam es vor, dass man bei einer Verfolgung den Anschluss verlor, konnte es durchaus nötig sein, mit 200 Sachen – unter damals noch eingeräumter diskreter Wahrnehmung operativer Sonderbefugnisse – dem anderen hinterherzujagen. Da sämtliche Fahrzeuge aufgrund der Deckkennzeichen keinem persönlich identifizierbaren Halter zugeordnet werden konnten, landeten Geschwindigkeitsübertretungen auf dem Tisch des bayerischen Verkehrsministeriums. Über ein Kürzel konnte man dort rasch feststellen, ob der Temposünder der Polizei, dem Verfassungsschutz oder eben dem BND zuzuordnen war. Es war dann Sache der Verwaltung, in Rücksprache mit dem zuständigen Referat, hier also der Schule, den Hintergrund zu ermitteln und in der Regel dann unter Hinweis auf die sicherheitlichen Aufgabenstellungen kein Verfahren einzuleiten.

Aus heutiger Sicht – und ohne nostalgische Wehmut – kommt mir unsere damalige Ausbildung in vielen Bereichen solide, aber hausbacken vor. Es gab zwar noch einige Weiterbildungsmodule, aber allzu viele waren es nicht, obwohl sich die Verantwortlichen – zumindest auf dem Papier – redlich Mühe gegeben haben.

Heute gibt es eine wesentlich fundiertere gemeinsame Ausbildung mit Bachelor-Abschluss zwischen dem BND und dem Verfassungsschutzverbund im sogenannten Zentrum für nachrichtendienstliche Aus- und Fortbildung (ZNAF) in Berlin. Seit 2019 gibt es auch einen Masterstudiengang für »Intelligence and Security Studies«, getragen von der Hochschule des Bundes und der Universität der Bundeswehr in München. Ich denke, diese Art der akademischen Ausbildung wird in Zukunft noch eine sehr wichtige Rolle spielen. Exzellenz in den *trade crafts*, aber eben auch im umfassenden Verständnis von Intelligence, in ihrer Bedeutung für Sicherheitsgewährleistung und Entscheidungsprozess sowie in den aufzuklärenden und zu analysierenden Sachverhalten, sprich den eigentlichen Wissensgebieten, ist mehr denn je eine Grundvoraussetzung für erfolgreiche nachrichtendienstliche Arbeit. Traditionell wurde bei der Ostaufklärung des Dienstes auf Fach- und Sprachkunde der Mitarbeiter so strikt wie möglich geachtet. Ich dagegen war in der damaligen Umbruchzeit der so gut wie einzige Islamwissenschaftler im BND, und man vertraute mir neben der regionalen Thematik denn auch gleich den Bereich »Islamischer Fundamentalismus« an.

Optimal war dies mit Sicherheit nicht, jedoch dem Umstand geschuldet, dass der Bundesnachrichtendienst 1990 noch ganz in der Tradition der »Organisation Gehlen« und ihrer auch in Bundeswehr und NATO verfolgten strikten Ostorientierung stand. Diese war gewissermaßen zu einer Art Gründungsmythos geworden. Reinhard Gehlen hatte während des Zweiten Weltkriegs als Generalmajor die Abteilung Fremde Heere Ost, die militärische Analyseabteilung der Wehrmacht an der Ostfront, geleitet. 1945 wurde er von den Amerikanern in Kriegsgefangenschaft genommen und bot ihnen eine Zusammenarbeit im Kampf gegen den Kommunismus an. Noch vor Kriegsende hatte er sich mit dieser Zielsetzung bereits in großem Umfang wichtige Unterlagen auf

Mikrofilm gesichert und verfügte darüber hinaus immer noch über ein funktionierendes Netzwerk von Informanten auf dem Gebiet der Sowjetunion. Bereits Anfang 1946 konnte Gehlen mit amerikanischer Hilfe einen Nachrichtendienst schaffen und betreiben, der 1956 als Bundesnachrichtendienst dem Bundeskanzleramt zugeordnet wurde. Gehlen war bis 1968 Präsident des Dienstes. Die Fokussierung auf Sowjetunion und Warschauer Pakt lässt sich somit sehr gut mit der Entstehungsgeschichte des Dienstes in der Hochzeit des Kalten Kriegs erklären, denn immerhin waren der BND – und sein Vorläufer, die »Organisation Gehlen« – nur zu dem Zweck gegründet worden, um in den Ländern des Warschauer Pakts Informationen zu beschaffen. Vom Konzept her war anderes erst einmal nicht vorgesehen, auch nicht als man Schritt für Schritt ein internationales Netz an nachrichtendienstlichen Kooperationsbeziehungen aufbaute und entsprechend Angehörige des Dienstes zur Kontaktpflege und operativen Zusammenarbeit entsandte. Im Fachjargon waren mithin Drittstaaten in erster Linie »Einsatzländer« und keine »Zielländer«. Man war der Ansicht, dass man sich ein detaillierteres Verständnis der Gegebenheiten im Einsatzland sparen konnte. Heute weiß man – auch nachdem langjährige Verbündete wie der Schah im Iran 1979 in die Knie gingen –, dass man nicht nur seine Gegner kennen, sondern auch wissen sollte, mit wem man sich als Kooperationspartner einlässt.

Das historische Flair des BND war durchaus zu spüren, als ich am Morgen meines zweiten Tages als frischgebackener Nachrichtendienst-Mitarbeiter die knarrende Treppe ins Erdgeschoss der »Perle« hinunterstieg. Ich hatte unruhig geschlafen. Vielleicht lag es an der ungewohnten Umgebung. Darum beschloss ich, erst einmal einen Kaffee zu trinken und mir die Nachrichten anzuschauen. Die Tür zum Fernsehraum stand offen, ich hörte die Stimme eines Nachrichtensprechers und das Gluckern der Kaffeemaschine. »Irak, Saddam Hussein, Kuwait«, vernahm ich undeutlich. »Invasion ...« Beim Betreten des Raums sah ich, wie auf der Mattscheibe eine Kolonne von Panzern durch die Wüste rollte. »Die irakische Armee hat in den frühen Morgenstunden mit der Invasion Kuwaits begonnen«, sagte der Nachrichtensprecher. »Krieg auf der Arabischen Halbinsel!« Ich vergaß die Kaffeemaschine. Die Arabische Halbinsel gehörte seit dem Tag zuvor – meinem ersten Arbeitstag – offiziell zu dem mir zugedachten Verantwortungsbereich. Ich war beim BND dafür zuständig, über das, was sich gerade dort ereignete, politische Lageberichte und Analysen zu schreiben. Ich nahm eine saubere Tasse von der altersfleckigen Marmoranrichte, schenkte mir Kaffee ein und setzte mich – relativ gelassen – vor den Fernseher. Ich hatte ja bereits seit 1982 im Verteidigungsministerium den irakisch-iranischen Krieg von Sommerwehrübung zu Sommerwehrübung begleitet. Unter politischen wie militärischen Aspekten kannte ich mich darum mit den beteiligten Akteuren und der Region recht gut aus. Ich wusste einiges über die Stärken und Schwächen der irakischen Armee, ich kannte die Ausrüstung und die Befehlsstruktur ebenso wie die politischen und gesellschaftlichen Strukturen des Landes. Und ich war auch einmal im Irak gewesen: im März 1980 – weniger als ein Jahr nach der blutigen Machtergreifung Saddam Husseins und nur wenige Monate vor Ausbruch des ersten Golfkriegs mit dem Iran im September 1980. Damals reiste ich als Teilnehmer einer studentischen Gruppenreise unter Leitung eines Professors am Orientalischen Seminar der Universität Bonn eine Woche lang durch das damals schwer zugängliche, von Unruhen gezeichnete Land. Gerade kurz zuvor war im Süden des Irak und in Bagdad ein Aufstand der schiitischen Bevölkerungsmehrheit blutig niedergeschlagen worden, dennoch konnten wir die für diese Glaubensrichtung heilige Stadt Kerbala besuchen. Dabei wurden wir auf Schritt und Tritt von Angehörigen des irakischen Geheimdiensts – den gefürchteten Muchabarat – begleitet, beschützt und überwacht. Die Männer sahen mit ihren dunklen Sonnenbrillen und schlecht sitzenden Jacketts eher wie Gangster aus, ein Eindruck, der durch die kaum verborgenen Schusswaffen verstärkt wurde. Überall, wo wir uns aufhielten, herrschte eine Atmosphäre von Angst, Furcht, aber auch kaum verhohlenem Hass. Es war mit Händen zu greifen, dass Saddam Hussein, mehr noch als sein Vorgänger, ein Terrorregime errichtet hatte. Wir besuchten auch die Hafenstadt Basra im Süden des Landes. Es ist der einzige Zugang, den der Irak zum Meer – dem Persischen Golf – besitzt, und er liegt unmittelbar an der Grenze zum Iran. Mir fiel auf, wie stark militarisiert die Gegend war. Artilleriestellungen, Panzer und Straßensperren säumten das Grenzgebiet, wenige Monate später sollte gerade hier, im relativ flachen und panzergünstigen, zugleich aber auch auf beiden Seiten der Grenze ölreichen Süden die irakische Offensive eingeleitet werden. Die Kampfhandlungen zwischen den Nachbarländern fanden bekanntlich erst im Sommer 1988 ein Ende. Die irakische Invasion Kuwaits war nun ebenfalls von Basra aus, diesmal in den ölreichen Süden, gestartet worden. Darum sah ich die Stadt und den Südirak quasi vor mir, als ich mich hinsetzte, um einen ersten Lagebericht über die dramatischen Ereignisse zu verfassen. Durch meine Arbeit im BMVg wusste ich zudem zumindest grundsätzlich, wie man »Lage macht« und »Lage schreibt«.

Bei der Lagefeststellung muss man Wichtiges vom Unwichtigen trennen. Es hört sich einfach an, aber »wichtig« und »unwichtig« sind relative Begriffe, mittels derer schon eine Beurteilung vorgenommen wird. Ich stellte mir folgende Fragen: Kann die irakische Armee Kuwait einnehmen? Kann sie es besetzen? Daran schloss sich die Überlegung an: Was tut Saddam Hussein als Nächstes? Geht er noch weiter und steuert er auf die Ostprovinz Saudi-Arabiens zu? Wegen ihrer Ölvorkommen wäre sie ebenfalls ein lohnendes Ziel. Die Frage, wie sich die Kuwaiter verhalten würden, war allein schon angesichts der Kräfteverhältnisse relativ schnell zu beantworten: Sie konnten und wollten keinen nennenswerten Widerstand leisten und suchten mehrheitlich ihr Heil in der Flucht nach Saudi-Arabien und von dort aus in alle Welt, von wo aus sie ihre riesigen Auslandsguthaben verwalteten und über diese die Verbindlichkeiten und anderen Geschäfte des Emirats regelten. Der Ausdruck »Kuwait AG«, mithin eines Staates ohne Territorium, aber in Form eines internationalen Wirtschaftsunternehmens, machte seinerzeit bald die Runde. Dies alles ließ sich mehr oder weniger objektiv feststellen, als Nächstes begab ich mich auf die Ebene der Lagebeurteilung. Was bedeutete dies alles für die Sicherheit Saudi-Arabiens, mittelfristig für die Ressourcensicherheit am Golf und damit auch für die Interessenlage der Bundesrepublik? Im August 1990 erst einmal nicht sehr viel, denn die Bundesrepublik musste den irakischen Überfall auf Kuwait dankenswerterweise nur verurteilen, was sie auch umgehend tat. Das änderte sich mit dem Kriegseintritt der US-geführten Koalition, in deren Folge der Irak Israel und Saudi-Arabien mit – in der Reichweite modifizierten – Scud-Raketen beschoss.

Mit dem Beginn der Operation »Desert Storm« im Januar 1991 waren auf einmal auch deutsche militärische Beiträge, etwa im Rahmen der Bündnisverteidigung der Türkei als NATO-Mitglied und Nachbar des Irak, ein Thema geworden. Kaum war der Kalte Krieg samt Teilung Deutschlands überwunden, stand das noch im Wiedervereinigungsprozess befindliche Land schon vor den Dilemmata einer europäischen Mittelmacht mit zumindest weitreichenden wirtschaftlichen Interessen. Eine Rolle, auf die Bonn in keiner Weise vorbereitet sein konnte, diese aber auch keineswegs anstrebte.

Dennoch stellte sich bereits zu diesem Zeitpunkt die beklemmende Frage: War mit dem Ende des Kalten Kriegs vielleicht doch keine ganz friedliche Ära angebrochen? Ich erlebte diese Zeit aus der Perspektive eines BND-Angehörigen und musste feststellen, dass sich die Illusion vom »Ende der Geschichte« in Missachtung aller handgreiflichen Indizien des Gegenteils immer mehr verbreitete. Der Begriff geht auf ein Werk des amerikanischen Politikwissenschaftlers Francis Fukuyama zurück, in dem er sagt, dass nach dem Ende der totalitären Systeme – gemeint sind Faschismus und Kommunismus – nun ein neues, von Prosperität und liberaler Demokratie geprägtes Zeitalter anbreche. In der Bundesrepublik jener Epoche war die Einstellung verbreitet, dass mit dem »Ende der Geschichte« auch ein Ende aller Sicherheitsprobleme einhergehe. Politisch wurde diese Illusion genährt, indem man – wohl in der bereits von Goethe 1808 verlachten Tradition des anbrechenden Biedermeiers – quasi nur auf seinen Vorgarten schaute.

Wenn man sich gedanklich nur auf dem eurasischen Kontinent bewegte, konnte dies – zumindest bei einer sehr oberflächlichen und strikt auf den westlichen Teil beschränkten Wahrnehmung – vielleicht noch zutreffen, doch allein schon das traurige Schicksal Jugoslawiens nach 1989 hätte uns nachhaltig eines Besseren belehren sollen. Ganz abgesehen von der Vielzahl schwerer Konflikte außerhalb der unmittelbaren Nachbarschaft, in denen die Bundesrepublik Deutschland allein schon zum gesetzlich gebotenen Schutz der eigenen Staatsbürger, geschweige denn unschuldiger Menschen vor Verfolgung und Völkermord, gerade auch vor dem Hintergrund der immer wieder gerne heraufbeschworenen historischen Verantwortung, rechtlich wie moralisch verpflichtet gewesen wäre. Das trat in der außen- und sicherheitspolitischen Diskussion jener Zeit – sofern eine solche in Deutschland überhaupt stattfand – weitgehend in den Hintergrund. Gegenüber Israel fühlte man zwar eine besondere Verpflichtung, doch diese wurde stark auf das Land fokussiert, deutlich weniger auf sein regionales Umfeld und dessen Entwicklung. Die durchaus dramatischen Folgen, die sich durch den Zweiten Golfkrieg, die Präsenz amerikanischer Truppen in Saudi-Arabien und die Aktionen des westlichen Militärbündnisses anbahnten, wurden lange wenig beachtet. War es wirklich so, wie viele politische Entscheidungsträger es zu Beginn der 1990er-Jahre sehen wollten: Waren wir nur noch von Freunden umgeben?

KAPITEL 8

Ideologen des Terrors: Krieg den Heuchlern, Friede den Muslimen

Aus dem Buch, das ich gerade in der Hand halte, schlägt mir blanker Hass entgegen. Erstaunt blättere ich die Seiten um. Hier lese ich einen unverhohlenen Aufruf zur Gewaltausübung, zum Mord. Wollte man dem Verfasser Glauben schenken, wäre man zu derart radikalen Handlungen sogar verpflichtet. Das Wort »Glaube« passt leider durchaus in den Kontext, denn da geht es um radikalislamistisch inspirierte Gewalt. Mit den Augen folge ich den Zeilen der arabischen Schrift. Das Lesen arabischer Texte bereitet mir kein Problem, der Inhalt – wie in diesem Fall – mitunter schon. Es handelt sich um einschlägige Literatur zur Dschihad-Pflicht, die dem gottesfürchtigen Leser nahelegt, sich auf schnellstem Weg in den heiligen Krieg zu begeben, da die Ungläubigen bereits das Land des Islam besetzt hielten, sodass der Dschihad nicht nur Kollektiv-, sondern Individualpflicht für jeden Gläubigen sei. Der Feind wird klar benannt: die Regime der »Ungläubigen«, insbesondere aber Israel, das Judentum im Allgemeinen sowie die USA – die Quelle des Niedergangs der islamischen Welt – und ihre Verbündeten. Regierungen muslimischer Länder, die diesen Erzfeinden freundlich gegenüberstehen oder in anderer Weise die Regeln des Islam nach dessen striktester Auslegung verletzen, fallen in die Kategorie der

»Heuchler« (*munafiqun*) oder gar Apostaten (*murtaddun*), die es wie bereits in frühislamischer Zeit auszumerzen gelte.

Mit einem unguten Gefühl stelle ich das Buch zurück ins Regal und greife zum nächsten aus der vorhandenen, mehr als reichhaltigen Auswahl an Dschihad-Literatur. Werke dieses Genres füllen meterlang die Regale. Einige Verfasser sind mir durch meine Studien und meine Tätigkeit beim Nachrichtendienst bekannt. Da wären die Schriften von Sayyid Qutb, einem Klassiker unter den modernen Ideologen des Dschihad. 1906 in Ägypten geboren, schloss sich der Journalist Qutb in den 1950er-Jahren der Muslimbruderschaft an, einer im frühen 20. Jahrhundert entstandenen, sich modernistisch gebenden, jedoch im Kern fundamentalistischen sunnitischen Oppositionsbewegung, die eine Herrschaft nach den Prinzipien des Islam anstrebte, in erster Linie über einen Marsch durch die Institutionen, in ihren extremen Ausprägungen jedoch auch durch terroristische Gewalt. Qutb vertrat in seinen Schriften die Auffassung, dass es legitim, ja geboten sei, mit Gewalt eine ungerechte und damit unislamische Herrschaft zu beseitigen. Nach einem Attentatsversuch durch ein Mitglied der Muslimbruderschaft auf den damaligen ägyptischen Staatspräsidenten Nasser wurde Qutb inhaftiert und 1966 hingerichtet. Sein Werk wie sein Schicksal sollten jedoch weit über seinen Tod hinaus wirkungsmächtige Inspiration bleiben.

Ich finde weitere einschlägige Schriften, wie die von Mawlana Mawdudi, dem 1979 verstorbenen Anführer der Jaamat-i-Islami – einer fundamentalistischen Bewegung in Pakistan –, und die von Muhammad Kishk, einem ägyptischen islamistischen Ideologen, sowie von Muhamad Tilimsani, einem algerischen Intellektuellen, der 1911 nach Syrien emigrierte und dort ebenfalls seine Ansicht des radikalen Dschihadismus entwickelte. Kurzum, es ist das internationale *Who's Who* des verbalradikalen Islamismus vertreten. Dabei befinde ich mich nicht etwa auf einem

Basar verbotener Schriften in irgendeiner sinistren Vorstadt des Orients, sondern in der renommierten, modern ausgestatteten Universitätsbuchhandlung Obeikan in Riad, der Hauptstadt Saudi-Arabiens, einem Land, dessen strikte Definition und Kontrolle des islamischen Mainstreams allseits bekannt war. Das kann doch nicht Untergrundliteratur sein, die unter dem Ladentisch verkauft wird!

Nachdenklich verlasse ich die Buchhandlung. Nach den klimatisierten Räumen schlägt mir im Freien die frühsommerliche Hitze des Monats Mai entgegen. Die gleißende Sonne brennt auf den Asphalt, ich kneife die Augen zusammen und halte Ausschau nach meinem Fahrer. Während ich am Straßenrand stehe, rauscht der Verkehr vielspurig an mir vorbei. Riad erinnert mich eher an Los Angeles, mehrspurige Schnellstraßen dominieren das Stadtbild. Der Verkehrsstrom glitzert in der Sonne unter einem wolkenlosen Himmel. Trotzdem liegt ständig eine Dunstglocke – hervorgerufen durch Wüstensand und Smog – über der Stadt.

Wir schreiben das Jahr 1993, seit drei Jahren bin ich nun beim Bundesnachrichtendienst für den Nahen Osten zuständig, und ich befinde mich – ganz offiziell – auf einer Studienreise im Königreich Saudi-Arabien. Beim Nachrichtendienst war es damals üblich, dass die Mitarbeiter die Länder besuchen, mit denen sie im dienstlichen Kontakt standen, um im Interesse der Zusammenarbeit ein besseres Verständnis für die fremden Partner zu erwerben. In meinem Fall hatten meine Vorgesetzten eine Anfrage an den saudischen Geheimdienst gerichtet und darum gebeten, dem netten, aus Fachgesprächen bereits bekannten Mitarbeiter aus Pullach einen Besuch in ihrem schönen Königreich zu ermöglichen. Saudi-Arabien war 1993 kein Land, das für Ausländer – schon gar nicht aus nichtmuslimischen Ländern – leicht zugänglich gewesen wäre. Die Saudis wollten genau wissen, wer auf ihrem heiligen Boden, der Wiege des Islam, wandelt und warum. Es war daher nur folgerichtig, dass der saudische Geheimdienst uns wissen ließ, dass ich als Gast natürlich willkommen sei – *ahlan wa-sahlan* – und man mir, ganz der großzügige Gastgeber, für die drei Wochen meines Aufenthalts einen Wagen mit Fahrer zur Verfügung stellen würde. Zunächst war ich ein wenig skeptisch, doch das Arrangement sollte sich als ausgesprochener Glücksfall erweisen. Mein Begleiter stellte sich nämlich als Hauptfeldwebel der saudischen Nationalgarde und damit als Angehöriger der dem Königshaus in besonderer Weise verbundenen Stämme im Zentrum des Landes heraus sowie als ein ausgesprochen umgänglicher und kommunikativer Typ. Außerdem hatte er Verwandtschaft im gesamten Königreich. Unsere Tour durchs Königreich nahm er auch zum Anlass, seine zahlreichen Cousins zu besuchen, und ich war immer mit dabei. Wir übernachteten bei den Familien, unterhielten uns und teilten für ein paar Stunden ihr Leben. So lernte ich in relativ unverstellter Weise das Weltbild der Menschen, ihren gelebten sozialen Wertekatalog und ihre Verhaltensweisen kennen. Die heiligen Städte Mekka und Medina durfte ich zwar als Ungläubiger nicht betreten, aber die anderen Regionen Saudi-Arabiens schon. In drei Wochen haben mein Begleiter und ich in unserem Nissan Patrol – einem klimatisierten SUV – etwa 7500 Kilometer zurückgelegt, und ich trug schwer an der Fülle und Vielfalt der Eindrücke, die sich mir erschlossen.

Seinerzeit wurde das Land von Experten durchaus schon in Zusammenhang mit islamistisch inspiriertem Terrorismus gesehen, auch wenn das bei uns in seinen Implikationen kaum jemanden so richtig interessierte. Während der 1980er-Jahre waren viele Freiwillige aus Nahost, Nordafrika und Asien nach Afghanistan gegangen, um dort gegen die sowjetischen Invasoren zu kämpfen. Ein klassischer Fall von Verteidigungsdschihad, wenn man so will: Ein muslimisches Land wird von Ungläubigen besetzt, jeder wahre Muslim ist in einem solchen Fall dazu angehalten, für dessen Befreiung – und die seiner Glaubensbrüder – zu kämpfen. Die islamischen Gelehrten unterscheiden hier drei Formen, in denen der *Jihad fi sabil Allah* – der Krieg auf dem Weg Allahs – ausgeübt werden kann. Da wären der »Dschihad des Wortes«, dessen vulgarisierte Form ich in der Buchhandlung in Riad kennengelernt hatte, in dem der Gläubige andere Gläubige dazu aufruft, die Feinde zu bekämpfen, dann gibt es natürlich den »Dschihad des Schwertes« – in modernen Zeiten zieht man allerdings lieber mit einer Kalaschnikow oder der RPG statt eines Krummsäbels in den Kampf – und letztlich den »Dschihad des Geldes«.

Diese Variante hatte das verzweigte saudische Herrscherhaus gewählt, indem es den Kampf der Mudschahedin in Afghanistan mit enormen Summen finanzierte, darüber hinaus zählten aber auch Spenden außerhalb des Hauses Saud als Maßstab praktizierter Frömmigkeit und damit gesellschaftlichen Ansehens. »Tue Gutes und rede darüber« galt auch in diesem Zusammenhang. Prinz Turki Al-Faisal, damaliger Leiter des saudischen Geheimdienstes, stand so in dem offenbar begründeten Ruf, während der 1980er-Jahre im Privatjet mit Koffern voller Geld nach Pakistan zu reisen, um es im grenznahen Peschawar an die verschiedenen Gruppen der Gotteskrieger zu verteilen. Einer seiner Ansprechpartner war dort ein junger Saudi aus guter, jedoch nicht königlicher Familie: Osama bin Laden, Sohn einer in Saudi-Arabien überaus erfolgreichen Bauunternehmerfamilie aus dem südjemenitischen Hadramaut. Er beteiligte sich am Kampf gegen die Sowjettruppen und baute vor Ort eines der Netzwerke auf, über das die Freiwilligen aus den islamischen Ländern gesammelt, nach Afghanistan geschleust, dort ausgebildet und eingesetzt wurden. Nachdem die Sowjetunion 1989 geschlagen aus Afghanistan abgezogen war, kehrten viele der muslimischen Kriegsfreiwilligen in ihre Heimatländer zurück. Durch den Erfolg in Afghanistan mit dem nötigen Sendungsbewusstsein ausgestattet, glaubten sie, dass es nun an der Zeit sei, mit den korrupten Regimen zu Hause aufzuräumen. Der Rückzug der sowjetischen Truppen begründete letztendlich den modernen Mythos der Mudschahedin als erfolgreiche Kämpfer für die Befreiung des islamischen Machtbereichs – *Dar al-Islam* – von der Besatzung durch »Ungläubige«.

Der Dschihad in Afghanistan hat eine ganze Generation junger Muslime nicht nur in der arabischen Welt inspiriert. Mit massiver finanzieller und logistischer Unterstützung aus Saudi-Arabien und anderen Golfmonarchien war über die Jahre eine Art »islamische Legion« mit etablierten transnationalen Rekrutierungs- und Logistikstrukturen geschaffen worden. Dabei vergaßen die siegreichen Kämpfer nur zu gerne, dass der Sieg über die sowjetischen Streitkräfte nicht allein Allah zuzuschreiben war, sondern dass die militärische Unterstützung der verhassten USA und ihrer Verbündeten den entscheidenden Anteil daran gehabt hatte. Wenn das Pentagon und die CIA die Mudschahedin nicht mit Stinger-Flugabwehrraketen und anderen modernen Waffen ausgestattet hätten, wäre der Krieg anders verlaufen. Wirkliche Erfolge verzeichneten die Freiheitskämpfer erst, nachdem es ihnen gelungen war, die sowjetischen Hubschrauber und Kampfflugzeuge in nennenswerter Zahl abzuschießen, um dann in größerem Stil erneut mit modernen Panzer brechenden Waffen gegen Kampf- und Schützenpanzer vorzugehen.

In Algerien – und in geringerem Ausmaß in Libyen und Tunesien – trugen die Afghanistan-Heimkehrer zur blutigen Radikalisierung bestehender sozialer Proteste und Aufstände bei, denen Zigtausende Menschen zum Opfer fielen. Einige Mudschahedin hielten währenddessen die Zeit für gekommen, sich auch der anderen – noch verbliebenen – Supermacht entgegenzustellen, die zudem den Erzfeind Israel und Besatzer des dritten islamischen Heiligtums, der al-Aqsa-Moschee in Jerusalem, maßgeblich unterstützte. Osama bin Laden hatte so die USA als die Wurzel allen Übels ausgemacht und baute vom Sudan aus sein Terrornetzwerk al-Qaida auf. Da die saudische Regierung auch nach dem Sieg über Saddam Hussein dem Verbleib von US-Truppen im Land zugestimmt hatte und diese sich 1993 immer noch dort aufhielten, hatte auch sie aus Sicht der Fundamentalisten ihre Legitimität verloren. Bin Laden selbst war wegen seiner kritischen Einstellung politisch in Ungnade gefallen und lebte bereits zu Beginn der 1990er-Jahre im sudanesischen Exil, ohne damit aber schon die stillschweigende Unterstützung seiner Familie und nicht weniger Sympathisanten auch aus dem Establishment des Königreichs wie in den anderen Golfmonarchien verloren zu haben.

»*Ya Mujahed*«, »hallo Glaubenskrieger«, begrüße ich meinen Reisegefährten. Der SUV schiebt sich an die Bordsteinkante, eine der getönten Scheiben fährt surrend herunter. Mein bärtiger Begleiter grinst mich an. Es ist mir aufgefallen, dass man mit der Anrede *Mujahed* in Saudi-Arabien nichts falsch machen kann. Egal ob man jemanden nach dem Weg fragt oder einfach einen Gruß wechselt: »Hallo Glaubenskrieger« passt immer. Es ist sogar angemessener als das in anderen arabischen Ländern verbreitete *habibi*, was so viel wie »mein Lieber« bedeutet.

Auf unserer Tour durch das saudische Königreich lernte ich vor allem auch die deutlichen Unterschiede zwischen den einzelnen Landesteilen kennen. Saudi-Arabien hatte ich mir – wider besseres Bücherwissen – immer als einen weitgehend homogenen Wüstenstaat vorgestellt. Doch das Land weist entlang seiner Außengrenzen regional stark ausgeprägte ethnische, dialektale und kulturelle Unterschiede auf. Das südliche Saudi-Arabien, an der Grenze zum Jemen, wird von Stämmen bewohnt, die auch im Nordjemen siedeln und damit – wie so oft in der Region – grenzüberschreitende Verwandtschafts- und Handelsbeziehungen pflegen, zumal die Grenzbefestigungen im unwegsamen gebirgigen Gelände wenig ausrichten können. In der Ostprovinz am Persischen Golf dagegen werden die bevölkerungsreichsten Zentren Dammam und Zhahran von schiitischen Arabern dominiert, die dort seit der Frühzeit des Islam leben. Zusammen mit ihren Glaubensbrüdern in den Golfemiraten, insbesondere in Bahrain, dann erneut im Südirak und der mit ihnen verwandten arabischen Bevölkerung in der iranischen Golfprovinz Ahwaz stellen sie die historisch älteste arabische schiitische Bevölkerungsgruppe im Mittleren Osten dar. Die Iraner sind eben keine Araber, sondern Adscham, erst im 16. Jahrhundert unter der Dynastie der Safawiden zur Schia konvertierte Völkerschaften vorwiegend indoarischer Herkunft und Sprache. Über Jahrhunderte schaute man diesseits und jenseits des Persischen Golfs aufeinander in gegenseitiger Geringschätzung, wenn nicht Verachtung oder gar Hass herab. Tabuk wiederum, im Nordwesten des Königreichs an der Grenze zu Jordanien gelegen, hat in Dialekt und Lebensstil nahezu levantinische, palästinensische, aber auch nordägyptische Züge. Mit den Beduinen des saudischen Kernlands hatte man wenig zu tun und wollte dies auch nicht. Die Hafenstadt Dschidda am Roten Meer wies in meinen Augen eher Ähnlichkeiten mit Oberägypten oder dem Sudan auf. Die Nachbarstaaten des Königreichs haben also über die Generationen die Grenzregionen nachhaltig mitgeprägt.

Nach einigen Tausend Kilometern *on the road* hatte ich den Eindruck gewonnen, dass ich tatsächlich in einem Staat mit vielgestaltiger Gesellschaft unterwegs war. Regiert wird Saudi-Arabien allerdings von der Mitte aus – streng geografisch gesehen, versteht sich! Im Inneren des Landes lebt der tribale Hochadel.

Die Familie – oder besser der Stamm – Al Saud regiert seit der Staatsgründung in den Zwanzigerjahren des 20. Jahrhunderts. Das Königreich wurde durch eine Dekade interner Kämpfe zwischen den Stämmen und Regionen geschaffen, während derer sich die zentralarabische Stammeskoalition unter Führung von Abdalaziz Ibn Saud schließlich durchsetzte, nicht zuletzt übrigens durch eine extensive Heiratspolitik, über die familiäre Bindungen zu den maßgeblichen Stämmen der arabischen Halbinsel geschaffen wurden. Historisch besteht darüber hinaus eine bereits ins 18. Jahrhundert zurückreichende Allianz zwischen den Wahhabiten – den Anhängern des streng fundamentalistisch-konservativen hanbalitischen Religionsgelehrten Muhammad ibn Abd al-Wahhab – und dem Haus Al Saud. Thron und Altar sozusagen, Krieger und Schriftgelehrte in einer beständigen Symbiose. Die Machtentfaltung des Hauses Saud wurde durch die Wahhabiten religiös legitimiert. Muhammad ibn Abd al-Wahhab vertrat eine sehr buchstabengläubige – sogar radikalislamische – Interpretation von Koran und Sunna, den maßgeblichen Quellen der islamischen Glaubenslehre und des islamischen Rechts, die häufig mit traditionellen gelebten Werten der tribalen Gesellschaft korrespondierte. Da die Menschen im Inneren Saudi-Arabiens allein geografisch bedingt über Jahrhunderte durch riesige Wüstengebiete isoliert von der Außenwelt lebten, funktionierte das auch recht gut. Erst als mit der beginnenden Ölförderung auch technische Neuerungen – wie das Automobil und das Telefon – ins Land kamen, wurde es schwieriger.

Für die Wahhabiten – die man aus unserer Perspektive durchaus als Hinterwäldler betrachten kann – waren die Zeichen des Fortschritts grundsätzlich des Teufels. Es bedurfte erheblicher politischer Anstrengungen des Königshauses, um den erbitterten Widerstand im Interesse von Wohlstand und materieller Entwicklung Schritt für Schritt zu überwinden, meist durch die stille Versuchung des Geldes, das mit der Ölindustrie besonders nach dem Zweiten Weltkrieg in überreichem Maße vorhanden war. Die gesellschaftliche Modernisierung Saudi-Arabiens vollzog sich darum sehr zögerlich, und für die Herrscherfamilie war es durchaus heikel, ein Bündnis mit den USA – als Geschäftspartner und militärische Schutzmacht gegen Saddam Hussein oder den Iran – einzugehen. Wohl auch darum bemühte man sich, in allen anderen Bereichen ein möglichst konservatives Bild des Islam aufrechtzuerhalten.

Dabei gab es schon frühe Anzeichen, dass diese politische Gratwanderung keineswegs allen gefiel. Am ersten Tag des islamischen Jahres 1400, mithin am 20. November 1979, besetzten islamistische Stammeskrieger unter Führung von Juhaiman Ibn Saif al-Utaibi, einem ehemaligen Korporal der saudischen Nationalgarde, die große Moschee in Mekka. Dahinter stand die Revolution gegen das Herrscherhaus Al Saud, das die wahren Werte des Islam verraten habe. Bei den tagelangen Kämpfen um die Moschee, bei der pikanterweise auch französische Spezialeinheiten – also Ungläubige! – um Hilfe gebeten werden mussten, starben mehrere Hundert Menschen. Der unerhörte Vorgang, Gewalt im heiligsten Zentrum des Islam, wo eine Friedenspflicht bereits in vorislamischer Zeit bestanden hatte, ist ein frühes Vorzeichen terroristischer Gewalt mit sunnitisch-islamistischem Hintergrund. Juhaiman al-Utaibi, der im Folgejahr publikumswirksam hingerichtet wurde, zählt bis heute zu den Leitfiguren des radikalen sunnitischen Terrors, auch eines Osama bin Laden. Im allgemeinen Bewusstsein wurde diese ultimative Provokation, auch unter tatkräftiger Mithilfe der saudischen Behörden und der dem Herrscherhaus verbundenen Schriftgelehrten, rasch verdrängt. Die islamistische Dschihad-Energie der Jugend konnte dann schon wenige Wochen später auf die sowjetischen Invasoren in Afghanistan umgelenkt werden. Der Dschihad in Afghanistan wurde so zu einem wichtigen systemerhaltenden Ventil, und es war kein Zufall, dass die Terrorismusprobleme in Saudi-Arabien erst nach dem Ende dieses Konflikts im Jahre 1990 richtig zutage traten.

Das Idealbild des Mudschahed war auch 1993 in Saudi-Arabien immer noch sehr populär. Während meines Aufenthalts fand ich in den Zeitungen Anzeigen, die dazu aufriefen, einen Mudschahed im Kampf finanziell zu unterstützen. *Rent a mujahed* sozusagen, und damit die seinerzeit moderne Form des schon erwähnten *jihad bi'l-mal*, der Beteiligung am Dschihad mit dem eigenen Vermögen. Dabei wurde um eine Spende von 50 US-Dollar pro Monat gebeten, plus einmalig 50 US-Dollar für die Grundausstattung des Kämpfers. Einsatzgebiet: an einer der Dschihad-Fronten dieser Welt. 1993 war der Kampf gegen die sowjetischen Besatzer in Afghanistan zwar längst beendet, doch es hatten sich neue Kriegsschauplätze aufgetan. In Bosnien galt es, Muslime gegen die Ungläubigen zu verteidigen, ebenso in Tschetschenien, Somalia, Myanmar, Bangladesch oder Kaschmir. Während ich in Saudi-Arabien unterwegs war, erlebte ich somit den Dschihad als Lebensgefühl oder gar Lifestyle. Natürlich sollte er nicht innerhalb der Landesgrenzen ausgetragen werden, wurde aber ideologisch – und in einigen Fällen mit der entsprechenden Hardware – in alle Welt exportiert.

Mit der Idee einer islamischen, gottgewollten – und nur so auch gerechten und angemessenen – Gesellschaftsordnung, die wenig mit der Vorstellung eines *contrat social*, eines Gesellschaftsvertrags Rousseau'scher Prägung, zu tun hat, war ich bereits bei meinen ersten Tunesienaufenthalten in den Jahren 1976 und 1977 in Berührung gekommen. Damals hatte ich mich mit zwei tunesischen Studenten und ihrem Freundeskreis angefreundet, und wir verbrachten viele Stunden im gemeinsamen Gespräch. Erstmals lernte ich so die Gedanken- und Lebenswelt der Muslimbrüder kennen, wobei damals die radikalen Auffassungen Sayyid Qutbs keine Erwähnung fanden. Vielleicht wollten mich meine neuen Freunde nicht vor den Kopf stoßen, oder aber sie hielten es eher mit den gemäßigten, sozialreformistischen Strömungen der Bewegung. Jedenfalls beeindruckte mich ihre heitere, lebenszugewandte Frömmigkeit. Es war die Zeit des frühen Erwachens muslimischer Eigenwahrnehmung und muslimischen Selbstbewusstseins, in der wir im wahrsten Sinne des Wortes über Gott und die Welt diskutierten. Durch meine Freunde gewann ich einen tieferen Einblick in den muslimischen Alltag. Ich lernte Mildtätigkeit als gelebten Ausdruck von Gottesfurcht kennen, ebenso die Inklusion von Armen in die Gesellschaft, wo sie ihren gottgewollten Platz einnehmen. Armut allein ist nach ihrem Verständnis kein Stigma, sie ist kein Ausweis von Sündhaftigkeit oder Lebensuntüchtigkeit, wie sich dies im calvinistisch geprägten Europa seit dem 16. Jahrhundert über Generationen entwickelt hatte und auch nach der Säkularisierung als eine gesellschaftliche Triebkraft im Wirtschaftsleben diesseits und jenseits des Atlantiks außerordentlich wirkungsmächtig blieb.

Die aufkommende Wiederentdeckung des Islam als Identitätsstiftung vieler Tunesier ließ sich dabei unschwer auch als Opposition zur Regierung interpretieren, denn unter der Herrschaft von Staatspräsident Habib Bourguiba bestanden unbestreitbar erhebliche soziale, wirtschaftliche und freiheitliche Defizite, verbunden mit einem starken frankophonen, säkularistischen und sozialistisch-modernistischen Ansatz. Alle Unzulänglichkeiten konnten so leicht auf die fremde Ideologie und die Spätfolgen des französischen Kolonialismus projiziert werden, der ohnehin als Ausdruck des Konflikts zwischen Islam und Unglauben wahrzunehmen war. Die Lösung der Probleme lag damit nahe: Sie lag in der Rückkehr zum Islam. Nicht umsonst lautet das Mantra der Muslimbrüder und aller vergleichbaren Bewegungen bis heute: *Al-Islam huwa al-hall*, »der Islam ist die Lösung«. Noch gab es zwar keine offenen Aufrufe zur Gewalt, doch das, was ich in dieser Zeit kennenlernte, war ein erstes Aufkeimen einer sozialpolitisch motivierten islamistischen Opposition, vornehmlich unter der jungen Generation.

Als dann eine Dekade später die siegreichen Mudschahedin aus Afghanistan zurückkehrten, brach mit ihnen tatsächlich so etwas wie eine Zeitenwende in Nordafrika und Nahost an. Ein wichtiger Bestandteil der Islamisierung, die sich auch in Europa bemerkbar machen sollte, waren transnationale – sogar globale – Netzwerke. In Tunesien erhielt ich erstmals einen persönlichen Einblick, wie sie bereits vor der Globalisierung im Cyberraum funktionierten. Moscheen stellen seit Jahrhunderten ein weltweit existierendes Netz von Anlaufpunkten für jeden Muslim dar. Wo immer er als Reisender und Fremder ankommt, sein Weg in die Moschee und sein Gebet in der Gemeinschaft der Gläubigen führt in aller Regel zu gleichgesinnten Ansprechpartnern, die ihm nötigenfalls bei seinem Aufenthalt und seinen Anliegen in der neuen Umgebung weiterhelfen. Damit ist die Moschee weit mehr als eine religiöse Kultstätte, sondern sie stellt auch einen geschützten sozialen Raum für die Gläubigen und einen Ort der Wissensvermittlung und Selbsthilfe dar. Das ist an sich etwas Gutes und mit Sicherheit nichts, was zwangsläufig in illegale oder gar terroristische Aktivitäten münden muss.

Doch heute wissen wir, dass auch radikale Prediger dieses transnationale soziale Milieu über Jahre dazu missbrauchten, Anhänger für Terrororganisationen zu rekrutieren und Anschlagspläne zu schmieden, bis hin zur ominösen al-Quds-Moschee in Hamburg, wo sich ein Gutteil der Attentäter vom 11. September 2001 aufhielt und organisierte. All dies blieb vielfach unter dem Radar der staatlichen Aufsicht oder wurde – wie im Fall Saudi-Arabiens – unterschätzt und toleriert, nicht zuletzt, weil man kein besonders überzeugendes Gegennarrativ zu dem Appell »zurück zum Islam« hatte.

Am Ende meiner Reise durch Saudi-Arabien verfasste ich einen umfangreichen internen Erfahrungsbericht, in dem ich meine Eindrücke schilderte. Auch wenn er auf Interesse und Wohlwollen meiner Vorgesetzten stieß, blieb er im Wesentlichen folgenlos. Zu Beginn der Neunzigerjahre war das Potenzial des sunnitischen islamistischen Terrorismus einfach noch kein Thema, das politische Priorität – und somit erhöhte Aufmerksamkeit – genoss. In den Achtzigerjahren war der Begriff stark mit schiitischem iranischem Staatsterrorismus gleichgesetzt worden – nicht immer zu Unrecht –, doch das Entstehen sunnitischer Terrororganisationen, die Radikalisierung der Jugend durch die siegreichen Afghanistan-Heimkehrer – die letztendlich auch zu al-Qaida und damit zur direkten eigenen Bedrohung führte – hatte man trotz des Menetekels der spektakulären Ermordung von Anwar al-Sadat in Kairo im Oktober 1981 vor laufenden Kameras in seinen mittelfristigen Implikationen für die eigene Sicherheit verkannt. Seit 1990 war ich beim Bundesnachrichtendienst als Experte für die arabische Welt, gerade auch im Hinblick auf Fragen von Islamismus und Terrorismus, eingesetzt. So lobenswert dies auch war, stand ich doch mit meiner Ausbildung und Regionalerfahrung auch 1993 noch eher allein da, was wiederum das Ergebnis der allgemeinen Prioritätensetzung in Politik und Gesellschaft war.

Der islamistische Terrorismus war seinerzeit in seiner direkten Bedeutung für die Sicherheit Europas komplett unterschätzt worden. Die Franzosen und Spanier haben es durch die Nähe zu ihren ehemaligen Kolonien – Marokko, Tunesien, Algerien – und durch die starken Communitys im eigenen Land noch als Erste wahrgenommen. Das Schlagwort von den *Banlieues de l'Islam*, den Vorstädten des Islam in Frankreich, machte seinerzeit die

Runde, vornehmlich natürlich in Fachkreisen. Man sah die entstehenden dschihadistischen Terrorgruppen in erster Linie als regionales Problem mangelnder *good governance* in den betroffenen Ländern an. Solange man die Touristen in Ruhe ließ und sie nicht, wie im Juli 2000 auf den Philippinen, entführte oder im Oktober 2002 auf Bali ermordete, fühlte sich auch in Deutschland niemand zu nachhaltigem Handeln gedrängt. Mit den nordafrikanischen oder nahöstlichen Staaten bestanden seinerzeit so gut wie keine Sicherheitsabsprachen über eine Kooperation bei der Terrorismusbekämpfung, nicht zuletzt auch aufgrund der unübersehbaren Unterschiede in Rechtsstaatlichkeit und Wahrung der Menschenrechte.

Der 11. September 2001 brachte dann eine Zeitenwende in der internationalen Außen- und Sicherheitspolitik in Fragen der inneren Sicherheit und der internationalen Terrorismusbekämpfung. Kamen diese Ereignisse wirklich aus dem Nichts? Natürlich nicht. Die Vorzeichen waren nicht nur im Rahmen meines kleinen Besuchs in Saudi-Arabien zu sehen gewesen. Details wie die Eindrücke meines Streifzugs durch die Buchhandlung in Riad und das medial auf allen Ebenen verbreitete Dschihad-Lebensgefühl ließen sehr wohl darauf schließen, dass sich in der muslimischen Welt etwas zusammenbraute: die Flammenschrift an der Wand, wenn man so will: Ich hatte sie in Riad gesehen und in vielen Gesprächen wahrgenommen. Osama bin Laden war 1993 in Pullach zwar ein Thema, aber kein wichtiges, in seiner Relevanz und Dauerhaftigkeit sogar ein eher immer wieder bezweifeltes. Für unsere Endabnehmer in Bonn schon gar nicht. Wir hatten den Mann auf dem Schirm und mehr nicht. Auch die von ihm organisierten Anschläge auf die US-Botschaften in Afrika wurden – natürlich mit Missbilligung und Besorgnis – in erster Linie als »Drittweltphänomen« und Problem der Amerikaner zur Kenntnis genommen. Am Wissen hat es seinerzeit

– wie so häufig – nicht gefehlt, doch am Wissenwollen und am Tunwollen dann schon. Wie so oft, entsteht politischer Handlungsdruck nur aus unmittelbarer Betroffenheit. Die wurde nach 9/11 – und dann sogar im Übermaß – empfunden. Nach den Anschlägen auf das World Trade Center war möglich, was vorher unvorstellbar gewesen wäre. Kooperationen mit problematischen Regierungen wurden im *war against terrorism* als notwendiges Übel akzeptiert. Die Bösen waren auf einmal weniger böse als das absolut Böse, so dachte man zumindest. Personifiziert wurde Letzteres nunmehr durch den – lange unterschätzten – Osama bin Laden und seine Anhänger, auf die nun die Geheimdienste der gesamten westlichen Welt Jagd machten.

KAPITEL 9

Lizenz zum Töten? Von Mythen und Vorurteilen

Immer wieder werde ich gefragt, ob Mitarbeiter des Dienstes eine Lizenz zum Töten besitzen. So etwas wie eine Schulung oder Ermächtigung, in Erfüllung ihres Auftrags, Menschen zu töten. Eine solche Lizenz gibt es beim BND natürlich nicht. Während meiner Ausbildung habe ich weder eine Waffe abgefeuert noch eine solche in meiner Dienstzeit beim BND besessen. Es ist einfach nicht vorgesehen, dass Mitarbeiter des Nachrichtendienstes in Ausübung ihres Auftrags schießen – oder anderweitig Gewalt anwenden. Auf dem Gelände in Pullach gab es zwar eine Schießbahn im sogenannten Bunker Hagen, doch Waffenausbildung und Schießtraining fanden nur für die Wachleute, die das Areal bewachten, und die Personenschützer des Präsidenten statt. Ich selbst habe die Schießbahn – eingestandenermaßen mangels Interesse – nie von innen gesehen. So viel zur Lizenz zum Töten beim BND.

Ohnehin ist *licence to kill* als geflügeltes Wort eine Erfindung des britischen Schriftstellers Ian Fleming. Der Schöpfer von James Bond hat sie kurzerhand seinem fiktiven Helden angedichtet. Der Autor war zwar während des Zweiten Weltkriegs Angehöriger des Marinegeheimdienstes Ihrer Majestät und hatte dort auch mit Angehörigen von militärischen Spezialeinheiten zu tun, doch trotz dieses Bezugs in seiner Vita sind die

Werke bekanntlich in Hinsicht auf reale Geheimdienste hauptsächlich Fiktion. Bei den Verfilmungen muss ich ebenfalls eher an moderne Märchen denken, in denen der Superheld die Welt vor dem absolut Bösen rettet. Nur dass das Böse nicht der märchenhafte Drache ist – auch das Schwert wurde durch eine Walther PPK ersetzt –, sondern zu Zeiten des Kalten Kriegs die finstere Sowjetunion, von der nach ihrem Zerfall privatwirtschaftlich organisierte Unholde die Funktion des Unheils übernahmen. Osama bin Laden – Erzterrorist und Aussteiger aus der saudischen High Society – hätte da vielleicht noch irgendwie hineingepasst, aber die Nachrichtendienstmitarbeiter, die wie ich selbst mit seinem Fall analytisch befasst waren, mit Sicherheit nicht.

»Doppelnull-Agenten« sind Fiktion. Die Bezeichnung »007« hat allerdings eine historische und geheimdienstliche Konnotation, auch wenn sie mit Mord und Totschlag erst einmal nichts zu tun hat: Ian Fleming spielt hier auf die Signatur an, die für die vertrauliche Korrespondenz zwischen Königin Elisabeth I. und ihrem Berater, dem Spion, Naturwissenschaftler und Astrologen John Dee, genutzt wurde. Dee lebte von 1527 bis 1608, also in deutlich anderen Zeiten als James Bond, jedoch ebenfalls in England. Die Notwendigkeit zur Geheimhaltung gab es natürlich auch in dieser Epoche, darum wurde der vertrauliche Schriftverkehr zwischen der Königin und Dee aufwendig händisch kryptiert und der versiegelte Umschlag der Botschaft mit »007« gekennzeichnet, wobei die beiden Nullen zwei Augen – im Sinne von *for your two eyes only* – symbolisieren und die Sieben einfach als seinerzeit glücksbringende Zahl angefügt wurde. Dee selbst fiel in Ungnade und starb verarmt in London. Erst Ian Fleming schuf mit »007« den modernen Mythos James Bond, den Agenten Ihrer Majestät, der mit quasi übermenschlichen Fähigkeiten und unermesslichen technischen, operativen und finanziellen Ressourcen ausgestattet ist. Dass die Figur auf der ganzen Welt so populär wurde, hat das Bild geprägt, das sich heutzutage viele Menschen von der Tätigkeit der Geheim- und Nachrichtendienste machen. Im positiven Sinne als Projektion angloamerikanischer Überlegenheitsgefühle und -sehnsüchte oder im negativen Sinn als Verkörperung von kaltherziger Brutalität und Allmacht.

Erstaunlicherweise scheinen nicht wenige Bundesbürger, wohl aus historisch tradierter oder auch noch leidvoller persönlicher DDR-Erfahrung, instinktiv den BND in der Gruppe jener geheimnisvollen und finsteren Institutionen anzusiedeln, die über allmächtige – bis totalitäre – Befugnisse oder zumindest Ambitionen verfügen müssen. Dies konnte ich zu meiner Überraschung einer Umfrage des ZDF entnehmen, die mir Ende 2011 – ich war damals Leiter des BND-Leitungsstabs von Präsident Ernst Uhrlau in Berlin – auf den Tisch flatterte. Ich staunte nicht schlecht, als ich las, dass 54 Prozent der bundesdeutschen Bevölkerung offenbar der Meinung waren, dass der BND zur Abwendung großer Gefahren auch töten dürfe. Bei den unter 24-Jährigen war die Bereitschaft, klandestine Killerkommandos loszuschicken, mit etwa 70 Prozent sogar noch höher. Natürlich sind derartige Umfragen mit Vorsicht zu genießen, da sie stark von tagesaktuellen Ereignissen beeinflusst werden. Wird eine terroristische Bedrohung – etwa durch einen gerade verübten Bombenanschlag – stärker wahrgenommen oder wird gar eine unmittelbare Betroffenheit empfunden, tendieren die Befragten eher dazu, dem Nachrichtendienst wie allgemein den Sicherheitsbehörden ihres Landes größere Befugnisse einzuräumen.

Ich erinnere mich in diesem Zusammenhang noch lebhaft an Gespräche aus der Zeit des »Deutschen Herbstes 1977«, also aus der Hochzeit der Terroranschläge der Roten Armee Fraktion mit der Ermordung von Hanns Martin Schleyer und der spektakulären Entführung der Lufthansa Boeing Landshut. Als Student hörte ich mir immer wieder Forderungen auch soignierter älterer Damen in Freiburger Straßenbahnen an, man möge »die alle« unbesehen liquidieren: »Uffhänge sollt mer se, alle miteinand!« Das ist natürlich aus mehreren Gründen indiskutabel. Bleibt alles sicher und ist man vermeintlich wohlbehütet, tritt eher das Gegenteil ein, und die Frage: »Warum brauchen wir überhaupt einen Nachrichtendienst?« steht – ebenso unsachgemäß wie emotional – schnell im Raum. Von einem authentischen und stabilen Meinungsbild kann darum in beiden Fällen ebenso wenig die Rede sein wie von seiner Sachgerechtigkeit.

»Wir sind der Vegetarier unter den Geheimdiensten«, hat mein ehemaliger Chef, BND-Präsident Dr. Hanning, einmal mit feiner Ironie gesagt, was jedoch auch bedeutete, dass es anderswo durchaus die autorisierte Gewaltanwendung bei Geheim- und Nachrichtendiensten gibt. Die Tendenz der extralegalen, auch konspirativ vorbereiteten und durchgeführten Exekutionen nimmt, global gesehen, sogar zu. Zumal in Kriegszeiten bekämpfen sich Soldaten und in letzter Konsequenz auch Angehörige der geheimen Dienste verfeindeter Staaten bis auf den Tod. Hier besteht keine *licence to kill,* sondern eine *order to kill,* zumindest in der unmittelbaren militärischen Auseinandersetzung auf dem Schlachtfeld, das leider nicht umsonst auch so heißt. Beispiele hierfür sind der Erste und der Zweite Weltkrieg. In diesen beiden Konflikten herrschte erklärter Krieg, in dem das Töten des Gegners als militärische Notwendigkeit offiziell befohlen war. Geheimagenten waren nicht selten auch Soldaten, betrachteten sich jedenfalls vielfach auch als solche, wenngleich nicht in Uniform, was bekanntlich nach Kriegsvölkerrecht einen erheblichen Statusunterschied machte: als sogenannte Nichtkombattanten hatten sie keinen Schutz der Haager Landkriegsordnung und konnten ohne viel Federlesens hingerichtet werden. Noch anders verhält es sich, wenn ein Krieg – wie so häufig in der Neuzeit – nicht erklärt ist und es nicht, oder nur gelegentlich, zu Kampfhandlungen kommt. Der Kalte Krieg war eine solche Konfrontation, in der immer wieder Menschen zu Tode kamen. In der Mehrzahl gingen diese Todesfälle auf das Konto der Geheimdienste, die wichtige Akteure in dieser erbitterten, aber verdeckten Konfrontation waren. Die Agenten in Ost wie West waren an Mordanschlägen und ähnlich Finsterem beteiligt. Allein die Liste der Opfer, die dem sowjetischen KGB und später den Geheimdiensten der Russischen Föderation sowie deren einstigen Satellitendiensten, darunter dem Ministerium für Staatssicherheit (MfS), zugeschrieben werden, ist lang. Spezielle Einheiten wurden für diese Aufgabe geschaffen. Beim MfS nannte man derartige Aktionen »nasse Sachen«, was bedeutet, dass dabei Blut fließen konnte. Auf traurige Weise spektakulär war der sogenannte Schirmmord an dem bulgarischen Regimekritiker Georgi Markow, der 1978 auf der Londoner Waterloo Bridge verübt wurde. Der Attentäter jagte eine mit dem Gift Rizin gefüllte Kapsel mittels eines in der Schirmspitze versteckten Gasdruckzylinders im Vorbeigehen in Markows Bein.

Auch im Westen war man in dieser Zeit »kreativ«, wenn es darum ging, erklärte Feinde aus dem Weg zu räumen. So unternahm die CIA zugestandenermaßen insgesamt acht Versuche, den kubanischen Staatschef Fidel Castro, meist mit Gift, zu töten. Man denke auch an die Verhaftung und nachfolgende Ermordung des ersten kongolesischen Premierministers Patrice Lumumba 1961 unter der Federführung der belgischen Sûreté Générale und der CIA. Von den Morden des iranischen Geheimdienstes MOIS an exilierten Oppositionellen, wie etwa im griechischen Restaurant Mykonos in Berlin im Jahr 1991, habe ich an anderer Stelle bereits gesprochen, ebenso wie von den gezielten

Tötungsaktionen des Mossad. Dabei haben mutmaßliche Operationen gegen die Hizballah und Hamas – oder die Tötung iranischer Atomwissenschaftler und Pasdaran-Kommandeure – das Ziel, militärische Gegner in einem anhaltenden, auch mit militärischen beziehungsweise terroristischen Mitteln geführten Konflikt präventiv aus dem Weg zu räumen, um zukünftige Angriffe zu vereiteln und den Feind in seiner Kampfkraft und Moral zu schwächen, frei nach dem Babylonischen Talmud, Sanhedrin 72a–b: »Wenn einer kommt, um dich zu töten, steh auf und töte ihn zuerst.«

Die Ziele derartiger Operationen werden nachrichtendienstlich aufgeklärt und anschließend – heutzutage zunehmend mit Abstandswaffen, seltener über ebenso riskante wie komplexe direkte Geheimdienstoperationen im Ziel- oder Drittland – getötet. Ähnliches mag auch für die gezielte Tötung des iranischen Pasdaran-Generals und Kommandeurs der Al-Quds-Brigaden, Qasem Soleimani, im Jahr 2020 durch einen Drohnenangriff der USA im Irak gelten. Im internationalen Kontext werden diese extralegalen Tötungen – wenn man sich dieser Mühe unterzieht – mit der völkerrechtlichen Befugnis zur Selbstverteidigung, zur Abwehr einer bevorstehenden Gefahr begründet. In der überwiegenden Zahl der Fälle soll jedoch der Einsatz eines Geheimdienstes die Urheberschaft verschleiern und damit den politischen und rechtlichen Schutz der *deniability* bieten. Hier spricht man vom sogenannten Schattenkrieg, den Staaten mittels ihrer Geheim- und Nachrichtendienste gegeneinander führen.

In Europa ist es nach dem Ende des Kalten Kriegs in dieser Hinsicht lange Zeit eher ruhig geblieben, doch nun rücken auch in Deutschland geheimdienstliche Mordanschläge im Zuge der Globalisierung, der Migration und des mit ihr einhergehenden »Imports« von Konfliktlagen, neuerdings auch wieder mit der massiven Verschärfung der westlich-russischen Konfrontation, näher an uns heran. Spätestens der Berliner Tiergartenmord – bei dem 2019 ein ehemaliger georgisch-tschetschenischer Milizenführer von einem durch den russischen Inlandsgeheimdienst FSB angeheuerten Mörder erschossen wurde – ist hier als dramatischer Weckruf zu verstehen. Doch auch zuvor hatte es immer wieder tödliche Anschläge, zumeist auf Exiloppositionelle seitens ihrer Heimatstaaten, gegeben. Der Fall des russischen Oppositionspolitikers Alexei Nawalny, der mit dem hochgefährlichen chemischen Kampfstoff Nowitschok vergiftet wurde, und seine anschließende Evakuierung und Behandlung in der Berliner Charité verdeutlichen, dass auch auf diese Weise die Bundesrepublik Deutschland zum Schauplatz werden kann. Man wird sich angesichts der gravierenden Verschärfung der Konfliktlage mit Russland, aktuell und absehbar auch aufgrund des Kriegs in der Ukraine und der damit einhergehenden in Moskau missliebigen Präsenz ukrainischer Oppositioneller in Deutschland, verstärkt auf diese Bedrohung einstellen müssen.

Bereits seit Jahren sind russische Attentäter in anderen Ländern Europas aktiv. Sergei Skripal, ein in Großbritannien lebender Überläufer des russischen Militärnachrichtendiensts GRU, und seine Tochter wurden bekanntlich 2018 Opfer eines Nervengiftanschlags, den sie nur knapp überlebten. Die Tat konnte mit ziemlicher Sicherheit dem GRU zugeordnet werden. Anders als die Tötung von Zielpersonen in einem militärisch-operativen Kontext geht es hier um institutionelle Vergeltung an Einzelnen und ihren Familien – auch soll damit eine abschreckende Wirkung erzielt und eine symbolische Warnung an alle »unsicheren Kandidaten« im eigenen Machtbereich gesandt werden.

Vergeltung und Bestrafung waren auch die Motivation für die Anschläge des Mossad auf ehemalige NS-Kriegsverbrecher, woran man sieht, wie schwierig die moralische Bewertung solcher Taten mitunter ist. Was sich jedoch in moralisch-ethischer Hinsicht relativ klar bewerten lässt, ist, wie billigend sogenannte Kollateralschäden in Kauf genommen werden. Wenn ein Geheimdienst unprofessionell mit radioaktivem Polonium – so geschehen beim Anschlag auf den russischen KGB-Aussteiger Alexander Litwinenko 2006 in London – hantiert oder einen Menschen in der Öffentlichkeit mit dem Nervenkampfstoff VX besprühen lässt – wie im Fall des nordkoreanischen Dissidenten Kim Jong-nam auf dem Flughafen von Kuala Lumpur 2017 – oder achtlos in einem dicht besiedelten Wohngebiet – wie im Fall Skripal – mit dem hochpotenten Nervengift Nowitschok sein Unwesen treibt, dann ist klar, dass bei der Planung und Durchführung solcher Operationen auch nicht viel Mühe darauf verwandt wird, Unbeteiligte zu schützen.

Der Skripal-Anschlag hätte in der Tat beinahe noch mehr Menschen das Leben gekostet, die zufällig mit der Flasche, in der das Gift transportiert wurde, oder mit dessen Spuren in Berührung kamen. Der Bundesnachrichtendienst konnte im Übrigen hier unterstützend bei der Bestimmung der eingesetzten Substanz helfen, obwohl eine spezifische Expertise auch im britischen Defence Science and Technology Laboratory in Porton Down vorhanden war. Mithilfe des BND gelang es auch, das Gift zu identifizieren, das beim Anschlag auf Alexei Nawalny verwendet worden war. Es handelte sich – wie bei Skripal – um einen Nervenkampfstoff aus der Nowitschok-Familie. So wusste man zumindest, womit man es zu tun hatte, und konnte durch die rechtzeitige Gabe von Antidoten Leben retten. Diese öffentlich bekannten, meist jedoch ebenso schnell wieder vergessenen Fälle verdeutlichen exemplarisch die elementare Bedeutung der geheimen Nachrichtendienste bei der Aufklärung von Waffensystemen und Kampfstoffen, die sich in den Händen problematischer staatlicher oder nichtstaatlicher Akteure befinden.

Hier profitierte man noch von Wissen, das im Kalten Krieg gesammelt wurde, doch seit Beginn des 21. Jahrhunderts gilt es, neuen Herausforderungen zu begegnen. Beim Bundesnachrichtendienst veränderte sich mit der Beteiligung am Krieg gegen den Terror *(war on terror)* und den Auslandseinsätzen der Bundeswehr die Fragestellung nach einer möglichen Gewaltanwendung, wenn auch nur graduell. Als der BND damit beauftragt wurde, bei den Auslandseinsätzen der Bundeswehr – vor allem in Afghanistan – unterstützend mitzuwirken, mussten Schritt für Schritt auch neue Ausbildungsinhalte eingeführt werden. Dazu gehörte zunächst einmal das Fahren von sondergeschützten Fahrzeugen, die wegen ihrer Panzerung deutlich schwerer sind und ein durchaus anderes Fahrverhalten haben als ein herkömmlicher SUV. Hinzu kam ein allgemeines Waffentraining, an das sich eine Combat-Schießausbildung – das Schießen mit Handwaffen unter Gefechtsbedingungen – und ein anspruchsvoller Ersthelfer-Lehrgang in Gefechtsfeldmedizin – genannt *combat first responder* – anschlossen. Diese Ausbildungsmodule waren jedoch nur den BND-Angehörigen vorbehalten, die für den Einsatz in Krisen- und Kampfgebieten vorgesehen waren. Sie sollen die Kolleginnen und Kollegen im Rahmen der Notwehr oder Nothilfe zur Selbstverteidigung in prekären Situationen befähigen. Rechtlich wie administrativ sind dem Waffentragen der BND-Mitarbeiter – ganz besonders im Ausland – hohe Hürden gesetzt, und es bedarf dazu einer Sondergenehmigung im Einzelfall nach entsprechender intensiver rechtlicher wie persönlicher Schulung.

Bewaffnung ist tatsächlich für Einzelpersonen im exponierten Einsatz ein sprichwörtlich zweischneidiges Schwert. Das Vertrauen darauf, eine Waffe in der Jackentasche zu haben, kann bekanntlich bei mangelnder Ausbildung oder persönlicher Eignung sogar erst recht zu Schwierigkeiten führen. In einer unmittelbaren Gefahrenlage für Leib und Leben muss man schon vorher schussfertig sein, sonst ist es zu spät – und in eine solche Situation sollte ein Nachrichtendienstler als Einzelperson erst gar nicht kommen. Bei einigen der mir bekannten westlichen Dienste wird es aus diesem Grund so gehandhabt, dass Angehörige der jeweiligen *special forces* den *intelligence officer* (mehr oder weniger) unauffällig begleiten, wenn er sich in einem potenziell unberechenbaren Umfeld zu einem Treffen begibt. Das Team führt dann eine sogenannte bewaffnete Schutzobservation durch. Das Begleitkommando behält alles im Auge und die schussbereiten Waffen unter der Jacke versteckt. Der Agent selbst ist unbewaffnet, aber trotzdem hinlänglich geschützt.

Auch weniger diskrete Vorgehensweisen werden im Kampfgebiet praktiziert, wo es vorkommen kann, dass der Dienstangehörige mit offen bewaffneter Eskorte auftritt. Mit geheimem Nachrichtendienst hat dies in der Regel weniger zu tun als mit einer militärisch abgesicherten Befragungs- oder Gesprächssituation. Tatsächlich ist mir nur ein in den Medien berichteter Fall bekannt, in dem zwei meiner Kollegen auf einer Überlandstraße in Saudi-Arabien – mutmaßlich bei einem Entführungsversuch – beschossen worden sein sollen und wohl auch selbst eine Waffe benutzen mussten, um fliehen zu können. In einem anderen gefährlichen Fall im Jemen sowie einer Gefährdungssituation in Damaskus während der Unruhen im Frühjahr 2012 hätte angesichts der Kräfteverhältnisse allein schon der Versuch, eine Waffe einzusetzen, mit ziemlicher Sicherheit zum Desaster geführt.

Doch man muss nicht immer selbst den Finger am Abzug haben, um in Entscheidungen über Tod und Leben anderer hineingezogen zu werden. In Afghanistan und im Krieg gegen den Terror am Horn von Afrika oder im Sahel fand sich der Bundesnachrichtendienst auf einmal durch das Vorgehen der Verbündeten – darunter federführend die USA, aber auch Frankreichs –

als Teil eines strategischen Konzepts wieder, in dem gezielte extralegale Tötungen vorgenommen wurden. Auch hier berufen sich die Akteure auf das völkerrechtlich anerkannte Recht auf Selbstverteidigung: Staaten, die entweder willentlich oder häufig aus struktureller Schwäche heraus terroristischen Gruppen ein Sanktuarium und Operationsräume für die Vorbereitung und Durchführung von internationalem Terror bieten, werden auf dieser Grundlage als Kriegsschauplätze im *war on terror* betrachtet.

Moderne, global einsetzbare und wirksame Aufklärungstechnik und Abstandswaffen ermöglichen Aktionen, die noch vor einer Generation nur mit größeren bewaffneten Expeditionen vorstellbar gewesen, und damit sehr häufig allein schon unter logistischen und operativen Aspekten gescheitert wären. Für den BND, der verfassungsgemäß über keinerlei Exekutivgewalten verfügt, war das ein absolutes Novum. »We kill people based on metadata«, sagte 2014 der ehemalige CIA- und NSA-Direktor Michael Hayden. Die Perfektionierung der Drohnentechnologie erlaubte es den Staaten, die in deren Besitz waren, die unbemannten Luftfahrzeuge zur Aufklärung und zu gezielten Tötungen einzusetzen. Besonders unter der Regierung von Barack Obama war die Drohne die bevorzugte Waffe im Kampf gegen den Terrorismus. In Afghanistan, Pakistan, dem Jemen, Somalia, Libyen, Niger und Mali wurden derartige Luftschläge ausgeführt, die sehr oft Einzelpersonen oder Kleingruppen zum Ziel hatten.

Die Zahl dieser Einsätze ging und geht weiterhin öffentlichen Berichten zufolge in die Tausende. Drohnen des Typs Predator, Reaper oder Global Hawk, die mit Hellfire-Raketen bestückt sind, standen lange Zeit in dem Ruf, Präzisionswaffen zu sein. Mittlerweile ist bekannt, dass die Treffgenauigkeit dieser Waffensysteme doch nicht so hoch ist, wie behauptet wird, und dass es tatsächlich zu erheblichen Kollateralschäden bei den Drohneneinsätzen kommen kann. Wie bei allen Schusswaffen trifft man eben nicht immer nur das, worauf man zielt, vorausgesetzt, dass man überhaupt das richtige Ziel ins digitale Visier genommen hat. Die zutreffende Identifizierung und zuverlässige Lokalisierung eines Ziels aus der Entfernung ist ein komplexer Prozess, bei dem Satelliten- und Luftbildaufklärung eine wichtige Rolle spielen, aber auch die Augenaufklärung vor Ort durch Beobachter, plus die Erfassung und Auswertung von Kommunikationsdaten von Mobil- oder Satellitentelefonen oder gar Funkgeräten. Die Zusammenführung und Aufbereitung dieser Daten zur sogenannten *actionable intelligence*, zu einem Wissen, das zu operativem Handeln – im militärischen Kontext also zum gezielten bewaffneten Angriff – befähigt, nennt man Targeting. Die Vielzahl und Vielgestaltigkeit der involvierten Aufkommensarten und die häufig anspruchsvollen Voraussetzungen für ihre Gewinnung verdeutlichen, dass es sich hier um einen komplexen, hochtechnologischen, jedoch letztlich auch fehleranfälligen Prozess handelt. Allein schon eine fehlerhafte Identifizierung durch menschliche Quellen kann zur Katastrophe führen.

In Afghanistan war der Bundesnachrichtendienst im Rahmen von *force protection* damit beauftragt, potenzielle Angriffe auf die Soldaten der Bundeswehr aufzuklären und nach Möglichkeit zu ihrer Verhinderung beizutragen. Hier musste der BND angesichts des integrierten Einsatzes der Bundeswehr in gleichem Maße mit den involvierten Geheimdiensten der Verbündeten zusammenarbeiten und seine Erkenntnisse teilen. Im Rahmen der umfänglichen parlamentarischen Befassung mit dem Afghanistaneinsatz wurde auch öffentlich bekannt, dass während der ISAF-Mission der BND der Plattform *Center Ice* mit US-Diensten und anderen Staaten der Koalition – darunter Italien, Spanien, Frankreich, Schweden und Norwegen – angeschlossen war. *Center Ice* sammelte Kommunikationsdaten und Informationen über gesuchte Personen, darunter Anführer der Taliban, al-Qaida-Mitglieder und afghanische Drogenhändler, die mit Terroristen zusammenarbeiteten. Anhand der Erkenntnisse der Nachrichtendienste und der ISAF-Truppen – darunter Bundeswehr und im Hintergrund der BND – wurde eine Liste von Personen erstellt, die für *capture or kill missions* vorgesehen waren. Diese Joint Prioritized Effects List (JPEL) enthielt Namen und Daten von militärischen oder terroristischen Gegnern, die zur Festnahme oder Tötung bestimmt waren. Die Mission »tot oder lebendig« wurde dann von der Task Force 373 umgesetzt, die hauptsächlich aus Angehörigen von Spezialeinheiten – darunter US-Navy Seals, die 7th Special Forces Group und Angehörige des Bundeswehrkommandos Spezialkräfte KSK – bestand.

Für die Bundesregierung und die Verantwortlichen des Nachrichtendienstes war es politisch und rechtlich sehr heikel, eine – wenn auch nur indirekte – Beteiligung Deutschlands an möglichen gezielten Tötungen zu akzeptieren oder zu dulden. Einerseits war man sich über die Notwendigkeit im Klaren, die in Afghanistan stationierten Bundeswehrsoldaten vor Schaden zu bewahren – was in vielen Fällen auch dank dieser Maßnahmen gelang –, andererseits war der BND nicht dazu ermächtigt, tatsächliche oder gar nur mutmaßliche Terroristen präventiv ins Jenseits befördern zu lassen. Häufig ist es sehr schwer bis unmöglich zu definieren, wann ein Terrorist als »unmittelbare Gefahr« zu betrachten ist, in der das Recht auf Selbstverteidigung oder Notwehr greifen würde.

Man bewegte sich darum in einer Grauzone, die schnell zum Albtraum werden konnte, denn im Rechtssystem der Bundesrepublik Deutschland sind Tötungen außerhalb von aktueller Notwehr und Nothilfe oder unmittelbaren Kampfhandlungen im Krieg schlichtweg ein Kapitalverbrechen. Letztendlich behalf man sich dadurch, dass die Informationen, die an die Verbündeten weitergegeben wurden, mit einem *disclaimer* versehen waren, der besagte: »Eine Verwendung zum Zwecke des Einsatzes tödlicher Gewalt ist nur dann zulässig, solange und soweit ein gegenwärtiger Angriff vorliegt oder unmittelbar droht.« Im Krieg gegen den Terror droht – zumindest nach Auffassung der USA und anderer ähnlich involvierter Staaten, die sich im anhaltenden Kriegszustand wähnen – jedoch immer irgendwo ein Angriff, und bei der Weitergabe von Kommunikationsdaten besteht darum grundsätzlich auch stets die Möglichkeit, dass sie für Präventiv- oder Vergeltungsschläge genutzt werden. Allerdings geschieht dies in einem methodischen und organisatorischen Kontext und Verantwortungsbereich, der außerhalb des deutschen Einflussbereichs steht. Man sollte sich aber nichts vormachen und realistisch abwägen, wo die eigenen Positionen anzusiedeln sind und worin letztendlich die Sicherheitsinteressen der Bundesrepublik Deutschland liegen. Die massive Gefährdung von Leib, Leben und Gesundheit eigener Soldaten oder Staatsbürger in Drittstaaten erfordert die Befähigung zu angemessenen, vorbeugenden operativen Maßnahmen durchaus auch robuster Natur.

Die Summe der schweren Terroranschläge gerade auch in Europa oder gegen europäische Ziele in Drittstaaten hat unter Beweis gestellt, dass Zufluchtsorte von Terroristen keine entfernte, abstrakte Gefahr darstellen, sondern eine wesentliche Voraussetzung für die Planung, Vorbereitung und Durchführung zumindest komplexerer Attentate sind. Die sehr beliebte, moralisch in jeder Hinsicht hochstehende und rechtlich einwandfreie grundsätzliche Verurteilung von Drohnenangriffen hatte vor diesem Hintergrund immer auch einen Beigeschmack von Heuchelei: Wie schön, wenn andere die Drecksarbeit erledigen, für die man sie dann – aus sicherer Distanz – umso heftiger kritisieren und verurteilen kann.

Was sich ohne wirksamen Verfolgungsdruck auf terroristische Infrastrukturen in *ungoverned spaces* so alles entwickeln kann, hat in besonders spektakulärer Weise Afghanistan zur Jahrtausendwende gezeigt und tut es im Gefolge der erneuten Machtübernahme der Taliban im Spätsommer 2021 erneut. Der Bundesnachrichtendienst steht hier vor einer besonderen Herausforderung, da er darauf angewiesen ist, mit seinen Verbündeten Informationen auszutauschen. Die Umsetzung der jüngsten Normsetzungen des Bundesverfassungsgerichts vom 19. Mai 2020 wird erweisen, in welchem Umfang der Dienst seiner operativen Verantwortung für den Schutz von Leib und Leben vor terroristischer Gewalt gerecht werden kann.

Grundsätzlich ist eine Lizenz zum Töten beim BND nicht vorgesehen, und das wird sich aufgrund der eindeutigen und bestandskräftigen verfassungs- und strafrechtlichen Werteentscheidungen und Strafbewehrungen auch nicht ändern können. Demgegenüber sind Dienste anderer Länder, die tödliche Gewalt ausüben, in der Regel Teil der Streit- oder Polizeikräfte oder zumindest paramilitärisch in deren Nähe angesiedelt. Bewaffnete Interessendurchsetzung nach außen wie nach innen ist in diesen Fällen mit Gewaltanwendung im Rahmen verdeckter Operationen verbunden. Geheimdienste üben letale Gewalt im Auftrag ihrer Regierungen, aber auch in eigenem Namen und Interesse aus. Die Beispiele hierfür sind zahlreich: Die irakischen und syrischen Muchabarat terrorisierten und ermordeten eigene wie fremde Staatsangehörige im Rahmen staatlicher Opportunitätsentscheidungen. Iranische, aber auch syrische und früher libysche Geheimdienste sind international in den Siebziger- bis Neunzigerjahre in zahlreiche Terroranschläge und Tötungsdelikte gegen Exilopposition verwickelt gewesen; hier spricht man deshalb auch von Staatsterrorismus.

Die mit der Wahrnehmung des völkerrechtlich anerkannten

Rechts auf individuelle wie kollektive Selbstverteidigung begründeten Drohnenangriffe im Krieg gegen den Terror habe ich bereits erwähnt, und so könnte ich endlos weitere Beispiele, die im Einzelnen jedoch stark unterschiedlich zu bewerten sind, anführen. Trotzdem töten Geheimdienste nicht *sui generis*, es ist ihnen nicht notwendig immanent. Sie sind grundsätzlich vor allem erst einmal eines: geheim! Geheimdienst in seiner sprichwörtlichen Bedeutung ist nichts anderes als ein Modus Operandi: ein geheimes Dienen, ein geheimes Handeln im Auftrag einer – im Idealfall – demokratisch legitimierten und rechtsstaatlich verpflichteten Regierung »zum Wohl von Staat und Volk«, wie es so schön in den Verleihungsurkunden des Bundesverdienstkreuzes heißt. Für die Funktion des Bundesnachrichtendienstes gilt diese Begrifflichkeit in gleicher Weise. Es geht um die Beschaffung und Auswertung von im Ursprungsland geheim gehaltenen Sachverhalten, die nach Lage der Dinge nur im Verborgenen vorgenommen werden kann. Ganz sicher besitzen wir dabei nicht einmal annähernd so etwas wie eine Lizenz zum Töten. Doch können Nachrichtendienstmitarbeiter in Ausnahmefällen nicht verhindern, dass ihre Informanten im Verlauf einer Operation häufig unvorhergesehen, mit hohen Risiken für Leib und Leben konfrontiert werden. Dies soll zwar mit maximaler Vorsicht und Vorausschau in der operativen Planung und einer strengen Verhältnismäßigkeits-, Befähigungs- und Freiwilligkeitsprüfung so weit wie möglich vermieden werden. Trotzdem bleibt ein Dienstmitarbeiter in solchen Situationen immer wieder einmal mit dem beklemmenden Gefühl zurück, nunmehr in Anspielung auf 007 zwar keine *licence to kill* zu besitzen, aber so etwas wie eine *licence to let die* - von der er inständig hofft, dass sie sich nicht verwirklichen möge.

KAPITEL 10

Dimensionen von Intelligence

Glücklicherweise ist die operative Informationsbeschaffung für die Angehörigen des BND wie vieler anderer Dienste in aller Regel keine Frage auf Leben und Tod, bei der sie damit rechnen müssten, unbeabsichtigt eine menschliche Quelle ins Jenseits, in die Folterkammer oder den Gulag zu schicken. Im Gegenteil, mögen die Inhalte mitunter auch noch so spannend sein, das Alltagsgeschäft ist bis auf wenige Ausnahmen methodisch, rational und perspektivisch langfristig.

Bei meinen Vorlesungen vergleiche ich den kognitiven Prozess der nachrichtendienstlichen Arbeit gerne mit wissenschaftlicher Forschung. Denn unabhängig davon, auf welchem Gebiet wissenschaftliche Untersuchungen stattfinden, so steht am Anfang doch immer eine Forschungsfrage, über die es Aufschluss zu erlangen gilt. Im Mittelpunkt steht mithin der Erwerb zusätzlichen Wissens, zusätzlicher Erkenntnis. In einem Nachrichtendienst beginnt die Arbeit vielfach ebenfalls mit einer solchen Forschungsfrage, nur wird sie in Form einer Anfrage, eines Auftrags durch die Regierung gestellt, den es nicht selten in eine Vielzahl unterschiedlicher Einzelfragen auszudifferenzieren gilt.

Ein seit Jahren aktuelles, hier einmal generalisiertes Fallbeispiel, das sich auf die nordkoreanischen Nuklearambitionen bezieht, verdeutlicht recht anschaulich, wie solch ein regierungsseitiger Forschungsauftrag aussehen könnte: Alle den einschlägigen UN-Resolutionen verpflichteten Regierungen möchten allein –

wie im Verbund mit Gleichgesinnten – herausfinden, auf welche Weise und mit welchen Mitteln das nordkoreanische Regime versucht, den Wirtschaftssanktionen zu begegnen, die gegen das Land verhängt worden sind, und gleichzeitig das eigene Nuklear- und Raketenprogramm voranzutreiben. Es handelt sich dabei bekanntlich um sehr breit gefächerte Maßnahmen, die von Beschränkungen im internationalen Währungsverkehr, Einfrieren von Auslandsguthaben, Exportverboten für Technologie bis hin zum Boykott nordkoreanischer Waren reichen. Entscheidendes Element all dieser Sanktionen ist zum einen ökonomischer Druck auf das Regime, zum anderen – eher noch wichtiger – die Unterbindung von Technologie- und Know-how-Transfer, der die Weiterentwicklung der inkriminierten Projekte unterstützen würde. Umgekehrt ist nun natürlich auch Nordkorea bestrebt, diese Einschränkungen zu unterlaufen. In dieser Situation ist es für Regierungen wichtig, alle Quellen, die ihnen zur Verfügung stehen, zu nutzen, um in Erfahrung zu bringen, was die Nordkoreaner vorhaben, was sie bereits praktisch umsetzen und welche Realisierungs- und Erfolgschancen ihre Bemühungen in welcher zeitlichen Perspektive haben werden. Es gibt die Experten in Außen-, Wirtschafts- und Energieministerien, die hierzu wahrscheinlich Erkenntnisse beisteuern können. Wichtig ist die Frage, von wo aus, wie und in welchem Umfang Wirtschafts- oder sonstige Hilfe geleistet wird. Über welche verdeckten Kanäle gelangen unter Embargo stehende Güter nach Nordkorea? Über welche Wege werden sanktionierte Im- und Exporte getätigt? Welche Firmen sind in der Region oder auch in Europa beteiligt?

Nachrichtendienstmitarbeiter machen sich daraufhin mit einem definierten Aufklärungsauftrag ihrer Regierung an die Arbeit. Zunächst versuchen sie, alles in Erfahrung zu bringen, was in Medien, Forschung und Verlautbarungen bereits zum Thema verbreitet worden ist. Aus der Wissenschaft ist diese Phase als Feststellung und Bewertung des Forschungsstands bekannt. Ohne diese Bestandsaufnahme, die sich sowohl auf die vorliegenden Forschungsergebnisse als auch auf die bisher angewandten Methoden bezieht, läuft ein eigener Forschungsansatz ins Leere und entwertet sich selbst ebenso wie die hieraus entwickelten Ergebnisse. Diese Arbeit und ihre Ergebnisse werden häufig als »Basis« bezeichnet. Im Idealfall handelt es sich hier um einen bereits über einen längeren Zeitraum angesammelten, strukturierten und immer wieder ausgewerteten Informations- und Datenbestand. Eine solche Basis ist grundsätzlich zu allen Themen von bereits seit Längerem etablierter oder absehbarer Relevanz zu erwarten. Im Fall Nordkoreas besteht der Anlass zur Sorge, Aufklärung und Lagebeurteilung bekanntlich spätestens seit 1950, sodass die involvierten Dienste über umfängliches Wissen verfügen sollten. Sorgsam gepflegtes, strukturiertes und aktualisiertes Basiswissen ist lebenswichtig für Leistungsfähigkeit und Relevanz eines Nachrichtendienstes. Die Vorstellung, man gehe einmal rasch einer Frage nach, und die damit einhergehende Enttäuschung, wenn dies dann nicht ebenso rasch zu einem »tollen« Ergebnis führt, ist ebenso unangemessen wie lebensfremd. Ein alter Auswerter in Pullach rief in solchen Fällen immer fröhlich-sardonisch: »Ham mer nix, dann schreib mer was.« In angemessenem ND-Hochdeutsch bedeutet das: »Uns liegen zwar aktuell noch keine bestätigten nachrichtendienstlichen Erkenntnisse zum angefragten Sachverhalt vor, doch können wir diesen jedenfalls schon einmal dahingehend einordnen und in seiner Bedeutung qualifizieren, dass …«

Das Hochziel eines Nachrichtendienstes ist es – genauso wie in wissenschaftlichen Einrichtungen –, das Maximum an bereits erschlossenem Wissen zur Verfügung zu haben, eben einen optimalen Forschungsstand. Was früher Bibliotheken waren, sind heute Datenbanken und Datenbasen. So auch bei einem Nachrichtendienst, der etwas auf seine Professionalität gibt. Dass sich hieraus ganz erhebliche Konsequenzen für den Umfang und die zeitliche Tiefe von Datenhaltung, Datenpflege und Datensicherheit ergeben, liegt nahe. Ein Nachrichtendienst muss ein »Gedächtnis haben wie ein Elefant«, gerade auch zu anfänglich vermeintlich randständigen oder unerheblich erscheinenden Sachverhalten und Personen. Wie dies in Einklang mit datenschutzrechtlichen Bestimmungen zu leisten ist, stellt hierbei eine der zentralen sachlichen Herausforderungen der Auftragserfüllung durch die Dienste dar. Aus der Ausgangslage, also dem »Forschungsstand«, ergeben sich dann die Wissenslücken, die es nunmehr mit nachrichtendienstlichen Mitteln zu schließen gilt.

Auch hier ergeben sich viele methodische Parallelen zum wissenschaftlichen Vorgehen. So braucht man erst einmal Quellen. Am Anfang steht somit die Frage: Wer könnte in welchen Ländern oder Organisationen etwas über die bisher unbekannten Sachverhalte wissen? Im Sprachgebrauch des Nachrichtendienstes: Wer sind die Wissensträger im Umfeld? Hiermit beginnt die Identifizierung potenzieller Quellen: das Targeting. Doch, anders als im vorangegangenen Kapitel, diesmal nicht mit dem Ziel einer gezielten Tötung, sondern mit dem der klandestinen Abschöpfung. Die Nachrichtendienstmitarbeiter, die für das betreffende Land, die Region oder den thematischen Sachverhalt zuständig sind, durchforsten ihre Archive auf der Suche nach Kontakten. Beim britischen Geheimdienst gibt es das zutreffende Sprichwort: »We never throw away a business card.« Findet sich ein potenzieller Wissensträger nicht sofort, oder ist er nicht unmittelbar erreichbar, sucht man nach Personen, über die man einen Zugang zu ihm aufbauen könnte, frei nach dem Motto: »Kennen wir jemanden, der jemanden kennt?«

Was ich hier archetypisch beschreibe, ist vornehmlich die in den meisten Diensten praktizierte Methode von Human Intelligence (HUMINT): die Beschaffung von Informationen von Wissensträgern im Sinne des Auftrags. Es handelt sich hierbei um eine der klassischen und ältesten Disziplinen der Nachrichtendienste. Ein Vorgehen, das auch den Kern des investigativen Journalismus sowie der verdeckten polizeilichen oder privatwirtschaftlichen Ermittlung ausmacht. Der qualitative Unterschied besteht letztlich neben der Zweckbestimmung des Informationserwerbs in der jeweils zulässigen Wahl der Mittel. Die Fragestellungen, um die es in der nachrichtendienstlichen Aufklärung in der Regel geht, sind vielfach so komplex oder auch intransparent, dass es den Idealfall einer einzigen Quelle, die alles weiß, nur ganz selten gibt. Genauso wie in den empirischen Wissenschaften: Jede Quelle hat in der Regel nur eine begrenzte Aussagekraft über die übergeordnete Forschungsfrage und muss gerade auch diesbezüglich richtig verstanden – weder über- noch unterbewertet – werden. Also benötigt man zur Beantwortung einer nachrichtendienstlichen »Forschungsfrage« meist mehrere Quellen, die aus verschiedenen Perspektiven mit dem Sachverhalt oder bestimmten Teilen desselben in Beziehung stehen. Das Targeting richtet sich darum häufig von Anfang an – oder im Verlauf der Operation – auf weitere Wissensträger. Erst im Verlauf der Untersuchungen ergeben sich häufig weitere Ergebnisse und Fragestellungen, die es zu verfolgen und zu ergründen gilt, bis hin zur traurigen Erkenntnis, dass man sich auf einem Holzweg befunden hat und noch einmal von vorn beginnen muss. Dies nennt man bekanntlich in akademischen Kreisen »Forschungsrisiko«. Es ist aufgrund seiner zuweilen weitreichenden – und seiner überwiegend negativen zeitlichen und materiellen Konsequenzen – in der Wissenschaft ebenso gefürchtet und verbreitet wie im Nachrichtendienst.

Der Weg zu einem Wissensträger ist häufig lang. Von »Meier« zu »Müller«, von »Müller« zu »Lehmann«, von »Lehmann« zu

»Schulze«, um es salopp auszudrücken. »Schulze« wäre in diesem Fall unser Wissensträger. Es gibt hierzu einen schönen passenden Vergleich aus dem islamischen Kulturraum, der bereits Gegenstand meiner orientalistischen Forschungen gewesen ist. Ein Großteil der historiografischen, aber auch theologischen und rechtswissenschaftlichen klassischen Literatur tradiert ihre Inhalte über sogenannte Überlieferungsketten *(isnade)*. Sie werden geprägt durch Formulierungen wie »es berichtete mir NN von NN und dieser wiederum von NN, dass sich dies oder jenes in dieser oder jener Weise zugetragen habe«. Solche *isnade* galt es bereits von Anbeginn an, in ihrer Glaubhaftigkeit und Stabilität zu validieren, um die Relevanz und Glaubhaftigkeit der so tradierten Information zu bewerten: Eine eigene Hilfsdisziplin hatte sich hierzu in den ersten beiden Jahrhunderten des Islam entwickelt, jene der biografischen Literatur (*ilm al-rijal*), der »Wissenschaft von den Männern (Überlieferern)«. Hier wurden die persönliche Kompetenz und Glaubwürdigkeit jedes einzelnen Überlieferers ebenso untersucht und dokumentiert wie die sich aus ihren Lebensläufen ergebende Möglichkeit oder Unmöglichkeit, das Wissen tatsächlich von der zitierten Quelle erhalten zu haben. Dieser personenbezogene Validierungsansatz hat sich bis in unsere Zeit gehalten, allein schon im Instrument der zeugenschaftlichen Beweiserhebung im Strafprozess.

All dies findet sich im Targeting, natürlich in abgewandelter Form und Methodik, wieder. Dennoch gilt auch heute noch: Je länger eine solche Überlieferungskette wird, desto unschärfer droht die ursprüngliche Information zu werden. Darum ist es immer ein zentrales Anliegen, sie so kurz wie möglich zu halten. Im – selten vorkommenden – Idealfall würde so am Ende des Targetings ein Nachrichtendienstmitarbeiter direkten Kontakt zum originären Wissensträger aufnehmen und ihn zur Preisgabe seines Wissens bewegen. Dieses hohe Ziel wird jedoch nur selten erreicht. Es wäre der sprichwörtliche Lotteriegewinn, ein seltener nachrichtendienstlicher Glücksfall.

Auf deutsche Verhältnisse projiziert, war der Kanzleramtsspion Günter Guillaume ein solcher Wissensträger, der dem Ministerium für Staatssicherheit der DDR von 1972 bis 1974 als persönlicher Referent des damaligen Bundeskanzlers Willy Brandt berichten konnte. Heute wissen wir, dass Guillaume bereits 1956 im Auftrag des MfS mit seiner Frau in die Bundesrepublik »geflüchtet« war und über Jahrzehnte seine Karriere in der SPD aufbaute. Für Operationen dieser Art muss sehr viel Zeit und Geld investiert werden, ohne dass deren Erfolgsaussichten garantiert sind. Viele potenzielle »Innenquellen« bleiben auf ihrem »Marsch durch die Institutionen« stecken, bevor sie überhaupt eine relevante Position erreicht haben. Hier gewinnt ein ganz banales, alltägliches Karriererisiko erhebliche nachrichtendienstliche Relevanz, die bereits über Erfolg oder Misserfolg einer Operation entscheiden kann: Wäre Guillaume nicht durch eine Verkettung für ihn glücklicher Umstände ins persönliche Umfeld von Brandt geraten, hätte er schwerlich Zugang zu vergleichbar sensitiven Informationen erhalten können. Zugleich ist eine solche berufliche wie nachrichtendienstliche Erfolgsgeschichte natürlich mit ganz erheblichen operativen Risiken verbunden. Je höher die Innenquelle aufsteigt, desto exponierter ist sie in ihrem beruflichen und persönlichen Umfeld und desto höher wird das Risiko ihrer Aufdeckung, allein schon durch die Notwendigkeit der kontinuierlichen Kommunikation mit dem Nachrichtendienst, für den sie arbeitet.

Targeting bei der Aufklärung größerer Staaten bringt es mit sich, dass es viele relevante Handlungsfelder – Politik, militärische Potenziale, Waffenentwicklungen, Wirtschaft, Ressourcen, Sicherheitslage, Stabilität und so weiter – abzudecken gilt. Das bedeutet grundsätzlich eine Vielzahl zentraler Wissensträger und relevanter Institutionen. Allein um die Forschungsarbeit des Targetings zu bewältigen, braucht man fachlich, sprach- und landeskundlich spezifisch qualifiziertes Personal in erheblichem Umfang, ein Erfordernis, das leichter zu konstatieren als personalwirtschaftlich zu erfüllen ist. Hier müssen sich Nachrichtendienste einem besonders hohen Anspruch in Personalgewinnung und -entwicklung stellen, der sich auch budgetär niederschlägt.

Ein Nachrichtendienst sollte stets ein multidimensionales, methodisch breit abgesichertes Lagebild anstreben. Ein solches erhält man nur durch die Kombination mehrerer Aufkommensarten. Als Aufkommensart bezeichnet wird im nachrichtendienstlichen Sprachgebrauch die Natur einer Quelle. Allen größeren Diensten stehen hier neben Human Intelligence noch etliche weitere Aufkommensarten zur Verfügung.

Seit dem Ersten Weltkrieg gehört Signal Intelligence (SIGINT) zum immer wichtiger werdenden Handwerkszeug von Nachrichten- und Geheimdiensten. Hierbei geht es, einfach ausgedrückt, erst einmal um Funk- und Fernmeldeaufklärung. Grundsätzlich lassen sich die technischen Signale von Funksprüchen auffangen ebenso wie jene von Telefonaten, daher der Begriff SIGINT. Wenn es um die Erfassung und Auswertung der von diesen Signalen transportierten Inhalte geht, spricht man auch von Communications Intelligence (COMINT). Diese Praxis ist bekanntlich seit Jahrzehnten Teil der nachrichtendienstlichen Aufklärung. Kurzwellenfunkverkehr – wie ihn das Militär über Jahrzehnte verwendet hat und in Teilbereichen, je nach Staat, bis heute verwendet – lässt sich relativ gut und insbesondere aus der Distanz auffangen, da die Funkwellen über leistungsstarke Sender in die Stratosphäre geschickt werden, von wo aus sie dann breit gestreut auf die Erdoberfläche reflektiert zurückkehren. Verfügt man über die entsprechende Sensorik – Antennen und dergleichen –, kann man diese Funksignale wieder einfangen, aufbereiten und auswertbar machen. Die Atmosphäre ist tatsächlich voll davon, und ein ehemaliger Abteilungsleiter der Technischen Aufklärung des BND hat einmal das anschauliche Bild eines Staubsaugers verwendet: Man müsse ihn nur in die Luft halten, um fündig zu werden. Natürlich sollte man – zumindest halbwegs – eine Vorstellung davon haben, worum es geht, wonach man sucht, die Sprache verstehen, in der kommuniziert wird, möglicherweise regionale Dialekte erkennen und noch etliches mehr.

Kryptierte – also verschlüsselte – Kommunikation stellt eine besondere Herausforderung dar. Bereits zu Zeiten des Kalten Kriegs waren viele kryptierte Funkverkehre nicht von Dritten zu entschlüsseln, es sei denn, man wäre in der Lage gewesen, die entsprechende Schlüsseltechnik nachrichtendienstlich zu beschaffen. Allein schon wegen des zeitlichen Aufwands und der geringen Erfolgsaussichten ist auch eine computergestützte nachträgliche Dekryptierung moderner Verfahren meistens keine Option, es sei denn, neueste Potenziale im Quantencomputing und in der Anwendung von künstlicher Intelligenz könnten zu dem erwarteten Quantensprung in der erforderlichen Rechenleistung führen. Selbst wenn – wie im skandalisierten Fall der ehemals im Kanton Zug ansässigen Firma Crypto AG – die Schlüsselmittel über eine groß angelegte geheime Operation von den beteiligten Diensten an zahlreiche Staaten hatten geliefert werden können, bleiben die Verfahren aufwendig und schwierig. Man benötigt für die jeweiligen Verkehrssprachen spezialisierte Kryptolinguisten, die verständliche Texte etablieren und in übersetzter Form vorlegen können. Die hierfür qualifizierten Wissenschaftlerinnen und Wissenschaftler sind in der Tat ein rares, kostbares Gut.

Manchmal reicht es aber auch nur, die aufgefangenen technischen Daten richtig zu deuten, ohne die Inhalte zu verstehen. So war im Vorfeld der sowjetischen Invasion in Afghanistan 1979 ein außergewöhnlich hohes, regional zuzuordnendes Aufkommen an militärischem Funkverkehr an der Grenze der damaligen Sowjetunion zu Afghanistan erfasst worden. Durch die über viele Jahre systematischer Erfassung und technisch-militärischer Analyse erworbene Fähigkeit, die funktechnische Identifizierung der Truppenteile und Stäbe des Warschauer Pakts, also die jeweiligen Rufzeichen, den Verbänden zuzuordnen, konnten sogar klare Aussagen über die beteiligten Streitkräfte getroffen werden. Man wusste mit einer gewissen Genauigkeit, welche Truppen aufmarschiert waren. Da keine Manöver stattfanden, konnte man ebenfalls schlussfolgern, dass mit der starken Militärpräsenz ein anderes Ziel verfolgt wurde.

Professionelle Funkverschlüsselung ist eine aufwendige und kostenintensive Technik, die in der Regel nur den höheren Befehlsstellen einer Armee vorbehalten ist. Vom Generalstab zum Divisionsstab läuft die Kommunikation mittels Funkverschlüsselung, doch schon auf Kompanieebene können Nachrichtendienste mithören, sofern ihre technischen Sensoren so disloziert oder empfindlich sind, dass sie die Signale auffangen können. Vor dem russischen Überfall auf die Ukraine im Februar 2022 kannte man in den entsprechend qualifizierten amerikanischen Diensten darum auch recht genau das Zeitfenster, in dem die russische Operation beginnen sollte. Aus vielen Details der mitgehörten Kommunikation auf niedriger Ebene ließ sich ein aktuelles Lagebild zusammenstellen. Manchmal waren dabei scheinbar nebensächliche Details von großer Bedeutung. Als ein Sanitätsunteroffizier bei einem zweiten anfragte, ob die Blutkonserven schon eingetroffen seien, war den Militärexperten klar, dass es sich dabei um die letzten Schritte zu einer realen Angriffsvorbereitung und nicht nur um eine besonders aufwendige militärische Machtdemonstration an der Grenze handeln musste.

In den ersten Monaten des Kriegs gelang es der ukrainischen Armee, überraschend viele russische Generäle und Generalstabsoffiziere zu töten. Dem Vernehmen nach – und es ist nicht unwahrscheinlich, dass es sich so auch zugetragen hat – wurde diesen der intensive Funkverkehr aus ihren Befehlsständen zum Verhängnis. Selbst wenn er kryptiert und die Stellungen gut getarnt waren, lag die entscheidende Schwachstelle darin, dass von dort aus viel und häufig kommuniziert werden musste. Folglich dringen selbst bei der ansonsten besten Abschirmung und Tarnung elektronische Emissionen in hoher Konzentration nach außen. Wenn geeignete Sensoren für deren Erfassung zur Verfügung stehen, kann der Gegner, auch wenn er den Inhalt nicht verstehen kann, ermitteln, von wo gesendet wird. Als Nächstes muss er nur noch die technisch identifizierten Zielkoordinaten an seine Artillerie oder Cruise Missiles weiterleiten.

Heutzutage sind die technisch entsprechend qualifizierten Dienste im Rahmen von Signal Intelligence auch im Cyberraum unterwegs und sehen sich dort den Herausforderungen einer exponentiell wachsenden globalen Kommunikation gegenüber. Technisch ist das unbemerkte operative Eindringen in eine Cyberverbindung deutlich anspruchsvoller als das Abhören von Kurzwellenfunkverkehr. Die riesigen Datenmengen der Cyberkommunikation werden über Glasfaserkabel, Fernmeldezentralen und Internetknotenpunkte verschickt. Wenn ein Nachrichtendienst dort unbemerkt mithören, mitlesen oder zusehen möchte, braucht er – zumindest teilweise – einen physischen Zugang zu den entsprechenden Objekten oder Liegenschaften, um mit seinen Sensoren dort anzudocken. Dass man dies nur selten mit einer offiziellen Anfrage im Zielland erreichen kann, versteht sich von selbst, es sei denn, die technischen Zugriffsmöglichkeiten bestünden im Einflussbereich eines verbündeten oder befreundeten Staats. Beim Versuch, verdeckten technischen Zugang zur Fernmeldeinfrastruktur eines Landes, insbesondere durch Implantierung geeigneter Sensoren an geeigneten Stellen, zu gewinnen, begeben sich Nachrichtendienstmitarbeiter oder die von ihnen angeworbenen Helfer auf illegales, zumeist hoch strafbewehrtes Terrain und somit in nicht unerhebliche persönliche Gefahr.

Abhalten tut es sie letztlich nicht, auch wenn die technische Abschöpfung aus sicherer Entfernung das allseits favorisierte Mittel der Wahl ist. Spätestens seit den Enthüllungen Edward Snowdens, der bis 2013 als Computerexperte einer Fachfirma für die NSA und CIA gearbeitet hatte, dürfte jedem klar sein, dass die Privatheit elektronischer Kommunikation eine reine Glückssache ist. Die meisten Menschen scheint das wenig zu stören, denn sie bewegen sich zunehmend privat wie beruflich in einer virtuellen Welt. Tatsächlich sind etwa 99,99 Prozent der globalen Kommunikation – zumindest aus der Sicht eines Nachrichtendienstes – irrelevant und harmlos, doch die verbleibenden 0,01 Prozent sind umso gefährlicher. Es ist ebenso selbstverständlich wie naheliegend, dass Terrorgruppen und kriminelle Organisationen, aber auch staatliche und halbstaatliche Akteure den Cyberraum für ihre dunklen Machenschaften in gleicher Weise nutzen wie die Mehrheit der – mehr oder weniger – rechtstreuen Menschheit.

Die Kunst besteht wieder einmal darin, Wichtiges von Unwichtigem zu unterscheiden. Angesichts der gewaltigen Datenmengen stehen alle Dienste und Sicherheitsbehörden vor einer fast unlösbaren Herausforderung. Das aktuelle Kommunikationsvolumen lässt sich nirgendwo auch nur ansatzweise abspeichern und sichten. Die NSA hat Milliarden in ein riesiges Datenzentrum in Utah investiert, das Intelligence Community Comprehensive National Cybersecurity Initiative Data Center, mit dem Spitznamen »Bumblehive«. Der »Bienenstock« besitzt ein projektiertes Datenvolumen in der nicht vorstellbaren Dimension von Zettabytes und einen aktuell angesetzten Stromverbrauch von 65 Megawatt, so viel wie eine kleinere Großstadt. Auch dies wird allerdings nur einen Bruchteil des weltweiten Kommunikationsvolumens von 64 Zettabytes im Jahr 2020 und projektierten 181 Zettabytes in Jahr 2025 abbilden, geschweige denn prozessieren oder gar analysieren können. Für die Dienste besteht die große Frage darin, was genau sie überhaupt aus dem weltweiten Strom an digitaler Kommunikation erfassen und wie sie dann aus Quadrillionen von Metadaten relevantes Material herausfiltern sollen.

Das bloße Sammeln von Daten ist eine Sackgasse. Man besitzt sie dann zwar, kann aber trotzdem nichts mit ihnen anfangen. Man denke nur an die Stasi und ihre berüchtigte, damals noch überwiegend analoge Sammelwut und die verstaubten Archive. Alles zu haben heißt noch lange nicht, alles zu wissen, geschweige denn zu verstehen. Allmachtsfantasien wie Allmachtsbefürchtungen sind hier mithin überwiegend fehl am Platz, nicht zuletzt da überwältigendes Datenvolumen ohne angemessene Prozessierungskapazität in der Regel zu Handlungsunfähigkeit führt. Dennoch bleiben klare Vorbehalte in Bezug auf die Wahrung elementarer Persönlichkeitsrechte, denen energisch Geltung verschafft werden muss, um selbst ein global gesehen nur sehr sektorales und eher flüchtiges »Big Brother is watching you«-Syndrom zu vermeiden. Keine leichte Aufgabe, die letztlich nur in der Kombination von starker aufgabengerechter Befähigung mit nachgeschalteter, aber zeitnaher strikter Kontrolle der Prozesse erfolgreich sein kann, die Missbrauch verhindert und mögliche Fehler umgehend aufklärt und heilt. Ein rein präventiv nur an der möglichen Gefährdung von Rechtsgütern orientiertes Vermeidungsverhalten führt dagegen faktisch zur Selbstlähmung und Aushebelung des elementaren Schutzzwecks. Die Briten haben hierfür einen eingängigen Slogan entwickelt: *Strong capabilities need strong oversight.* Zunächst jedoch gilt es, diese *strong capabilities* überhaupt zu haben, bevor man sie dann einer *strong oversight* zuführen kann.

Bei der Fernmeldeaufklärung setzt der BND bekanntlich wie alle Dienste gezielt Filter oder Selektoren ein, allein schon um Datenmengen in einigermaßen bewältigbaren Grenzen zu halten und nach technischen wie thematischen Relevanzkriterien zu sortieren. Zugleich sollen auf diese Weise auch automatisch rechtlich unzulässige Datenkategorien von vornherein ausgeschlossen werden. Wenn bestimmte auftragsgerechte Parameter – wie einzelne Begriffe oder elektronische Signaturen – auftauchen, schauen sich Mitarbeiter dieses Aufkommen genauer an. Auch unter dem Aspekt der Zeitgerechtigkeit wird in Zukunft in diesem Bereich mehr und mehr auf künstliche Intelligenz vertraut werden müssen. Sich im Cyberraum zu bewegen ist eine der großen Herausforderungen der »guten neuen Zeit«, und die Nachrichtendienste setzen sich intensiv damit auseinander, denn viele entscheidende Entwicklungen werden heutzutage in eben diesem Cyberraum vorbereitet und in immer dynamischerem Maß auch durchgeführt.

Längst nicht alles, was im Cyberraum geschieht, ist geheim, verboten oder verborgen, sondern – wie das Lesen einer Zeitung – *public.* Als ich beim Nachrichtendienst anfing, gab es bereits Open Source Intelligence (OSINT). Das war seinerzeit sämtliches publiziertes Wissen: Zeitungen, Literatur, Fernsehen, Radio – alles, was öffentlich zugänglich war. Schlimmstenfalls fiel noch die sogenannte graue Literatur darunter, Werke, die in Sowjetzeiten auch als Samisdat (Selbstverlag) bezeichnet und unter dem Ladentisch verkauft wurden. Will sich ein Dienst über eine Region, ein Land oder einen Sachverhalt informieren, gehört Open Source Intelligence bereits in der Anfangsphase zu den notwendigen Quellen. Nur dass es im Zeitalter digitalisierter globaler Kommunikation wesentlich mehr Möglichkeiten gibt, als beispielsweise eine Regionalzeitung aus irgendeinem abgelegenen Winkel der Welt zeitverzögert zu lesen.

Aus dem OSINT-Ansatz hat sich schließlich auch die Social Media Intelligence (SOCMINT) als Teildisziplin entwickelt, die inzwischen eine eigene Identität und nachrichtendienstliche Bedeutung gewonnen hat. Twitter, Facebook, Instagram und so weiter sind in erster Linie öffentlich zugängliche Kommunikationsplattformen. Sie dienen in der Regel nicht der Aufbereitung von Information zu größeren Sachzusammenhängen, sondern transportieren allenfalls solche zuvor in anderen Open-Source-Medien zusammengestellte Inhalte. Aber auch in diesen flüchtigen dynamischen Kommunikationsräumen lassen sich bei Einsatz einer geeigneten Software durchaus relevante Erkenntnisse und Hinweise gewinnen. Möchte man beispielsweise etwas über die politische Stimmung in einer bestimmten Provinz eines potenziell instabilen Staats erfahren, können regierungskritische oder gar militante Posts allein schon in ihrer Summe durchaus aufschlussreich sein. Wenn ein regierungskritischer Beitrag mit Tausenden oder gar Millionen von Likes gewürdigt wird, sagt das sehr viel über die politische Situation aus. Wenn sich Likes dann noch regional zuordnen lassen, können entstehende Krisen-Hotspots ermittelt werden. Die Analyse des Kommunikationsverhaltens dieser Art kann bis zur Erfassung und Weiterverfolgung von Unruhen und revolutionären Trends gehen.

Im Arabischen Frühling hat es viele Nachrichtendienste überrascht, wie schnell die Jugend im Nahen und Mittleren Osten grenzübergreifend mittels Social Media miteinander kommunizieren konnte. Die Ereignisse in Tunesien im Oktober 2010 hatten binnen wenigen Tagen und Wochen gravierende direkte Auswirkungen auf die Lage in Ägypten. Der sprichwörtliche revolutionäre Funke war über Social Media grenzüberschreitend übergesprungen. Dabei ging es nicht nur darum, Berichterstattung oder auch Propaganda zu verbreiten, sondern auch ganz handfest um operative Kommunikation bei der Organisation von Protesten. Es muss der Albtraum der Sicherheitsdienste in einem der betroffenen Länder gewesen sein: regelfreie Kommunikation in den Händen von revolutionären Massen. Doch diese Regelfreiheit und wahllose Zugänglichkeit macht natürlich auch die Social-Media-Nutzer angreifbar, sobald entsprechende technische Mittel zum Monitoring geschaffen worden sind. Wenn jemand mit seinem Smartphone Bilder macht und sie postet, weiß ein entsprechend ausgestatteter Dienst anhand der Meta- und Geodaten genau, wann sich die Person an welchem Ort aufgehalten hat.

Solche Fähigkeiten stehen nicht nur Nachrichtendiensten zur Verfügung; sie sind frei auf dem Markt erhältlich beziehungsweise werden eigenständig in spezialisierten Start-ups und Firmen weiterentwickelt, hauptsächlich zur gezielten Konsumbeobachtung und Analyse. In gleicher Weise können jedoch auch Unternehmen wie Palantir oder investigative Plattformen wie Bellingcat zu eindrucksvollen Ergebnissen von nachrichtendienstlicher Qualität gelangen. Datierbare und lokalisierbare Augenzeugenberichte ermöglichen entscheidende erste Rückschlüsse auf Ereignisse, die sich herkömmlicher Beobachtung durch Medien allein schon aufgrund mangelnder Präsenz am Ort des Geschehens entziehen. Im Ukraine-Krieg hat so bereits früh bei der Aufklärung von Kriegsverbrechen mittels dieser Quellen vorermittelt werden können. Ungeschützte Kommunikation über Social Media liefert häufig »frei Haus« handfeste Hinweise. Bei der russischen Militäroperation zur Unterstützung des Assad-Regimes im syrischen Bürgerkrieg seit September 2015 zeigten immer wieder »Hallo Mama«-Tweets fröhliche Soldaten vor ihrem Kriegsgerät und syrischer Kulisse. In ihrer Summe hatten allein schon diese frei erhältlichen Bilder Indizwirkung für weitere, anspruchsvollere Aufklärungswege. Von vergleichbarer Relevanz war SOCMINT bei der Aufklärung von organisierter illegaler Migration aus Westafrika über Libyen. Sowohl handelnde Personen als auch die Vorbereitung von Schleusungen selbst konnten, meist in Kombination mit Satellitenbildern oder Luftaufklärung, klare Erkenntnisse zu entsprechenden Vorhaben liefern.

Aufklärung im Cyberraum und Social Media Intelligence sind ein Graubereich, in dem sich die Nachrichtendienste zwischen legaler und illegaler Aufklärung bewegen müssen. Zwar ist alles, was sich dort finden lässt, publik, doch je nachdem, wie personenbezogene Daten verwendet werden, wird es, zumindest in Europa – allein schon unter den Aspekten der Vorratsdatenspeicherung und des Datenschutzes –, problematisch.

Die technische Modernisierung hat uns tatsächlich von Social Media bis zur Satellitenaufklärung viele, auf unterschiedliche Weise effektive, Informationsmittel an die Hand gegeben. Imagery Intelligence (IMINT), wozu auch die weltraumgestützte Satellitenaufklärung gehört, ist wie Signal Intelligence keine junge Disziplin. Sie hat sich eben nur vom Fesselballon, aus dem der Beobachter mit der Handkamera ein wackeliges Foto der gegnerischen Stellungen macht, technologisch extrem weiterentwickelt. Bemannte Aufklärungsflugzeuge, unbemannte Drohnen und Satelliten sind heutzutage zwar auch keine bahnbrechenden Neuerungen mehr, aber man hat diese Technologien, insbesondere auch im Bereich der Sensorik, in den vergangenen Jahren immens verbessert. Neu ist unter anderem, dass man – gemeint sind die USA und Staaten oder auch Konzerne, die im Besitz dieser Möglichkeiten sind – aufgrund der schieren Zahl an Satelliten beinahe eine Realtime-Abdeckung des gesamten Planeten hat. Während die indische Regierung in den 1970er-Jahren ihr Nuklearprogramm aufbaute, hat sie ihre Aktivitäten auch dadurch verborgen, dass sie die Flugbahnen der relativ wenigen Satelliten berechnete und immer dann die einsehbaren Arbeiten an den entsprechenden Standorten einstellte, wenn ein Überflug stattfand. So konnten die Nachrichten- und Geheimdienste viele entscheidende Schritte in der nuklearen Aufrüstung nicht detektieren. Heute wäre das wohl kaum mehr möglich wegen der wesentlich höheren Abdeckung, aber auch aufgrund der fortgeschritteneren Ausstattung der Aufklärungssatelliten, die wesentlich mehr liefert als ein visuelles Abbild der Erdoberfläche.

Die nachrichtendienstlich genutzten Aufklärungsplattformen – Satelliten, Drohnen und Aufklärungsflugzeuge – haben eine Sensorik, die ein breites Spektrum von Signalen und physikalischen sowie chemischen Emissionen aufspüren kann. Hier sprechen wir von Measurement Intelligence (MASINT). Durch die Gesamtheit der zusammengeführten Erkenntnisse aus Satellitenaufklärung in Verbindung mit terrestrischen technischen und menschlichen Aufkommensarten entsteht schließlich Geospatial Intelligence (GEOINT). Ob es sich nun um ein verstecktes Drogenlabor, ein unterirdisches Raketensilo oder eine getarnte Chemiewaffenfabrik handelt, vieles davon kann heute zumindest theoretisch erfasst, lokalisiert, qualifiziert und quantifiziert werden. Ich sage bewusst »theoretisch«, denn auch hier spielt die Massendatenverarbeitung eine entscheidende Rolle. Kein Nachrichtendienst der Welt hat genügend Mitarbeiter, um in Echtzeit die Satellitenabdeckung global mitzuverfolgen. Man muss zumindest vorab wissen, wo man hinschauen soll, sonst nützt einem in dieser Hinsicht die beste Sensorik nichts.

Wie so oft sind die amerikanischen Dienste auch in diesem Bereich weit voraus. Die National Geospatial Intelligence Agency (NGA) ist mit der Auswertung der Satellitenaufklärung betraut.

Ihr erklärtes Ziel ist es, eine umfassende Abdeckung in globalem Maßstab zu erreichen. Eine vergleichende Auswertung ist in diesem Fall ebenfalls nur mit künstlicher Intelligenz möglich. Tatsächlich kann KI, wenn sie über eine entsprechende Datenbasis verfügt und mit geeigneten Algorithmen ausgestattet ist, in Millisekunden eine spezifische Abweichung in Geospatial Data erkennen, die darauf hindeutet, dass dort etwas geschieht oder geschehen ist. Signifikante Abweichungen lösen Alarm aus, ein Mitarbeiter schaut sich das daraufhin genauer an und veranlasst gegebenenfalls weitere spezifische Analyseschritte oder bereits erforderliche aktive Maßnahmen. Von Umweltschäden bis zu Truppenaufmärschen, zerstörten Panzern oder ziviler Infrastruktur in der Ukraine lässt sich alles in Echtzeit mitverfolgen, dokumentieren und analysieren. Bis hin zu detaillierten Schadensbewertungen als Grundlage für international unterstützte Wiederaufbauprogramme, wie etwa im Fall des GEOINT-basierten »Damage assessment and reconstruction monitoring of urban areas in Syria« der Europäischen Union, die das mit ihrem eigenen Copernicus-Satellitenprogramm leisten kann.

HUMINT, SIGINT, SOCMINT et cetera sind die nachrichtendienstlichen Disziplinen im Sinne des eingangs von mir beschriebenen Forschungsauftrags. Bei der Anwendung dieser Beschaffungsarten und Methoden gibt es allerdings einen ganz wesentlichen Unterschied zum Wissenschaftler: Geheime Nachrichtendienste begeben sich mitunter bewusst in den Bereich der Illegalität und verstoßen gegen die Gesetze des Ziellandes, um Informationen zu erhalten. Ein Forscher dagegen bricht – zumindest im 21. Jahrhundert eher weniger – in Bibliotheken und Museen ein und stiehlt »Wissen«. Genau das ist aber – im übertragenen Sinne – ein Teil dessen, was Nachrichtendienste tun. Das Bundesverfassungsgericht hat dies in seinem Urteil vom 19. Mai 2020 in wohlgesetzten Worten formuliert: »Dabei muss die Aufklärung im Interesse der Handlungsfähigkeit und Sicherheit der Bundesrepublik Deutschland insbesondere auch an Informationen gelangen können, die ihr – möglicherweise in nachteiliger Absicht – gezielt vorenthalten und in der Hoheitssphäre des Drittstaats geheim gehalten werden. Die Maßnahmen der Aufklärung können zudem nach dem Recht des Zielstaats nicht selten illegal, jedenfalls oft unerwünscht sein. Dabei ist der Dienst zugleich mit den Abwehrtätigkeiten der Zielländer konfrontiert, die die Aufklärung ihrerseits mit polizeilichen und nachrichtendienstlichen Mitteln behindern und zu hintertreiben suchen. Die Arbeit ist damit besonders gefährdet und prekär und auf außergewöhnliche Mittel verwiesen.« (Randnummer 159)

Aus diesem Grund ist es auch von großer Bedeutung, wie man mit der Deklassifizierung – der Veröffentlichung – geheimer Informationen verfährt. Im Ukraine-Krieg haben die USA und Großbritannien offensichtlich auf nachrichtendienstlichen Erkenntnissen beruhende Bewertungen zu russischen Truppenbewegungen, militärische Absichten, Verluste und mögliche Kriegsverbrechen veröffentlicht. Ich bin mir sicher, die Dienste haben wesentlich mehr und detaillierter nachvollziehen und analysieren können, als das, was preisgegeben wurde. Es handelte sich lediglich um eine Präsentation von Fakten, bei denen man davon ausgehen konnte, dass die Russen ebenfalls wussten, dass sie den westlichen Diensten bekannt sein mussten. Man verliert durch die Veröffentlichung solcher Informationen operativ wenig bis nichts, und genau das ist der entscheidende Punkt.

Generell gibt es bei der Preisgabe von klassifiziertem Wissen zwei ganz wesentliche Elemente der Geheimhaltung. Zuerst einmal darf ein Dienst seine Methoden nicht aufdecken, und zweitens – mindestens genauso wichtig – darf er dem Gegner nicht zeigen, was er mit welchem Grad der Gewissheit und Detailliertheit weiß, um auf diese Weise seinen Wissensvorsprung und damit seinen Vorteil in der Konkurrenz- oder Konfliktsituation zu behalten. Geheimhaltung ist somit kein Selbstzweck. Sie dient auch dem Schutz der eigenen menschlichen und technischen Quellen, deren Verlust persönlich wie in der Sache tragische Konsequenzen nach sich ziehen kann. Geheimhaltung zur Wahrung der eigenen Handlungsoptionen und zum Schutz der eigenen Quellen und Methoden ist damit keine alberne oder gar verantwortungslose Heimlichtuerei, solange sie legitimen Zielen der staatlichen Sicherheits- und Zukunftsgewährleistung für die Menschen dient, die im Verantwortungsbereich des Staates leben. Diese Maßgaben sind Teil der Verantwortungs- und Handlungsethik von Nachrichtendiensten. Regierungen, denen sie unterstellt sind, handeln jedoch manchmal aus politisch-operativen Gründen anders – und nicht immer aus den besten Motiven.

Auf unschöne Weise spektakulär war in diesem Zusammenhang der Fall der Quelle Curveball um die Jahrtausendwende. Curveball war ein irakischer Ingenieur, der in der Bundesrepublik Asyl gesucht hatte und im Zuge seines Aufenthaltsbegehrens von Angehörigen des BND befragt wurde. Der Mann hatte nachweislich berufsbedingte Kenntnisse über das irakische C-Waffen-Programm, und darum besaßen seine Aussagen anfangs Plausibilität und sachliche Relevanz. Als Saddam Hussein den Inspektoren der UN, die im Irak nach einem Nuklearwaffenprogramm fahndeten, den weiteren Zugang zum Land verwehrte, waren wieder verstärkt die Nachrichtendienste mit dieser Frage befasst. Sämtliche Quellen brachten keine tragfähigen Ergebnisse. Was so viel hieß, dass es entweder keine Atomwaffen gab oder dass sie sich nur nicht finden ließen. Saddam Hussein spielte mit diesen Zweifeln und der Verunsicherung, die er damit in der westlichen Staatengemeinschaft verursachte. Dem Diktator kam es gelegen, dass man ihn verdächtigte, den Irak zur

Atommacht aufrüsten zu wollen, weil er darin sein Image als Herrscher einer Regionalmacht aufgewertet sah.

Die diesbezügliche breite Medienberichterstattung blieb auch Curveball nicht verborgen, der hier eine Chance für die Aufwertung seiner Position als Informationsgeber mit den erhofften Konsequenzen für Asyl und materielle Absicherung sah. Doch im Gegensatz zu seinen fachlich nachvollziehbaren und substanziierbaren Aussagen über das Chemiewaffenprogramm waren seine Berichte zum Nuklearprogramm und zu mobilen B-Waffen-Laboren ziemlicher Humbug. Beim BND erkannte man das bald und schloss die Befragungsakte. Als die Amerikaner jedoch im Jahresverlauf 2002 eine völkerrechtliche Legitimation für einen Krieg mit dem Irak suchten, wurden selbst Curveballs verworfene Geschichten auf einmal wieder interessant. Die CIA beschloss, ihn erneut befragen zu lassen, diesmal jedoch mit dem Ziel, »zweckdienliche«, möglichst eindrucksvolle Aussagen zu erhalten. An diesem Punkt kam der manipulative Aspekt ins Spiel. Unter rein handwerklichen Gesichtspunkten war zu keinem Zeitpunkt zu leugnen, dass Curveball in diesen Fragen nicht aussagefähig und folglich auch nicht vertrauenswürdig war.

Die Amerikaner handelten jedoch nach dem Motto »Wir machen die Wirklichkeit« und benutzten seine unhaltbaren Aussagen ungeachtet ihrer auch in der dortigen Intelligence Community bekannten mangelnden fachlichen Substanz und nachrichtendienstlichen Betätigung vor der UN-Vollversammlung zur Begründung des Kriegs. Später haben sich in den USA wie in Großbritannien Untersuchungsausschüsse im parlamentarischen Auftrag damit befasst und ihre Ergebnisse veröffentlicht. Letztendlich kam man zu dem – hoffentlich lehrreichen – Schluss, dass es sich hier um den politischen Missbrauch von Nachrichtendiensten durch die eigenen Regierungen gehandelt hatte – und keinesfalls umgekehrt. Im Gegensatz zum angestrebten *intelligence led policy decision making* war dies ein Fall von *policy led intelligence disinformation*. Politisch handelte man in Washington und London seinerzeit im guten Glauben an eine Mission, an die moralische Richtigkeit des eigenen Tuns. Die »Achse des Bösen« war zu zerschlagen, *nation-building* auf demokratischer Grundlage zu betreiben. Die verhängnisvollen Folgen für die betroffenen Staaten sind bekannt. Die Nachrichtendienste mussten zur Kenntnis nehmen, dass es die eigenen Regierungen waren, die ungeachtet aller Ergebnisse der parlamentarischen Untersuchungsausschüsse zu einer schwerwiegenden Beeinträchtigung ihrer Glaubwürdigkeit gerade auch in der Öffentlichkeit beigetragen hatten.

Abschließend möchte ich – gerade im Kontext der Dimensionen nachrichtendienstlichen Handelns – eine zentrale Verantwortung der Dienste herausstellen. Diese besteht darin, relevante Erkenntnisse bei den Entscheidungsträgern rechtzeitig zur Kenntnis und wo immer möglich zur Geltung zu bringen. Hierzu gehört auch, definiertes Nichtwissen darzulegen, zu begründen und zu kontextualisieren. Erfahrungsgemäß können wir nicht davon ausgehen, dass dies immer gelingt, doch es gehört zur Sorgfaltspflicht des Dienstes gegenüber seinen Abnehmern, dass diese Informationen und Bewertungen zeitgerecht und in einer im Entscheidungsprozess verwertbaren Form verfügbar sind. Hier müssen die Mitarbeiter sicherstellen, dass Berichterstattung nicht einfach nach dem Prinzip *fire and forget* auf den Weg gebracht, sondern tatsächlich auch dort ankommt und wahrgenommen wird, wo Handlungsbedarf besteht. Hier muss nötigenfalls mit der angemessenen Nachhaltigkeit, Hartnäckigkeit und Geschicklichkeit vorgegangen werden. Gerade wenn es sich um unbequeme oder gar unwillkommene Wahrheiten handelt, muss es doch immer um das Prinzip *speaking truth to power* gehen. Vieles, von dem später gerne gesagt wird, man habe es nicht gewusst, man habe sich getäuscht, man sei wohl naiv gewesen, hätte man eben doch wissen können – ja, sogar wissen müssen –, wenn die Entscheidungsträger die entsprechenden Innenansichten und Informationen der Nachrichtendienste zur Kenntnis und ernst genommen hätten.

KAPITEL 11

Ansichten von außen und Perspektiven von innen

Im Inneren des Palasts hüllt mich das Gemurmel unzähliger Stimmen ein. Nach der Hitze, die sich schon früh am Morgen über Damaskus ausbreitet, ist es in dem Marmorbau angenehm kühl. Der »Palast des Volkes« liegt auf einem Hügel, meistens weht daher ein Luftzug um die monumentale Architektur. So weit das Auge reicht, sehe ich Männer in schwarzen Anzügen, auch die anwesenden Damen sind dem Anlass entsprechend in dunkle Farben gekleidet. Ich bin einer von Hunderten, die im Juni 2000 an der Trauerfeier für den verstorbenen syrischen Staatspräsidenten Hafiz al-Assad teilnehmen. Die meisten Regierungen haben hochrangige Vertreter nach Damaskus geschickt. Irgendwo sehe ich die amerikanische Außenministerin Madeleine Albright, dann betritt der französische Präsident Jacques Chirac den Palast. Die Bundesrepublik wird durch Außenminister Joschka Fischer vertreten. Funktionsbedingt halte ich mich in der dritten oder vierten Reihe auf und interessiere mich mehr für die Hintergründe des Geschehens.

Seit 1998 bin ich als Resident des BND in Damaskus. Damit bezeichnet man beim Nachrichtendienst in der Regel einen Mitarbeiter, der im Ausland die Interessen seiner Behörde bei den Diensten des Gastlandes vertritt. Meistens tut er dies – so auch in meinem Fall – als Angehöriger der Botschaft und hat Diplomatenstatus, dem er in seinem Auftreten und seinen Aktivitäten zu entsprechen hat. Dies umso mehr, als er neben der üblichen Anmeldung als Botschaftsangehöriger beim Außenministerium auch bei den örtlichen Sicherheitsbehörden als Nachrichtendienstmitarbeiter akkreditiert ist und sich nur mit deren Genehmigung im Land aufhält. In einem Staat mit ausgeprägten Überwachungsstrukturen läuft man dann mit einem Schild um den Hals herum, auf dem »Vorsicht, Spion« stehen könnte. Auch das Gefühl, man sei nie wirklich ganz allein – auch nicht zu Hause –, sollte man im eigenen Interesse nicht allzu sehr verdrängen, ohne dabei allerdings in Paranoia zu verfallen. Dieser Balanceakt ist auf Dauer nicht immer leicht aufrechtzuerhalten und gelingt nur bei einigermaßen gefestigter Psyche und gesundem Menschenverstand. Von dieser Position als offiziell angemeldetem, »legalem Statusresidenten« sind begrifflich die Funktionen des »illegalen Statusresidenten« beziehungsweise des »legalen Nichtstatusresidenten« zu trennen. Die Unterscheidung ist einfach: Der illegale Statusresident hat zwar formal den Diplomatenstatus, ist jedoch nicht bei einem der Dienste angemeldet und damit »illegal« oder undercover im Einsatz. Das funktioniert nur, wenn das eigene Außenministerium diese Präsenz duldet. Völkerrechtlich ist es problematisch, da nachrichtendienstliche Tätigkeit unter diplomatischer Abdeckung gegen das Gastland nach dem Wiener Übereinkommen über das Recht der diplomatischen Vertretungen von 1961 unzulässig ist und einen Ausweisungsgrund darstellt. Einmal ertappt, kann der oder die Betroffene als Persona non grata des Landes verwiesen werden. Der Diplomatenstatus schützt allerdings vor Verhaftung und Verurteilung im Gastland. Für die Reputation einer Botschaft und des diplomatischen Dienstes im Allgemeinen sind diese Fälle abträglich, jedoch in Staaten mit einer starken Position der Nachrichtendienste durchaus verbreitet. Der legale Nichtstatusresident ist wiederum ein Nachrichtendienstler, der bei einem Dienst im Aufenthaltsland als Verbindungsbeamter akkreditiert ist, jedoch keinen Diplomatenstatus besitzt, sondern zum Beispiel als Geschäftsmann agiert. Allzu häufig kommt diese Variante nicht vor, sie ist meist spezifischen politischen Bedingungen im Gast- oder Herkunftsland geschuldet.

Mein Posten als »legaler Statusresident« in Damaskus galt als schwierig. Die syrische Regierung hatte in den Achtzigerjahren Oppositionelle in Deutschland durch ihre Geheimdienste beobachten und verfolgen lassen. Bis zum Ende des Kalten Kriegs waren die syrischen Dienste privilegierte regionale Partner des Ministeriums für Staatssicherheit der DDR gewesen. Die syrische Botschaft in Ostberlin galt als ein wichtiger Stütz- und Ausgangspunkt für operative Aktivitäten im Westen. Zum Beispiel 1983 beim Bombenanschlag auf das »Maison de France« in Westberlin. Der Mordanschlag auf den in Aachen lebenden prominenten syrischen Muslimbruder Issam al-Attar im Jahr 1981 wurde ebenfalls einem der syrischen Dienste zugerechnet. Kein Wunder also, dass die Aufnahme bilateraler nachrichtendienstlicher Beziehungen einen guten Grund benötigte. Dieser Schritt wurde letztlich erst im Frühsommer 1987 im Zuge der deutschen Bemühungen um die Freilassung der in Beirut entführten Deutschen Cordes und Schmidt über ebenso hochrangige wie informelle deutsche politische Kontakte zum syrischen Regime eingeleitet und vollzogen. Die syrischen Dienste sollten hier im Hintergrund helfen. Auf der anderen Seite gehörten international breit ausdifferenzierte, sich im Grunde gegenseitig ausschließende und daher auch nur unter Geheimhaltung anzubahnende und wahrzunehmende nachrichtendienstliche Kontakte zur politischen Lebensversicherung des syrischen Regimes. Neben den klassischen Aufgaben der Informationsbeschaffung, Analyse oder gar geheimdienstlicher Einflussnahme bis hin zu Gewalttaten im staatlichen Auftrag zählte daher Geheimdiplomatie immer wieder zum syrischen Repertoire.

Nach der Wiedervereinigung und den machtpolitischen Umwälzungen im Gefolge der Auflösung des Ost-West-Konflikts, die ihren Ausdruck auch im Krieg zur Befreiung Kuwaits von irakischer Besatzung zu Jahresbeginn 1991 fanden, musste sich Syrien dann ohnehin neu orientieren. Die Sowjetunion und der Warschauer Pakt waren weggefallen. Nach Lösung der Entführungsfälle und einiger anderer »Flurbereinigungen« wie der Ausweisung des international gesuchten Terroristen Carlos 1991 stand das Land nicht an oberster Stelle auf der außen- und sicherheitspolitischen Agenda der neuen gesamtdeutschen Bundesregierung.

Die Erschließung und Auswertung der Stasi-Unterlagen brachten zusätzlich immer wieder wenig erfreuliche Erkenntnisse zur syrisch-ostdeutschen Kollusionen zutage. Kooperationsprojekte mit Syrien waren folglich mit Vorsicht zu genießen und wurden nicht forciert. Es war daher nicht verwunderlich, dass sich in Damaskus eine gewisse Enttäuschung breitmachte, da man geglaubt hatte, für die eigenen Bemühungen fassbare und auf längere Sicht tragfähige Gegenleistungen zu bekommen. 1998 stand es darum mit den bilateralen nachrichtendienstlichen Beziehungen – diplomatisch gesprochen – nicht zum Besten. Beide Staaten wollten die Kontakte aber auch nicht gänzlich einschlafen lassen. Da war guter Rat teuer. Ich kannte ja Land und Leute als Islamwissenschaftler und kurzzeitiger Militärattaché in Damaskus ganz gut. Es war also naheliegend, dass die Wahl auf mich gefallen war.

Mit dem Tod von Hafiz al-Assad ist eine Ära zu Ende gegangen. Seit seiner Machtübernahme durch einen Militärputsch 1971 haben er und die Baath-Partei Syrien regiert. Baschar al-Assad, Sohn des Verstorbenen, wird dessen Nachfolge antreten. Einer der Gründe, aus dem die Vertreter der internationalen Staatengemeinschaft so zahlreich und hochrangig zu den Trauerfeierlichkeiten erschienen sind, ist, dass man in Baschar al-Assad so etwas wie einen möglichen Hoffnungsträger sieht. Jemanden, mit dem in Syrien ein Neuanfang in Richtung Liberalisierung, Modernisierung und Westorientierung beginnen könnte. Der Westen will ihm zu verstehen geben, dass er sich als Partner anbiete und es eine Alternative zur Achse Beirut-Damaskus-Teheran gebe.

Einige äußere Anzeichen können zunächst zu dieser optimistischen Annahme ermutigen. Der neue Staatspräsident ist mit 34 Jahren relativ jung und gehört einer neuen Generation der syrischen Machtelite an. Außerdem machte er nicht etwa Karriere in Armee oder Geheimdienst, sondern studierte in Damaskus und London Medizin. In England bildete er sich von 1992 bis 1994 am Western Eye Hospital in London als Augenarzt weiter und lernte seine spätere Frau Asma Fawaz al-Akhras kennen. Besonders die Verbindung mit der in London aufgewachsenen, aus reicher syrischer Familie stammenden mondänen Finanzanalystin bestärkt die Annahme, dass sich Syrien unter dem Einfluss des jungen Assad und seiner First Lady in Richtung Westen öffnen könnte. Man müsse hier nur entsprechende Anreize und Ermutigungen bieten. Der Vater Hafiz al-Assad hatte in Syrien mithilfe von Armee und Geheimdiensten diktatorisch und mit drakonischen Mitteln regiert. Auch ein ausgeprägter Personenkult um ihn war aufgebaut worden, und man konnte dem Antlitz des Staatspräsidenten nicht entgehen, wenn man sich in Syrien aufhielt. Keine Amtsstube, keine Schule, kein öffentliches Gebäude, in dem nicht sein Abbild an der Wand hing. Die zentralen und weniger zentralen Plätze der Städte und Dörfer waren mit Standbildern Assads geschmückt. Überall war die Aufschrift »al-Assad ila'l-Abad« (Assad für ewig) zu lesen. Baschar al-Assad galt lange Zeit nicht als Nachfolger seines Vaters. Diese Rolle fiel traditionell ebenso wie nach »Eignung und Leistung« dem Erstgeborenen, Basil al-Assad, zu. Doch der starb 1994 bei einem Autounfall, und so war die Reihe am jungen Baschar. Aus England zurückgekehrt, musste der angehende Augenarzt einen Crashkurs in Machtpolitik und Leadership absolvieren. Ausgeprägtes Interesse und Talent zeigte er damals weder für das eine noch das andere. Dem Vernehmen nach hatte der stille Mediziner und Naturwissenschaftler in dieser Zeit sogar einen Lehrgang als Panzerkommandant im Schnelldurchgang absolvieren müssen.

Hafiz al-Assad hatte sich nach dem Zusammenbruch des Warschauer Pakts zwangsläufig um eine Annäherung an den Westen bemüht und daher auch im Golfkrieg 1991 aufseiten der antiirakischen Koalition gestanden, was ihm aufgrund seiner langjährigen Intimfeindschaft zu Saddam Hussein allerdings nicht allzu schwergefallen sein dürfte. Selbst ein Friedensvertrag mit Israel wurde seit Herbst 1992 immer wieder ins Gespräch gebracht; Zum Ende der Neunzigerjahre waren die Verhandlungen sogar, selbst bei den komplizierten Arrangements für die von Israel seit 1967 besetzten Golanhöhen, in der Sache recht weit gediehen. Nur leider verschlechterte sich der Gesundheitszustand Assads derart, dass allen Beteiligten klar war, dass er nicht mehr lange genug leben würde, um einen Friedensvertrag international und regional abzusichern und zu implementieren. Nicht zuletzt deswegen ließ Hafiz al-Assad die Verhandlungen im Februar 2000, nur wenige Monate vor seinem Tod, endgültig scheitern. Es musste der nächsten Generation nach erneuter Konsolidierung der eigenen Machtstellung vorbehalten bleiben, einen gangbaren Weg zu finden.

Nachdem die offiziellen Trauerfeierlichkeiten im Palast der Republik beendet sind, verlassen viele der angereisten Regierungsvertreter Syrien wieder. Mir ist es gelungen, zur persönlichen Trauerfeier für Assad in dessen Heimatort Qurdaha im Alawitengebirge oberhalb der Hafenstadt Lattakia mitgenommen zu werden. Die Straßen und Plätze der Orte, durch die wir fahren, sind mit Bildern des Verstorbenen, aber auch schon seines Nachfolgers, geschmückt. In Qurdaha fällt mir als Erstes das gewaltige Monument vor dem Mausoleum der Familie auf. Eine Art Sichel, wohl aus Metall, die sich über zwanzig Meter hoch in den Himmel reckt und auf der Basil al-Assad im Stil der Schildermalerei in Pastellfarben abgebildet ist, wie er stolz zu Ross in einen lichtblauen Himmel reitet. Sein Vater steht am Fuß des Himmelsbogens, blickt seinem Sohn hinterher und breitet beide Arme zum Gebet aus. Basil al-Assad war erfolgreicher preisgekrönter Springreiter gewesen und zu seinen Lebzeiten propagandistisch als »Faris al-Umma«, als »Ritter der Nation«, idealisiert worden. Das Denkmal ist damit eine mehr als deutliche Anspielung auf die aus einem Koranvers abgeleitete sunnitische Legende von der Himmelfahrt Mohammeds auf dem Rücken des wundersamen Reittiers Buraq. Viele sunnitische Muslime betrachten es als Blasphemie. Im alawitischen Kernland des Assad-Clans lässt sich so etwas aufstellen – in Damaskus, Aleppo, Homs und Hama mit Sicherheit nicht, und es sollte daher auch nicht wirklich überraschen, dass das Denkmal bereits seit einigen Jahren nicht mehr an seinem prominenten Platz steht.

Obwohl die Zahl der persönlichen Trauergäste begrenzt ist, füllen immer noch etwa mindestens fünfhundert Menschen ein großes Zelt. Trotzdem ist man hier in gewisser Weise unter sich. Beim Blick in die Runde der versammelten Nomenklatura drängt sich mir das Wort »todlangweilig« auf. Gestelzte Reden über die übermenschlichen Verdienste des Verstorbenen für Syrien und die arabische Welt im Allgemeinen werden gehalten.

Dazwischen Pausen. Ich applaudiere verhalten und sehe mich um. Schwarze Kleidung und ernste Gesichter, so weit das Auge reicht. Doch dann sehe ich etwas Buntes, das so gar nicht in diese Umgebung hineinpassen will. Ali Douba, der ehemalige Leiter des syrischen Militärgeheimdienstes und Sicherheitsberater des verstorbenen Präsidenten, sitzt in der ersten Reihe der Trauergäste und lächelt erstaunlich gut gelaunt.

Douba, das Oberhaupt eines mächtigen Alawitenclans, trägt ein buntes Hawaiihemd, die Knöpfe sind bis zur Brust offen und geben den Blick auf eine glänzende Goldkette frei. Ohne Zweifel macht er einen extrem entspannten Eindruck. Ich kenne Douba nur flüchtig aus einigen dienstlichen Gelegenheiten, wenngleich ich eine gemeinsame Fahrt im gepanzerten, auf vereister Straße in Pullach nur schwer auf Spur zu haltenden Mercedes zu einem geheimen Besuch des Präsidenten so schnell nicht vergessen werde: Wir unterhielten uns seinerzeit über den bald erhältlichen Maybach von Mercedes Benz, den unser Gast nur zu gerne in seinen bescheidenen Wagenpark eingliedern wollte. Es gehe natürlich gar nicht, so Douba, dass es keinen optischen Unterschied zwischen einer 600er und 450er Limousine der S-Klasse gebe. Ich nickte ebenso verständnisvoll wie mitfühlend. Douba war eindrucksvoll wohlhabend, wohl auch weil er als syrischer Militärattaché in Bulgarien in den 1980er-Jahren dem Vernehmen nach beschäftigt war, dem Iran sanktionierte US-amerikanische Waffen und Ausrüstung aus Lateinamerika zu verschaffen. Die Bestände der iranischen Armee waren zum Großteil noch dem Schah von seinem Verbündeten USA geliefert worden, für die nun dringend Ersatzteile benötigt wurden. Die beschaffte Douba offenbar über ein Netz von Geschäftspartnern und Mittelsmännern – gegen einen entsprechenden Aufschlag. Bis vor wenigen Monaten war er noch der persönliche Sicherheitsberater Assads gewesen, dann hatte dieser ihn noch vor seinem Tod »vorsorglich« entmachtet, wohl um seinem Sohn Baschar ausreichend personal- und machtpolitischen Freiraum zu geben. Dass ich ihn auf der Trauerfeier dermaßen unpassend gekleidet sehe, verdeutlicht mir, dass er nun so etwas wie eine innere Distanz sichtbar zum Ausdruck bringen möchte. Es würde spannend sein zu sehen, ob diese Demonstration im Hawaiihemd noch Weiterungen haben würde. Diese ließ jedenfalls klar erkennen, dass bereits zu diesem Zeitpunkt im Kreis der Machtelite nicht alles eitel Sonnenschein war.

Manch einer der Ehrengäste kämpft erkennbar mit dem Schlaf. Mich schützt ein Platz in den hinteren Reihen. All dies ändert sich, als Sheikh Nasrallah, der Generalsekretär der Hizballah, das Podium betritt. Er ist in Begleitung einer veritablen militärischen Ehrengarde in eigener Paradeuniform, unter Waffen und mit bunten Fahnen angereist, ein wahrlich ungewöhnlicher Aufzug der paramilitärischen Truppe, die dem Besuch Nasrallahs einen quasi zwischenstaatlichen und offiziellen Anstrich gibt. Ein Format, das Hafiz al-Assad nie akzeptiert hätte, bedeutet es doch die Aufwertung einer Gruppierung, zu der Damaskus während des libanesischen Bürgerkriegs in einem allenfalls taktisch-opportunistischen Bündnis, zeitweise sogar in punktueller bewaffneter Konfrontation gestanden hat. Nasrallah hält eine ebenso einfühlsame wie flammende Rede, und selbst die abgestumpftesten, eher säkular orientierten Vertreter des syrischen Ancien régime, spüren die gewaltige Kraft der Worte, die das Zelt und insbesondere die Jugend zu wahren Ovationen hinreißt. Es ist zu spüren, dass sich hier eine Beziehung zwischen der Hizballah und Baschar al-Assad ebenso abzeichnet wie zu einer neuen Generation. Dies würde weit mehr als das bisher gepflegte Zweckbündnis sein. Nasrallah beschwört eine auch spirituelle Schicksalsgemeinschaft zwischen Iran, Syrien und der Hizballah, die ihren notwendigen Ausdruck im politischen und militärischen Zusammenwirken finden wird. Nach nicht enden wollendem Applaus verlassen die Menschen wie verwandelt das Zelt.

Hier ist tatsächlich eine revolutionäre Kraft am Werk. Die Qualität der Beziehungen zwischen dem syrischen Regime unter Baschar und der Hizballah unter Sheikh Nasrallah – bewusst sage ich hier nicht »dem Libanon« – ist in ihrer ganzen Intensität spürbar und – mit Blick auf die zahlreich anwesenden hochrangigen Repräsentanten aus Teheran – ist auch die Achse Libanon-Syrien-Iran sichtbar manifest. Mir war bewusst, dass es den Vertretern der Hizballah um wesentlich mehr geht, als lediglich einen Kondolenzbesuch abzustatten.

Erst einen Monat zuvor – im Mai 2000 – hatte sich die israelische Armee einseitig aus dem Südlibanon zurückgezogen. Nachdem es sich abgezeichnet hatte, dass ein Friedensabkommen mit Hafiz al-Assad nicht mehr zustande kommen würde, vollzog die israelische Regierung so etwas wie eine Frontbegradigung. Die Truppen verließen den Libanon, in dem sie über Jahrzehnte eine sogenannte Sicherheitszone eingerichtet und den sie zusammen mit einer lokalen Miliz, der South Lebanese Army (SLA), besetzt hatten. Damit veränderte sich die Situation der Hizballah, die nun nicht mehr für sich reklamieren konnte, das Land von den Israelis befreien zu müssen. Die besondere, nach Ende des Bürgerkriegs 1990 erforderliche Rechtfertigung für ihren militärischen Sonderstatus und ihr eigenständiges Handeln im Libanon in militärischer Allianz mit dem Iran und Syrien war im Grunde dahin. Mit dem Tod von Hafiz al-Assad hatte der israelische Rückzug die politischen Rahmenbedingungen somit auch für die Hizballah grundlegend verändert. Nasrallah musste sich nun ernsthaft mit der Frage befassen, was geschehen würde, wenn der neue Präsident ernsthaft eine Annäherung seines Landes an den Westen anstrebte und an der Idee eines Friedensabkommens mit

Israel festhielte. All dies hätte weitreichende Folgen für den Machterhalt der Hizballah. Der Besuch Nasrallahs hat also einen hochpolitischen Hintergrund. Es geht um einen neuartigen Schulterschluss zwischen ihm und Baschar al-Assad. Auch darum hat Sheikh Nasrallah auf der Beerdigung seines alten, nicht selten recht distanzierten Verbündeten eine so flammende Rede gehalten. Baschar al-Assad hat sie dankend und nicht ohne persönliche Ergriffenheit aufgenommen.

Am Ende des Tages mache ich mich nachdenklich auf den Rückweg nach Damaskus. Ich habe den Eindruck gewonnen, dass die Hizballah und der Iran in Zukunft wichtiger denn je für das syrische Regime und seinen jungen Führer werden würden. Starke innere und äußere Kräfte würden im ureigensten Interesse auf Regimestabilität hinwirken, gerade auch angesichts der Tatsache, dass Baschar von Europa als möglicher Hoffnungsträger gesehen und möglicherweise auch umworben würde.

Zu meinen Aufgaben als Botschaftsangehöriger, weniger als Resident des BND, gehört es nicht zuletzt auch aufgrund meiner Sprach- und Mentalitätskenntnisse in den folgenden Monaten, syrische Delegationen nach Deutschland zu begleiten und sie dort während ihres Besuches zu betreuen. Der Zweck dieser vom Auswärtigen Amt wie von einem hochdynamischen, regional wie sprachlich langjährig erfahrenen und versierten Botschafter geförderten Visiten hat dabei keinen nachrichtendienstlichen Hintergrund. Es geht vielmehr darum, jungen Syrern aus dem weiteren, manchmal aber auch engeren Umfeld von Baschar al-Assad einen Eindruck von der immer noch recht jungen gesamtdeutschen Bundesrepublik zu vermitteln. Treffen mit Wirtschaftsvertretern stehen auf dem Programm, aber auch Besuche bei mittelständischen Unternehmen und Universitäten. Das Spektrum ist breit und schließt selbstverständlich auch Kultur und Geschichte Deutschlands ebenso wie seine staatliche und grundrechtliche Verfasstheit mit ein. Vielleicht, so hofft man, lässt sich ja auch ein modernes Verständnis von *good governance* und Rechtsstaatlichkeit in den einen oder anderen Kopf implantieren.

In den Gesprächen, die ich am Abend oder am Rande der Veranstaltungen mit unseren Gästen führe, erkenne ich, dass die meisten von ihnen durchaus interessiert sind und darüber nachdenken, wie eine schrittweise Modernisierung, allerdings ohne grundlegenden Systemwechsel, vonstattengehen könnte. Zu dieser Zeit gibt es in Syrien durchaus einen – wenn auch bescheidenen – ökonomischen und technischen Fortschritt. Die heimische Textilindustrie baut nicht nur Baumwolle an, sondern verarbeitet sie auch in eigenen Spinnereien und Nähereien, die pharmazeutische Industrie gilt als die fortschrittlichste im gesamten Nahen Osten, und mit iranischer Hilfe werden bei Aleppo sogar Autos in französischer Lizenz montiert. Nicht wenige europäische Regierungen glauben, dass eine erfolgreiche Modernisierung Syrien zu einem relevanten Wirtschaftspartner machen und Handel auch Wandel mit sich bringen wird. Ich halte dies für eine Illusion, denn jedem, der mit den Machtverhältnissen im Land einigermaßen vertraut ist, muss dieses Vorhaben ungefähr genauso Erfolg versprechend erscheinen wie eine Umwandlung der Mafia im Sinne von *good governance* und Rechtsstaatlichkeit. Ein gewisser technischer Fortschritt ist zwar willkommen, auch um einigermaßen konkurrenzfähig zu bleiben, doch die freiwillige Aufgabe von autokratischen Macht- und Monopolpositionen der Eliten ist etwas ganz anders.

Im Februar 2000 hatte ich den Auftrag, Außenminister Joschka Fischer und seiner Begleitung bei seinem ersten Besuch in Damaskus ein persönliches Briefing zu Syrien zu geben. Wie Kanzler Schröder hatte auch er nicht die in Bonn langjährig gepflegten Berührungsängste im Umgang mit dem Dienst in Pullach, sondern nutzte diesen so, wie man dies gemeinhin von einer Regierung erwarten würde, nämlich als Informationsdienstleister und wo möglich und zulässig als Unterstützer von Außen- und Sicherheitspolitik. Die meisten meiner Zuhörer wirkten zumindest überrascht, vielleicht auch beeindruckt von dem, was ich ihnen zu sagen hatte. Hinterher bedeutete man mir, ich hätte doch eine gänzlich andere Sicht auf das Land und die Verhältnisse gegeben, als man dies bislang gehört habe. Meine Darstellung basierte eben auf recht intensiven Erfahrungen im Land, auf meiner kontinuierlichen analytischen Befassung sowie auf der Grundlage eines recht breiten Felds internationaler landeskundlicher Studien und war daher eher weniger von Realitätsferne, Wunschdenken und insbesondere nicht von Eurozentrismus geprägt. Damit stand ich natürlich in keiner Weise allein, doch war der Einfluss auch der Regionalwissenschaften auf Politik und Regierung nicht immer im erhofften Umfang gegeben, um es diplomatisch auszudrücken. Syrien, so legte ich in Anlehnung an etabliertes Fachwissen dar, sei letztlich kein historisch gewachsener Staat, geschweige denn eine homogene Gesellschaft, die sich als Staatsvolk begreife, danach lebe und handle. Die Schaffung eines zentralisierten Nationalstaats nach dem Ende der Kolonialzeit war ein Gewaltakt, bei dem relativ willkürlich auf der Landkarte Grenzziehungen durch zusammengehörige Siedlungsräume vollzogen wurden. Dadurch entstand auf dem Reißbrett eine artifizielle staatliche Hülle mit zentralistischen administrativen Strukturen, aber eine diese tragende und ausfüllende Substanz, ein Staatsvolk, gab es nicht. Ein Syrer ist darum bis heute auch kein Syrer: Er ist in erster Linie Kurde, Druse oder Alawit, er ist Damaszener, Aleppiner, Homsi oder Hamawi. Wenn man mit dem Auto durch Syrien fährt und aus dem Fenster schaut, wird sichtbar, dass das Land unzusammenhängend ist. Es gibt einzelne Oasen und Städte, dazwischen liegt karges Land, ja Wüste, wie ein Meer, das Inseln trennt. Syrien wurde stets als Land der *agrocities* bezeichnet, städtische Ansiedlungen um Wasservorhaben, umgeben von landwirtschaftlich genutztem Oasenland, dessen Bewohner wiederum im wirtschaftlichen und sozialen Austausch mit den Nomaden der umgebenden Steppen und Wüsten standen.

Das, was die Menschen an wirkungsmächtiger und handlungsleitender Zugehörigkeit empfinden, richtet sich in erster Linie auf ihre Familie, ihren Clan, ihren Stamm oder eine soziale Identität als Mitglied einer städtischen Berufsgruppe in Handwerk oder Verwaltung. All dies sind vereinzelte, auf sich bezogene Einheiten mit identitätsstiftenden Verhaltenskodizes und Werten. Übergeordnete Machtstrukturen traten zumeist in Form einer Besatzung durch fremde Kriegervölker, so zuletzt der Osmanen im 17. Jahrhundert, in Erscheinung. Ihr Herrschaftsprinzip war von Anfang an autoritär, feudal und in erster Linie auf die Eintreibung und Nutzung von Steuern zu eigenem Nutz und Frommen ausgerichtet. Herrschaft bedeutete Privileg, nicht Verpflichtung. Auch die Militärherrschaft, auf der das moderne Syrien aufgebaut war, unterschied sich nicht grundlegend von den tradierten gesellschaftlichen Mentalitäten und Strukturen des Osmanischen Reichs, auch wenn Elemente einer Entwicklungsdiktatur, die dem Land wenigstens in Teilen zugutekam, unverkennbar waren. Die Muslimbrüderaufstände und der Bürgerkrieg der 1970er- und 1980er-Jahre hatten die herrschende Klasse, die sich mehrheitlich aus der alawitischen Minderheit des Landes im Widerstand gegen die sunnitische Mehrheitsgesellschaft rekrutiert und behauptet hatte, traumatisiert. In meinen Gesprächen mit Angehörigen des syrischen Geheimdienstes erinnerte man sich oftmals an diese schwierige Zeit. So etwas wollte man keineswegs noch einmal erleben, darum galt es, jedwede Opposition schon im Ansatz zu unterbinden und präventiv alle möglichen Strukturen nachrichtendienstlich zu unterwandern und gegeneinander auszuspielen.

Hafiz al-Assad hatte somit durch seine Geheimdienste die syrische Gesellschaft noch mehr fragmentieren lassen, als das durch die unterschiedlichen religiösen, ethnischen, sprachlichen und regionalen Zugehörigkeiten ohnehin schon der Fall war. Durch ihn war ein alle Bevölkerungsgruppen durchdringendes System von Spitzeln und Informanten geschaffen worden. Wahrscheinlich war es wirklich so, wie oft sprichwörtlich behauptet, dass von drei zusammensitzenden Syrern mindestens einer im Dienst der Muchabarat stand. So herrschte ein System des gegenseitigen Misstrauens, mit dem auch sämtliche Oppositionsbewegungen von vornherein von den Geheimdiensten infiltriert waren. Alles, was nicht mit der Baath-Partei verbunden war, wurde als gefährlich angesehen, und selbst innerhalb der eigenen Reihen wurde sehr sorgfältig nach Dissidenten Ausschau gehalten. In dieser zutiefst fragmentierten Gesellschaft waren die divergierenden und konkurrierenden Komponenten auf die zentrale Zwangsgewalt des Assad'schen Herrschaftssystems ausgerichtet. Ohne diesen Schlussstein im syrischen Torbogen würde dieser aller Wahrscheinlichkeit zusammenbrechen.

Baschar al-Assad unternahm zwar unmittelbar nach seiner Machtübernahme einige verhaltene Versuche der Liberalisierung und politischen Öffnung, doch waren diese nicht von langer Dauer. Ein neuer Geheimdienstchef wurde eingesetzt, der im Ruf stand, ein wenig progressiver und liberaler zu sein, nur um ein Jahr später angesichts zahlreicher ungeahndeter liberaler »Unbotmäßigkeiten« in der Bevölkerung wieder abberufen zu werden. Spätestens seit der Verschärfung der Konfliktlagen in der Region im Gefolge von 9/11 und des amerikanischen *war on terrorism* fand sich das Regime zudem als Teil der von George W. Bush deklarierten »Achse des Bösen« wieder. Der wachsende äußere Druck führte zwangsläufig zur Verhärtung und Stabilisierung des Systems und des Selbstbehauptungswillens der alawitischen Minderheit an den Hebeln der Macht.

So führte auch der Arabische Frühling ab 2011 zu vielfachem Leid und umfassender Zerstörung. Zuerst waren seine Ideen per Social Media ins Land gekommen und wurden besonders früh im Süden – der traditionell tribalsunnitisch und antialawitisch geprägt ist – bereitwillig aufgenommen. Konfessionelle wie ethnische und politisch begründete Ressentiments gegen das Regime Assad hatten sich dort über die Jahre unter der Oberfläche zu einem Schwelbrand entwickelt, der durch die nunmehr einsetzenden »Frühlingsstürme« zum offenen Feuer entfacht wurde. Anfangs ging es den Demonstranten um Liberalisierung, Modernisierung und nicht zuletzt ökonomische Entfaltungsfreiheit. All dies waren Forderungen und Zielvorvorstellungen, die letztlich den vitalen Interessen der Machtelite widersprachen. Rasch fürchtete man, dass sich so etwas wie die Muslimbrüderaufstände der Siebziger- und Achtzigerjahre wiederholen könnte, und griff auf »bewährte Methoden« zurück, um die Proteste zu kriminalisieren und sich damit einen legitimen Gegner zu schaffen, den man mit der ganzen Härte des Staates bekämpfen könnte. Die Regierung öffnete die Gefängnisse und ließ – zu Recht oder Unrecht – verurteilte Islamisten und Terroristen frei. Es fand eine Uminterpretation der Revolution statt, in der das Bild der netten, harmlosen, modernen jungen Menschen auf den Straßen überlagert wurde von deutlich weniger netten und weniger harmlosen Zeitgenossen. Letztendlich vollzog sich eine Delegitimierung und Kriminalisierung der Proteste. Das gab der Regierung die Rechtfertigung, mit Gewalt zu reagieren. Bei einigen Bombenanschlägen der damaligen Zeit musste man sich die Frage stellen, wer diese eigentlich verursacht hatte. Es ist sehr wohl möglich, dass hier nach dem – leider beliebten – Modus Operandi »Selber die Bombe werfen, und dann ›Haltet den Dieb!‹ schreien« gehandelt wurde. Die Zerstörung des Staatswesens – ganz zu schweigen vom Leid der Bevölkerung – hat das Regime und die es tragende Bevölkerungsgruppe dabei bewusst in Kauf genommen. Es ging lediglich um das eigene Überleben: »Assad oder verbranntes Syrien«, lautete bereits 2012 der Slogan der berüchtigten alawitischen Regimemilizen Schabiha. Wichtig war dabei nicht, dass Syrien erhalten blieb, sondern allein, dass das alawitische Kernland mit seinen Eliten und Machtstrukturen überlebte. Für sie gab es keinen anderen Platz und keine andere Zukunft.

Auch das wollte man im Westen lange Zeit nicht wahrhaben. Ich erinnere mich noch an Gespräche, in denen der eine oder andere Politiker sagte: »Das wird Syrien nicht überleben«, und meinte, die Ära Assad wäre damit ebenfalls beendet. Doch darum ging es überhaupt nicht. Ob Syrien überleben würde, war zweitrangig. Es ging nur um die Frage, ob sich Assad und die Seinen behaupten würden – und das ist, wie wir wissen, bis heute der Fall. Verbreitet wurde seinerzeit von vielen Politikern und selbst ernannten Experten postuliert: »Das ist Assads schnelles Ende. Ihm wird es ergehen wie Ben Ali in Tunesien, Husni Mubarak in Ägypten und Muammar al-Gaddafi in Libyen.« Diese Behauptung verkannte die Fakten im Lande. Im Westen verliebte man sich gewissermaßen in den Gedanken an eine gesamtsyrische Opposition, die sich doch als homogene Wirkungsmacht vor dem Hintergrund der beschriebenen gesellschaftlichen, ethnischen, religiösen und politischen Fragmentierung in der erforderlichen Geschwindigkeit, Nachhaltigkeit und Tiefe gar nicht bilden konnte. Also gab es eben auch nicht die eine – im Sinne von geeinte – Opposition, sondern einzelne Gruppierungen und bewaffnete Milizen unterschiedlichster Provenienz, Orientierung und Zielsetzung. Sie bezogen sich meist auf ihr unmittelbares Lebensumfeld, entwickelten aber keineswegs tragfähige gesamtstaatliche Potenziale und Ambitionen. Die syrischen Regimekräfte waren zwar grundlegend zu schwach und geografisch überdehnt, um eine wirksame Kontrolle über das gesamte Staatsgebiet aufrechtzuerhalten, doch dies traf in noch stärkerem Maße auch auf die zersplitterten Oppositionsgruppierungen zu. Durch regionale Konzentration der Kräfte konnte das Regime so mit seinen originären Verbündeten Hizballah und Iran selbst in schwierigen Zeiten eigene Kerngebiete und den Zugang zum lebenswichtigen Libanon halten, bevor dann die russische Militärintervention im September 2015 die Gewichte auch auf gesamtstaatlicher Ebene allmählich zugunsten des Regimes verändern sollte.

Ich erinnere mich noch gut an den sehr selbstbewussten Chef eines britischen Dienstes, der mich bei meinem Dienstantritt in London Ende 2012 ein wenig von oben herab fragte: »Gerhard, what do you think about the prospects of Syria?« Meine eher lakonische Antwort: »Well, we'll see islands and pockets of armed militias in rivalry«, stieß dort erst einmal auf eher ungläubige Mienen und ein ebenfalls lapidares »interesting«. Im direkteren deutschen Sprachgebrauch würde ich dies eher mit »Unsinn« umschreiben. Zu sicher war man sich seinerzeit, dass man mit breit angelegter, von Jordanien, Irak und der Türkei auch geheimdienstlich organisierter und koordinierter militärischer Unterstützung einzelner Gruppierungen eine Lageveränderung auf nationaler Ebene herbeiführen und zugleich auch die sehr eigenwilligen politischen Oppositionsgruppen und -grüppchen zusammenführen könne.

Heute hat sich die Herrschaft Assads recht weitgehend konsolidiert. Der Iran, die Hizballah und Russland stellen eine Art Lebensversicherung für das Regime dar, wobei man sorgfältig beobachten muss, wie sich die Inanspruchnahme im Ukraine-

Krieg auf das russische Engagement auswirken wird. Zwar erstreckt sich die Macht der Regierung immer noch nicht auf alle Landesteile, doch kann der Status quo erst einmal absehbar gehandhabt werden. Die mafiösen Strukturen helfen dabei, sich sozioökonomisch über Wasser zu halten, insbesondere solange ein Großteil der syrischen Bevölkerung ohnehin aus dem Land geflohen ist. Syrien scheint nunmehr ein Narco-Staat geworden zu sein. Drogenschmuggel und -produktion werden nicht mehr wie früher toleriert und über stille »Beteiligungen« genutzt, heute sollen sie eine wesentliche Einnahmequelle der alawitischen Machteliten sein.

Die Entwicklungen in Syrien zeigen – wie in Libyen, Mali oder Afghanistan –, wie eine Perzeption von außen ohne Berücksichtigung der Realitäten im Inneren politisch-operativ in die Irre führt. Perzeptionen, die unhinterfragt kohärente gesamtstaatliche Identitäten voraussetzen, sind in der Regel eine Mischung aus Wunschdenken und Inkompetenz. Hätte man sich in den politischen Entscheidungen mehr an einer auf vertiefte landeskundliche Erkenntnisse gestützten nachrichtendienstlichen Lageanalyse orientiert, hätten zumindest die gröbsten Fehlurteile und gegebenenfalls auch Fehlleistungen vermieden werden können. Auf wichtige Fragen, die während des Bürgerkriegs gestellt wurden – Wird die Armee sich auf die Seite der Revolutionäre stellen? Werden sich Städte zu einer Allianz zusammenschließen? –, hätte man realistische Antworten erhalten können. Eine Lage, wie die in Syrien, lässt sich tatsächlich nur beurteilen, wenn man über intimes Wissen verfügt, und dies – um ein Wortspiel zu gebrauchen – kann eben nur durch Intimität, Empathie und analytische Offenheit sowie Stringenz erreicht werden. Das heißt zuerst einmal, man muss auf eine große Zahl von »teilnehmenden Beobachtern« in einem Land zurückgreifen können. Nur so lassen sich einigermaßen authentische Innenansichten gewinnen und die Lebensrealität in ihren verschiedenen Dimensionen erkennen und verstehen. Das sollte auf möglichst allen Ebenen, in allen Segmenten einer Bevölkerung, bis hin zu privilegierten Kreisen, geschehen. Eine umsichtige und systematische Erschließung und Nutzung offener Informationen ist mindestens genauso wichtig wie ihrer Natur nach gezieltere und enger zu fassende nachrichtendienstliche Ansätze. Auch müssen die allgemeinen Begrenzungen menschlicher Kognition in Betracht gezogen werden. Es gibt keine allwissenden Residenten – im Übrigen auch keine allwissenden Diplomaten – und vor jenen, die dies explizit oder implizit – meist in ihrer Eigenschaft als wortgewandte, jedoch fach- und regionalfremde Generalisten – von sich behaupten, sollte man sich hüten.

Während meiner Zeit in Syrien nahm ich an vielen gesellschaftlichen Veranstaltungen teil und reiste intensiv durchs Land. Ich kannte dementsprechend viele Menschen, darunter auch solche aus dem Bereich der Geheimdienste. Trotzdem wurde mir immer wieder bewusst, wie viel ich eben noch nicht wusste und wahrscheinlich auch nie wissen würde. Verantwortliche Intelligence muss stets sehr klar erkennen lassen, was zuverlässig gewusst wird und was mit welchen Fragezeichen versehen werden sollte. Nur so können Perzeptionen von außen mit den Perspektiven von innen abgeglichen und schwerwiegende Fehleinschätzungen aufgrund vorgefasster, meist selbstreferenziell generierter Meinungen vermieden werden. Dabei muss der nachrichtendienstliche Beobachter darauf achten, dass er nicht an statischen Lagebildern festhält. Nichts hat auf immer Bestand – *panta rhei*, alles fließt –, das wussten schon die alten Griechen. Darum ist es umso wichtiger, Tendenzen und Entwicklungspotenziale zu erspüren, die nicht unbedingt sofort auffallen. Das Wichtige ist nicht immer offensichtlich. Besonders dann nicht, wenn es sich erst allmählich anbahnt. Im Jahr 2000 in

Qurdaha hatte ich bemerkt, dass sich die Hizballah nach dem israelischen Rückzug aus dem Libanon und dem Tod von Hafiz al-Assad auf einen Paradigmenwechsel einstellen musste. Damals hatte ich jedoch noch nicht daran gedacht, dass ich in die Ereignisse, die darauf folgten, erneut unmittelbar involviert sein würde.

KAPITEL 12

Hotel Ritz, Madrid – Spinneys Hypermarché, Beirut

Erst vor wenigen Wochen war der Nachthimmel über Beirut von Leuchtspurgeschossen und Explosionen erleuchtet gewesen. Ich stehe mit einer kleinen Gruppe in einem Innenhof. Die Gesichter der Männer von der Sûreté Générale befinden sich im Schatten. Ich schüttele nacheinander ihre Hände, um mich zu verabschieden. Mein neuer Chef, BND-Präsident Ernst Uhrlau, schaut auf die Uhr. Es ist spät. »Schön, dass Sie Zeit für uns hatten«, bedanke ich mich. »Es war uns eine Ehre, die alten Freunde wiederzusehen«, antwortet einer der libanesischen Geheimdienstmitarbeiter. »Wegen unserer langjährigen Beziehungen können wir offen miteinander reden. Wir wissen das sehr zu schätzen.« – »Wir hoffen, dass wir in dieser schwierigen Situation zum besseren gegenseitigen Verständnis beitragen können«, sagt mein Vorgesetzter. »Inschallah, es sind tatsächlich schwierige Zeiten. Der Krieg ist zwar vorbei, aber vieles im Libanon haben die Israelis zerstört.« Ja, denke ich, das haben sie. Im Juli 2006 feuerten die israelischen Streitkräfte Tausende Bomben, Raketen und Artilleriegranaten auf Ziele im Libanon ab. Wie so oft kamen auch diese Ereignisse keineswegs aus dem Nichts. Es war die Reaktion auf eine erneute Entführung zweier israelischer Soldaten durch die Hizballah.

Im großen Geiselaustausch von 2004, an dem ich als BND-

Vermittler mitgewirkt hatte, war bekanntlich ein prominenter Häftling, Samir Kuntar, im letzten Moment doch nicht freigekommen, obwohl Nasrallah dies seiner Familie persönlich versprochen hatte. Dieser Fall war sehr spezifisch für beide Seiten. Der 1962 geborene Samir Kuntar hatte 1979 als Mitglied der Palästinensischen Befreiungsfront (PLF) einen Überfall auf die israelische Küstenstadt Naharija angeführt und mehrere Israelis ermordet, darunter auch zwei kleine Mädchen. Die Taten des Mannes hatten in der israelischen Öffentlichkeit großen Abscheu erregt, und Kuntar, zu lebenslanger Haft verurteilt, galt als das Feindbild des kindermordenden Terroristen schlechthin. Doch das war nicht der einzige Grund, aus dem die israelische Regierung ihn in ihrer Obhut behalten wollte.

Es ging auch immer noch um den *cold case* Ron Arad. Beim Gefangenenaustausch 2004 in Bonn hatte man so wertvolle Häftlinge wie Mustafa Dirani und Shaikh Ubaid – die eigens in Kommandoaktionen im Libanon entführt worden waren, um ein Faustpfand für die Befreiung Arads in der Hand zu haben – ausgetauscht. Nun brauchte man Kuntar, wenn man auch weiterhin Druck auf die Hizballah in dem Fall ausüben wollte. Sheikh Nasrallah konnte diese Demütigung nicht auf sich sitzen lassen und hatte bereits früh öffentlich angekündigt, nötigenfalls weitere israelische Soldaten entführen zu lassen, um sie gegen Kuntar und andere Gefangene in israelischen Gefängnissen auszutauschen. Hierdurch konnte der Fall auch in ein breiteres Narrativ des Widerstands gegen Israel eingebettet werden. So hatte es bereits mehrere gescheiterte Versuche gegeben, die – zum Teil vom israelischen Geheimdienst aufgedeckt – auf beiden Seiten zu Verlusten, aber zu keinem weiteren Kidnapping geführt hatten.

Schließlich jedoch hatte die Hizballah mit einer Operation, die bezeichnenderweise den Namen »Gehaltenes Versprechen«

trug, Erfolg. Am Morgen des 12. Juli 2006 überfiel ein etwa vierzig Mann starkes Kommando zwei Fahrzeuge einer israelischen Patrouille im Grenzgebiet zum Südlibanon. Die gepanzerten Humvees wurden durch Beschuss und Sprengladungen so stark zerstört, dass mehrere Soldaten sofort starben. Die beiden Reservisten Eldad Regev und Ehud Goldwasser wurden von den Hizbollah-Kämpfern über die Grenze in den Libanon verschleppt. Die israelische Armee reagierte umgehend, indem sie Stellungen der Hizballah und der libanesischen Armee jenseits der Grenze beschoss und sich mit Truppen auf die Suche nach ihren beiden Soldaten machte. Regev und Goldwasser waren nicht aufzufinden, doch in der Folge ließ Sheikh Nasrallah verlautbaren, dass diese sich in der Gewalt der Hizballah befänden. Die Ereignisse waren der Auslöser für den sogenannten Juli-Krieg, bei dem die israelischen Streitkräfte nicht nur Ziele im Südlibanon, sondern auch in Beirut und anderen Städten massiv bombardierten. Es handelte sich damit um einen Krieg mit Ansage, der jedoch auch noch weitergehende politische Hintergründe hatte.

Im Jahr 2004 war es im Libanon zum Bruch zwischen dem von Saudi-Arabien unterstützten sunnitischen Ministerpräsidenten Rafiq al-Hariri und Staatspräsident Émile Lahoud, einem Parteigänger Syriens, gekommen. Hariri, ein milliardenschwerer Bauunternehmer, der wesentlich am Wiederaufbau des bürgerkriegszerstörten Libanon mitgewirkt hatte, war in weiten Teilen der Bevölkerung beliebt und als »Mister Lebanon« populär. Im Westen war er ebenfalls gut vernetzt und galt als einer der Anführer derjenigen, die einen Abzug der Syrer aus dem Libanon und eine Entwaffnung der Hizballah forderten. Nach dem Rückzug der Israelis aus dem Südlibanon, so auch hier das Argument, gab es keinen Grund mehr für die Anwesenheit syrischer Truppen, Geheimdienste und einer hochgerüsteten Miliz, die vom libanesischen Territorium aus Angriffe auf Israel verübte. In Damaskus hörte man das verständlicherweise nicht gerne, und entsprechende Reaktionen blieben nicht aus. Nach massiven Drohungen trat Ministerpräsident Hariri im Oktober 2004 zurück. Für Sheikh Nasrallah ging es in dieser Frage unmittelbar – für den syrischen Präsidenten Baschar al-Assad mittelbar – um den eigenen Machterhalt. Die libanesische Bevölkerung war naturgemäß in verschiedene Lager gespalten.

Im Februar 2005 erreichte mich die Nachricht, dass Rafiq al-Hariri in der Beiruter Innenstadt einem Bombenanschlag zum Opfer gefallen sei. Die Detonation war so verheerend gewesen, dass mehr als zwanzig Menschen – darunter Begleiter wie Unbeteiligte – ums Leben gekommen waren. Angesichts der Bilder der Zerstörung, die ich im Fernsehen sah, musste ich sofort an die schlimmste Zeit des libanesischen Bürgerkriegs 1983 denken, als die US-Botschaft und die Hauptquartiere der US-Marines und der französischen Fallschirmjäger durch Bombenattentate verwüstet worden waren. Man konnte versucht sein zu glauben, dass die gleiche unselige Hand von damals auch hier wieder Regie geführt hatte.

Doch anders als viele Morde im Bürgerkrieg der 1980er Jahre, blieb das Attentat auf al-Hariri keine vornehmlich innerlibanesische Angelegenheit, sondern wurde zum nationalen und internationalen Politikum, das nach Aufklärung, Rechenschaft – und gemäß dem örtlichen Brauch auch nach Rache – rief. Naheliegend war, die Verantwortlichen für den Anschlag in Damaskus oder bei ihren Verbündeten, in erster Linie der Hizballah, zu vermuten. Es kam zu Massenprotesten im Libanon und zu internationalem Druck. Letzterer führte zur Einrichtung einer Untersuchungskommission unter Leitung des deutschen Staatsanwalts Detlev Mehlis. Am Ende zogen sich die syrischen Truppen aus dem Land zurück, doch das brachte die Hizballah nur noch mehr unter Zugzwang.

Zeitgleich änderten sich die Machtkonstellationen im Iran und in Israel. In Teheran trat im August 2005 der radikale ehemalige Pasdaran-Kämpfer Mahmud Ahmadinedschad die Präsidentschaft an. Damit endeten alle Hoffnungen, dass der Iran einen mäßigenden Einfluss auf die Hizballah ausüben würde. Im Gegenteil, unter Ahmadinedschad wurde die Priorisierung eines iranischen Atomwaffenprogramms betrieben, und der kompromisslose Kampf gegen Israel mit dem Ziel seiner Vernichtung stand wieder auf der propagandistischen außenpolitischen Agenda. In der Folge wurde auch die Hizballah hochgerüstet und erhielt Flugabwehr-, Antischiffs- und Boden-Boden-Raketen aus chinesischer und iranischer Produktion.

In Israel fand mit dem Schlaganfall von Ministerpräsident Ariel Scharon im Januar 2006 und der Amtsübernahme durch Ehud Olmert ebenfalls ein Machtwechsel statt. International wurde die zunehmend instabile Lage mit Besorgnis gesehen; auch wurden einige hochrangige Bemühungen unternommen, um dieser neuen Qualität der Gefahr entgegenzuwirken.

Der BND bemühte sich zu dieser Zeit auch weiterhin, zur Aufklärung des Schicksals von Ron Arad beizutragen. Darum nahm ich an regelmäßigen Arbeitstreffen sowohl mit Vertretern der Hizballah als auch mit dem israelischen Geheimdienst teil. Bei mehreren Gelegenheiten baten mich die israelischen Gesprächspartner eindringlich darum, der Hizballah eine ernste Warnung zukommen zu lassen. Für den Fall einer Entführung israelischer Staatsbürger werde man eine solche Aktion mit einem massiven militärischen Vergeltungsschlag auch gegen Syrien beantworten. Man würde den Libanon danach nicht mehr wiedererkennen. Ähnliche Warnungen an die Hizballah wurden ebenfalls über diplomatische Kanäle und solche der militärischen UNIFIL-Mission übermittelt. Trotz allem nahmen die Spannungen im Laufe des Sommers immer weiter zu, die Hizballah schoss Raketen auf israelisches Gebiet ab, und es kam zu Feuergefechten entlang der Demarkationslinie zwischen Israel und dem Libanon.

Zu allem Überfluss entführte dann im Juni 2006 auch noch die radikale Palästinenserorganisation Hamas den israelischen Soldaten Gilad Schalit in einer nächtlichen grenzüberschreitenden Operation in den Gazastreifen, um ihrerseits Gefangene aus israelischen Gefängnissen freizupressen, was auch dort zu einem israelischen Angriff geführt hatte. Die Levante befand sich mithin in einem bedenklichen Aufruhr.

»Eine sehr betrübliche Lage«, sage ich nachdenklich. Mein Gegenüber von der Sûreté Générale nickt. Im Schatten kann ich sein Gesicht nicht sehen. Der Nachthimmel liegt tiefschwarz über Beirut. Es riecht nach Rauch und Gegrilltem. BND-Präsident Uhrlau schaut abermals auf die Armbanduhr. »Schon nach elf.« Wir verabschieden uns und steigen in das Fahrzeug der Residentur. Gerade setze ich an, etwas zu sagen, da unterbricht mich das Klingeln seines Mobiltelefons. »Ja«, und dann ein weiteres »Ja, ist gut«. Mehr sagt Uhrlau nicht und lässt das Telefon wieder in der Tasche seines Jacketts verschwinden. »Das war Berlin. Wir sollen uns unverzüglich in die geschützten Räume des BND-Büros in der Botschaft begeben«, lässt er mich und den Kollegen am Steuer wissen. »Wichtiger Anruf, in Kürze.« Geschützt bedeutet in diesem Fall, dass unsere Arbeitsräume in der Botschaft abgeschirmt sind und auch über eine verschlüsselte Telefonverbindung verfügen. Wenn wir zu so später Stunde dorthin zitiert werden, muss es sich tatsächlich um etwas sehr Wichtiges handeln. Eine Viertelstunde später treffen wir in der Botschaft ein. Ernst Uhrlau und ich schauen gespannt auf das Telefon. Beim ersten Klingeln nimmt mein Vorgesetzter den Hörer ab, ich ziehe mich diskret zurück. Er wechselt einige Sätze zur Situation in Beirut, mehrfach fällt das Wort »United Nations«. Dann verabschiedet er sich und sieht mich an. »Die Bundesregierung hat einer Bitte Kofi Annans stattgegeben, sich in seinem Namen erneut für einen humanitären Gefangenenaustausch in Umsetzung der VN-Sicherheitsratsresolution 1701 zu verwenden. Der BND soll mit seiner Expertise die dafür notwendigen Voraussetzungen schaffen und einen Mitarbeiter benennen …«

Ich ahne bereits, worauf es hinauslaufen wird. »… der sich vom UN-Generalsekretär als Vermittler bestallen lässt. Natürlich nur unter der Voraussetzung, dass ich einen geeigneten Kandidaten habe.« Bei den letzten Worten sieht mich Uhrlau lächelnd und voller Freundlichkeit an. Ich seufze tief. Mein Vorgesetzter lässt den Blick nicht von mir weichen. »Ich muss Sie darauf aufmerksam machen, dass ich der Einzige bin, der noch vom alten Vermittlerteam übrig ist«, sage ich. Der ehemalige Leiter des BND-Teams und langjährige vertraute Mentor meiner Gehversuche als Vermittler ist mittlerweile in den Ruhestand verabschiedet worden. Ich war seinerzeit, gewissermaßen als »Jungspund«, in die laufenden Verhandlungen eingestiegen und mit ihnen gewachsen. Jetzt führt genau dies dazu, dass ich als einziger aktiver Nachrichtendienstler aus dem Team übrig geblieben bin. Ich werde mich demnach der Verantwortung, den nervenaufreibenden Gesprächen und Winkelzügen der Parteien, der Sorge und der zwingend notwendigen Geheimhaltung nunmehr eigenverantwortlich annehmen und stellen müssen. Die anstehenden Verhandlungen – da mache ich mir keinerlei Illusionen – werden sich auch wieder über Jahre hinziehen. Das bedeutet Monate intensivster Arbeit, wobei zu keinem Zeitpunkt sicher sein wird, dass am Ende auch ein positives Ergebnis steht. Ich muss bei allen inneren Einwänden aber auch an die Geiseln und deren Familien denken. Ich seufze abermals tief, mein Chef blickt mich weiterhin abwartend an. »Beim letzten Mal hatten wir ein erfahrenes Team«, gebe ich zu bedenken. »Ich bin zwar noch dabei, bin mir aber nicht sicher, ob der UN-Generalsekretär sich das so vorstellt. Vielleicht rechnet er ja mit einer ganzen Mannschaft.« Uhrlau verzieht keine Miene. »Können wir das nicht ablehnen?« Mein Chef lächelt breit und beantwortet die Frage mit einem einzigen freundlichen Wort: »Nein.« – »Ja, dann …«, erwidere ich resigniert.

Die Aufgabe hat es tatsächlich in sich und ist mit unwägbaren Schwierigkeiten verbunden, aber vielleicht fasziniert sie mich gerade darum schon in diesem Moment. Es ist eine Herausforderung, man kann sie eigentlich nur annehmen, mein Vorgesetzter hat irgendwie recht. »Dann stelle ich mich eben Herrn Kofi Annan vor. Vorausgesetzt, es kann ein Termin dafür vereinbart werden. Er wird dann schon sehen, was er davon hat.« Uhrlau nickt vergnügt, greift abermals zum Telefon und sagt dann in seinem typisch sanften, lakonischen Ton in den Hörer: »Wir machen das.«

In dieser Nacht schlafe ich unruhig, obwohl ich nach dem anstrengenden Tag wirklich bettreif bin. Die bevorstehende Mission beschäftigt mich. Bei den Verhandlungen von 2001 bis 2004 war die Geheimhaltung in allen Phasen sehr wichtig, zugleich aber immer wieder gefährdet. Seinerzeit war ich in meiner Funktion als Nachrichtendienstler Teil eines BND-Vermittlerteams, und uns standen alle Mittel zur Verfügung, die der Dienst zur Geheimhaltung besitzt. Doch in den kommenden Verhandlungen soll ich als Unterhändler im Auftrag der Vereinten Nationen auftreten. Ich frage mich, wie es in einem solchen Fall mit dem notwendigen Schutz vor Indiskretionen funktionieren wird.

Darum beginnen wir nach unserer Rückkehr in Deutschland, als Erstes die Rahmenbedingungen eines möglichen Engagements für die UN zu erörtern. Ein persönlicher Beauftragter des Generalsekretärs würde üblicherweise als Assistant Secretary General auftreten. Ich bemerke dazu schmunzelnd, dass dies doch ein richtig großer Sprung für einen deutschen Beamten auf Sachgebiets- und Sonderstabsleiterebene ist. Dabei ist es vor allem problematisch, dass ich mit dieser offiziellen Funktion schon vom ersten Tag an eine internationale Bekanntheit erlangen würde, die dem Gelingen der vertraulichen und hochsensiblen Mission zutiefst abträglich ist. Die Konfliktlage zwischen Israel und der Hizballah ist nach wie vor akut und kann jederzeit weiter eskalieren. Wenn wir also überhaupt Erfolg haben können, dann nur durch strikte Geheimhaltung sämtlicher Elemente der Gespräche, einschließlich der Person des Vermittlers und ihrer Aktivitäten. Ich gehe davon aus, dass ich sofort mit meinem Namen und Bild bekannt sein werde, sollte ich einen Fuß ins UN-Hauptquartier in New York setzen. Damit wäre ich »verbrannt«. Das muss natürlich schon in der Vorbereitungsphase unbedingt vermieden werden, und so lassen wir diskret beim Generalsekretär anfragen, wie ich mich zu einem Vorstellungsgespräch mit ihm treffen kann, ohne meine Identität in irgendeiner Form preiszugeben.

Nachdem eine Lösung gefunden ist, fliege ich nach Madrid. Auf dem Weg vom Flughafen gehe ich noch einmal einige Punkte des bevorstehenden Treffens mit dem Generalsekretär im Geiste durch. Die Schwierigkeit der Aufgabe ist nicht zu leugnen, und ein wenig halbherzig hoffe ich noch immer darauf, dass dieser Kelch an mir vorbeigeht. Es ist ja möglich, dass Kofi Annan meine Nase nicht gefällt und er nach einem anderen Vermittler suchen lässt. Gedankenverloren durchquere ich die Lobby des Mandarin Oriental Ritz und kontrolliere dabei, ob meine Krawatte richtig sitzt. Kofi Annan habe ich schon oft im Fernsehen oder auf Bildern gesehen. Als er dann in der Royal Suite vor mir steht, stellt sich der Reflex ein, dass ich das Abbild mit der Wirklichkeit vergleiche. Das Erste, was mir auffällt, ist die aufrechte Haltung, die ihm eine sehr distinguierte, dabei aber grazile Ausstrahlung verleiht. Der Generalsekretär trägt einen eleganten grauen Dreiteiler. Die Einrichtung der Suite erzeugt ein dezentes Gefühl von Luxus. Wir befinden uns zwar im Zentrum Madrids, doch hier herrscht Stille.

»Seine Exzellenz Kofi Atta Annan, Generalsekretär der Vereinten Nationen«, stellt ihn ein Mitarbeiter vor. Noch bevor ich etwas erwidern kann, kommt mir Kofi Annan entgegen. Der Teppich dämpft das Geräusch seiner Schritte. Seine Hand ist zum Gruß ausgestreckt. »Mister Conrad, I'm so grateful that you agreed to act on my behalf as mediator between Hizballah and Israel in order to achieve the release of soldiers and prisoners.« Mit diesen Worten halte ich den Kelch gewissermaßen schon in den Händen, er ist nicht an mir vorbeigegangen. »Please have a seat.« Ich bin froh, dass ich mich setzen und meine Gedanken ordnen kann. In aller Kürze erläutere ich dem Generalsekretär, wie ich vorzugehen gedenke, und er informiert mich im Gegenzug über die Haltung der Vereinten Nationen und über einige Details zur UN-Resolution 1701, in der die Rückgabe der verschleppten Soldaten und eine Entwaffnung der Hizballah gefordert wird. Nach etwa zehn Minuten verabschiedet sich Annan mit einem sanften Händedruck von mir. Der zuständige Berater begleitet mich zum Ausgang. Er wird in Zukunft mein Ansprechpartner sein. Ein ebenso distinguierter wie herzlicher Brite. Ich merke recht schnell, dass er sich in den Angelegenheiten der diskreten Diplomatie wie in der Kooperation mit Geheimdiensten auskennt. Mein Ansprechpartner bekleidet einen hochrangigen Posten im britischen Außenministerium, ist jedoch als Assistant Secretary General für einige Jahre an die Vereinten Nationen abgestellt worden. Wir verstehen uns auf Anhieb gut, und ich lerne im weiteren Verlauf unserer Zusammenarbeit seine pragmatische Art, seine Umsicht und seinen feinen Humor sehr zu schätzen.

Nach Berlin zurückgekehrt, treffe ich mich mit dem angereisten israelischen Verhandlungsteam zu einem ersten Gedankenaustausch. Dessen Leiter ist ein ehemaliger stellvertretender Chef des Inlandsgeheimdienstes Schin Bet. Er trägt bereits schwer am Fall Gilad Schalit, dessen Lösung ihm ebenfalls aufgetragen worden ist. Auch ihm ist die Notwendigkeit zu strengster Geheimhaltung bei unseren Kontakten nur allzu bewusst. Darum werde ich auch im weiteren Verlauf der Mission so gut wie nie nach Israel reisen, da dort aufgrund der Transparenz der Verhältnisse – sprich das hohe Medieninteresse und meine mögliche Bekanntheit nach der letzten Austauschaktion – mit der Dauer der neuen Verhandlungsmission eine Aufdeckung zunehmend wahrscheinlicher würde. Überhaupt bewege ich mich immer sehr vorsichtig und bemühe mich, möglichst keine Anhaltspunkte für die Medien zu hinterlassen. So fliege ich auch bei meinen Reisen nach Beirut, wo ich die Vertreter der Hizballah treffe, niemals direkt von Deutschland aus in den Libanon, sondern über einen Zwischenstopp in Paris, Wien, London, Madrid, Rom oder Istanbul. Ich vermeide tunlichst jegliche Routine, damit mein Gesicht nicht zu oft an denselben Stellen und bei denselben Menschen auftaucht. Wer kann schon wissen, wer sich in welchem Zusammenhang an einen erinnert. Selbst flüchtige Begegnungen – wie beim Check-in – können manchmal schwerwiegende Folgen haben. Um jegliches Risiko zu vermeiden, reise ich mit wechselnden Namen und Papieren, auch dies etwas, das auf legale Weise nur ein Nachrichtendienst seinen Mitarbeitern ermöglichen kann. Ich möchte mir um jeden Preis allzu große Neugier vom Leib halten. Die Vereinten Nationen haben sich leider, obwohl sie ihrerseits um Abschottung und Geheimhaltung bemüht sind, gleich zu Beginn als »durchlässig« erwiesen. *Der Spiegel* berichtet, dass ein in Berlin lebender, in Kollegenkreisen hoch anerkannter BND-Mitarbeiter mit dem Spitznamen »Mister Hizballah« im persönlichen Auftrag Kofi Annans unter strikter Geheimhaltung zwischen Israel und der Hizballah vermittelt. Damit ist die Jagd der Presse auf mich eröffnet. Auf meine Kollegen kann ich mich weitgehend verlassen, allenfalls besteht das Risiko gezielter Leaks der Kontrahenten, um den Verlauf der Verhandlungen zu beeinflussen.

Wenige Wochen zuvor war ich mit BND-Präsident Uhrlau in Beirut, jetzt reise ich allein. Am Flughafen holt mich unser Resident, ein in libanesischen Dingen sehr erfahrener, ebenso umsichtiger wie tatkräftiger Kollege, ab. Während in Berlin der Herbstwind Laub und Regen durch die Straßen fegt, herrscht an der libanesischen Mittelmeerküste sehr mildes Oktoberwetter. Wir fahren vom Flughafen in Richtung Westbeirut und biegen auf den Parkplatz eines großen Supermarkts ab. Familien schieben Einkaufs- und Kinderwagen zwischen den Reihen der geparkten Fahrzeuge entlang. »Spinney's Hypermarché« lese ich laut den grünen Schriftzug über dem Eingang. Wir sind am Treffpunkt angelangt. An einem Plastiktisch der Cafeteria hinter den Kassen wartet kein Geringerer als der mir aus unseren Verhandlungen seit Jahren gut bekannte persönliche Beauftragte von Sheikh Nasrallah für Außenbeziehungen.

Mein Kollege und ich bahnen uns einen Weg durch schreiende Kinder und mit Einkäufen beladene Menschen. Ich schaue mich möglichst unauffällig um und begrüße den Hizballah-Vertreter. »Wie gut, Sie zu sehen! Wie geht es Ihnen?« Ich wage kaum zu fragen, da ich weiß, dass im Juli-Krieg die halbe Stadt – darunter das gesamte Hauptquartier der Hizballah – durch israelische Bomben in Schutt und Asche gelegt wurde. Zwar entsprachen die Ankündigungen einiger israelischer Offizieller, man werde den Libanon zurück in die Steinzeit bomben, nicht ganz der Wahrheit, aber die Zerstörungen in Beirut sind doch so immens, dass Teile der Stadt, insbesondere in ihrem von Hizballah beherrschten Süden, wieder an die Trümmerlandschaften des Bürgerkriegs erinnern. »Wa'l-hamdu li'llah. Es geht uns gut«, erwidert mein Gegenüber ebenso gefasst wie freundlich. »Wie war Ihr Flug, Mister Conrad?« – »Ebenfalls gut. Problemlos.«

Mein Gesprächspartner bleibt zurückhaltend, wenngleich höflich. Zuletzt hatten wir uns vor dem Krieg gesehen, als ich die Hizballah von der Kriegsandrohung der Israelis im Fall einer weiteren Entführung unterrichtet hatte. Sie hatten die Warnungen in den Wind geschlagen, und die Kampfhandlungen hatten Leid und Zerstörung über den Libanon gebracht. Der Hizballah-Mann schaut mich forschend an. Er sieht etwas grau und deutlich älter aus als vor den Ereignissen. Vielleicht, denke ich, versucht er zu ergründen, ob ich der Hizballah die Schuld gebe und irgendwie triumphiere, nach dem Motto »Ich habe es euch ja gleich gesagt«. Es wäre nicht gut, den Verlauf der Gespräche direkt zu Anfang derart zu belasten. »Wie geht es Seiner Eminenz?«, erkundige ich mich nach Sheikh Nasrallah. Als »guter Freund« ist das im arabischen Kulturkreis üblich und ein passender Einstieg in unsere Verhandlungen. Der Tisch wackelte bedrohlich, als der Kellner drei Pappbecher mit Kaffee darauf abstellt. »Wa'l-hamdu lillah. Alles bestens so weit.« Ich gebe meiner Freude und Erleichterung sichtbar Ausdruck und beginne, meinen Auftrag und das damit verbundene UN-Mandat zu erläutern. Auch eine Ausfertigung des mir von Kofi Annan ausgestellten persönlichen Beglaubigungsschreibens lege ich auf den Tisch der Cafeteria.

Ich schlage vor, dass wir, sofern von der Hizballah gewünscht, die bewährten Verhandlungsverfahren der Vergangenheit wieder aufleben lassen. Dass der BND die operative Verantwortung für den Ablauf der Vermittlung wahrnimmt, beruhigt meinen Gesprächspartner sichtlich. »Ich werde im Anschluss an unser Treffen seine Eminenz unterrichten«, sagte der Hizballah-Vertreter.

Während ich noch nicke, fährt er fort: »Natürlich, mein Freund, kann keine Rede davon sein, dass – wie in der UN-Resolution dargelegt – es um eine bedingungslose Rückführung der beiden israelischen Soldaten gehen kann. Dies kann nur über eine Verhandlungslösung erreicht werden, bei der auch libanesische und palästinensische Gefangene in Israel berücksichtigt werden müssen. Sie werden verstehen, dass wir nach den schweren Verwüstungen des Libanon durch die israelischen Streitkräfte das Recht dazu haben.« Ich lächle freundlich und nicke ein weiteres Mal. Doch dabei muss ich es mir schon verkneifen zu erwähnen, dass die Israelis erst begonnen hatten, den Libanon zu bombardieren, nachdem ihre Soldaten entführt worden waren. Ich erlebe wieder einmal, wie die Frage von Ursache und Wirkung doch sehr von der Perspektive und Interessenlage des jeweiligen Betrachters abhängt. Doch mich in dieser Situation für eine objektive, historisch belegbare Sichtweise stark zu machen, würde nichts nützen, und so sage ich stattdessen: »Ich denke, wir sollten uns bemühen, diese Fragen in den weiteren Gesprächsrunden zu klären.« Eine Lautsprecherdurchsage wirbt für ein Sonderangebot in Spinney's Hypermarché. »Noch etwas zum Abschluss«, sage ich. »Wie werden wir uns künftig organisieren? Der Supermarkt erscheint mir als Treffpunkt auf Dauer ...«, ich versuche, höfliche Worte zu finden, »... eher ungeeignet.« Mein Gegenüber schaut mich müde und resigniert an. In unnachahmlichem Fatalismus erwidert er lakonisch mit sanfter Stimme: »My friend, no houses left.«

KAPITEL 13

Flucht aus Beirut – Endspiel in Naqura im Sommer 2008

Die Abendmaschine aus Paris ist pünktlich. Es ist der 6. Mai 2008. Mit einem Trolley mache ich mich auf den Weg zum Ausgang. Wie so oft herrscht auf dem Flughafen in Beirut ein ziemliches Durcheinander. Fluggäste, eilig unterwegs, Abschiedsszenen und kleine Dramen, dazwischen chronisch überforderte Flughafenmitarbeiter. Gepäckträger und Taxifahrer werben lautstark um Kundschaft. Mein neuer Kollege von der Residentur wartet wie stets diskret auf dem Parkplatz. Die Szenerie ist mir während der letzten anderthalb Jahre ein vertrauter Anblick geworden. Seit dem Beginn meiner Vermittlertätigkeit im Auftrag des UN-Generalsekretärs gegen Ende des Jahres 2006 bin ich Dutzende Male in Beirut gelandet. Musste ich mich bei meinem ersten Treffen mit den Vertretern der Hizballah wegen der Kriegsschäden noch in der Cafeteria von Spinney's Hypermarché treffen, waren die Örtlichkeiten schon beim nächsten Mal deutlich adäquater gewesen. Die Hizballah wäre einfach nicht die Hizballah, wenn sie nicht mit bewährtem libanesischem Improvisationstalent und dem ihr eigenen unverwüstlichen Selbstbehauptungswillen in kurzer Zeit Zwischenlösungen für die zerbombten Immobilien gefunden hätte. Bereits zum Jahreswechsel waren zumindest räumliche Voraussetzungen für unsere Verhandlungen geschaffen worden.

Ein denkwürdiges Highlight war ein Treffen mit Generalsekretär Nasrallah im Februar 2007. Die Hizballah hatte mich am verabredeten Aufnahmepunkt mit einem unauffälligen Fahrzeug ohne Eskorte abgeholt. Mein Ansprechpartner winkte mich mit konspirativer Miene in den Wagen. Wie stets stieg ich in gutem Glauben ein, denn ich vertraute auf die lauteren Absichten meiner Gastgeber und war ihnen ohnehin ausgeliefert. In der nächsten Stunde fuhren wir kreuz und quer durch Beirut. Dabei wechselten wir mehrmals – sichtentzogen in Tiefgaragen – den Wagen. Meistens handelte es sich um unauffällige, abgenutzte Pkw mit getönten Scheiben. Vorhänge verhängten den Rücksitz. Nach einem Stopp im Süden Beiruts ging es dann plötzlich über eine Tiefgarageneinfahrt in den Untergrund. Damit meine ich nicht etwa die Operationsebene einer Untergrundorganisation, sondern tatsächlich das verbunkerte Versteck Nasrallahs tief unter der Erdoberfläche. Der Generalsekretär begrüßte mich mit großer Freundlichkeit und in der unerschütterlich wirkenden fröhlichen Fassung, die ich von ihm kannte. Mir fiel auf, dass Nasrallah etwas blass war und hüstelte, was an den langen Aufenthalten im klimatisierten Kellerversteck liegen mochte. Wir kamen schnell zum Grund meines Besuchs, und trotz der demonstrativen persönlichen Verbundenheit hatte Sheikh Nasrallah keinen Zweifel daran, dass die politischen Rahmenbedingungen für eine Umsetzung der UN-Resolution 1701 wenig Spielraum für Israel und die Hizballah ließen. »Olmert und ich haben das gleiche Problem«, sagte er mir mit resigniertem Lächeln. Nasrallah erkannte klarsichtig, dass beide Seiten nach dem Libanon-Krieg von 2006 keinen eindeutigen militärischen Sieg errungen hatten und es nun darum ging, auf irgendeine Weise das Gesicht zu wahren. Dann musste man noch das zu erwartende Verhandlungsergebnis doch als Sieg – oder zumindest beachtlichen Erfolg – verkaufen.

Darum war auch für die Hizballah der Austausch von Samir Kuntar so wichtig. Der Libanese Kuntar hatte einem palästinensischen Kommando angehört und war drusischer Abstammung, also nicht direkt mit der schiitischen Organisation affiliiert. Wenn es nun gelingen würde, ihn nach Hause zu holen, könnte sich die Hizballah als gesamtlibanesische Interessenvertretung präsentieren. Nun ging es darum, so Nasrallah, einen Prozess zu gestalten und am Leben zu erhalten, an dessen Ende eine annehmbare Lösung für beide Seiten stehen würde. Hier war strategische Geduld gefragt, und ich überlegte bereits, wie ich dem neuen UN-Generalsekretär Ban Ki-moon, der zum Jahreswechsel 2006 auf 2007 auf Kofi Annan gefolgt war, den Stand der Verhandlungen erläutern und weiterhin um Langmut und Geduld werben würde. In New York hatte man ursprünglich gehofft, diese »Petitesse« binnen wenigen Wochen lösen zu können. Angesichts meiner Erfahrungen hatte ich von Anfang an freundlich, aber nachdrücklich dagegen argumentiert.

Tatsächlich machten wir im Anschluss an das Treffen mit Nasrallah in den nächsten Monaten Fortschritte und konnten sogar symbolische, atmosphärisch durchaus wichtige Teilerfolge erzielen. So wurden im Oktober 2007 ein libanesischer Kriegsgefangener aus dem Juli-Krieg und die sterblichen Überreste zweier Hizballah-Angehöriger gegen die Leiche eines israelischen Staatsbürgers ausgetauscht, der 2005 im Mittelmeer ertrunken und an der Küste des Libanon gefunden worden war. In der Hauptsache blieben die Fronten jedoch weitgehend verhärtet. Auch die traurige Gewissheit über das Schicksal der beiden verschleppten Soldaten Regev und Goldwasser wurde von der Hizballah konsequent verweigert im eher verzweifelten Versuch, die Verhandlungsposition nicht weiter zu verschlechtern. Gleichwohl verhandelten wir in der Sache unausgesprochen über die Repatriierung von zwei gefallenen Soldaten. In israelischen Geheimdienstkreisen war man schon längst zu der Überzeugung gelangt, dass Goldwasser und Regev den Anschlag auf ihr Fahrzeug nicht überlebt haben konnten. Auch mir wurden Bilder des total zerstörten Humvee gezeigt, und es war allein schon physikalisch unmöglich, dass ein Mensch diese massive Gewalteinwirkung lebend überstanden hätte. Im Laufe der Monate hatten wir uns in kleinen Schritten weiter auf eine tragfähige Lösung zubewegt, und wie stets hielt ich an meinem vorsichtigen Zweckoptimismus fest, dass wir allmählich zu einem gütlichen Ende kommen könnten beziehungsweise angesichts der sich wieder zuspitzenden innenpolitischen Lage kommen müssten.

Erst zwei Wochen zuvor war ich in Beirut gewesen, der aktuelle Gesprächstermin war für diesen Abend bereits im Voraus vereinbart worden. Beim Verlassen des Flughafens bemerke ich, dass auffällig viele Bewaffnete, die eindeutig nicht alle den libanesischen Streit- und Sicherheitskräften zugeordnet werden können, unterwegs sind. Im Vorbeifahren sehe ich mehrere Pick-ups mit schweren Maschinengewehren auf der Ladefläche auf die Zufahrtsstraße zum Airport einbiegen. Nachdem ich am Hotel Phönicia abgesetzt worden bin, gehe ich direkt auf mein Zimmer. Mit der Hizballah ist verabredet, dass ich heute Abend hier einchecken und telefonisch Kontakt aufnehmen würde. Zwischen den Treffen halten wir aus Sicherheitsgründen Funkstille. Einzig bei unvorhergesehenen Vorfällen würde eine Kontaktaufnahme erfolgen. Ich greife nach meinem Mobiltelefon und wähle die bekannte Nummer. Das Freizeichen ertönt mehrmals, ich höre ein Knacken in der Leitung. »My friend, why did you come?«, sagt mein Ansprechpartner am anderen Ende. Der Klang der Stimme ist dunkel, fast unpersönlich. »Weil wir das so bei unserem letzten Treffen verabredet haben«, antworte ich. »Ich bin hier, mein Freund.« – »Das ist unmöglich«, sagt mein Gesprächspartner mit Grabesstimme. »Vielleicht morgen oder übermorgen, *inschallah*?« – »Unmöglich, mein Freund.« Ich kann mir beim besten Willen nicht erklären, was hier vor sich geht und bin angesichts dieser merkwürdigen Begrüßung zunehmend irritiert und ein wenig beunruhigt. »Mister Conrad?« – »Ja.« – »Besser, Sie verlassen den Libanon so bald wie möglich. Das ist mein freundschaftlicher Rat.« Ich bedanke mich, das Gespräch ist beendet.

Ich frage mich, was gerade geschieht, und versuche, mir ein Bild von der Lage zu machen: Die Hizballah hatte mich nicht ausgeladen, also – so meine Schlussfolgerung – bin ich als ihr Gast hier und müsste demnach willkommen sein. Doch offensichtlich ist das nicht der Fall. Es muss sich etwas ereignet haben – oder würde sich noch ereignen –, das meine Gastgeber nicht mehr in die Lage versetzt, für meine Sicherheit zu garantieren. Aus diesem Grund beschließe ich, früh am nächsten Morgen nach Deutschland zurückzufliegen. Sicher ist sicher, und viel kann ich hier unter diesen Umständen ohnehin nicht ausrichten. Mit einem weiteren Anruf informiere ich meine Kollegen vom BND. Wenige Stunden später ruft mich unser Resident an und informiert mich über die Lageentwicklung während der Nacht. Eigentlich muss ich dazu nur aus dem Fenster sehen, denn auf den Straßen Beiruts sind die Bewaffneten schiitischer und sunnitischer Milizen unterwegs, dazwischen die libanesische Armee, die alle irgendwo Stellung beziehen. Auslöser der Unruhen ist ein Versuch der Regierung, die militärische und sicherheitsdienstliche Präsenz der Hizballah am Flughafen zu unterbinden und Zugriff auf das Kommunikationsnetz der Partei Gottes zu erlangen, das unabhängig von den staatlichen Strukturen aufgebaut worden war. Kurzum, es handelt sich um den Versuch, die Macht der Hizballah massiv einzuschränken.

An einigen Orten des Landes und in Beirut sind dem Vernehmen nach Kämpfe ausgebrochen. »Fast wie in der guten alten Zeit des Bürgerkriegs«, sage ich zu meinem Kollegen. Er rät mir, das Hotel nicht zu verlassen und abzuwarten. Ohnehin sei die Autobahn zum Flughafen blockiert und der Flugverkehr eingestellt. Im Anschluss an unser Gespräch gehe ich in die Lobby, um meine Buchung zu verlängern. Der Rezeptionist nickt verständnisvoll und sagt, dass die Angestellten des Hotels, die in anderen Stadtteilen leben, heute nicht zur Arbeit gekommen seien. Die Mobilität im Stadtgebiet ist demnach zusammengebrochen. Das ist kein gutes Zeichen. Mit einem Kaffee in der Hand gehe ich zurück auf mein Zimmer. Sosehr es auch einleuchten mag, angesichts der unklaren Situation das Hotel nicht zu verlassen, so ist es doch auch gerade die Unübersichtlichkeit und Dynamik der Lage, die mir helfen kann, noch schnell auszureisen.

Aus jahrelanger Erfahrung weiß ich, dass ich nur in der ersten Phase eines sich anbahnenden Konflikts die Chance habe, das Land bald – wenn überhaupt – zu verlassen. Ich gehe davon aus, dass schon in absehbarer Zeit alle, jetzt noch offenen, Schlupflöcher verschlossen sein werden. Danach ist eine Ausreise oder gar eine klandestine Exfiltration wesentlich schwieriger und ungewisser. Im Hotel sitze ich zwar »hoch und trocken«, und mit einem guten Buch lässt es sich einige Zeit aushalten, doch ich habe aus verschiedenen dienstlichen und persönlichen Motiven kein Interesse daran, den Konflikt einfach auszusitzen und in Beirut auf bessere Zeiten zu hoffen. Zumal diese im Moment überhaupt noch nicht abzusehen sind, da nun eine krisenhafte Zuspitzung der Lage eingetreten ist, die sich bereits über Monate hin angebahnt hat. Mein Eindruck ist, dass eine ernsthafte – und auch militärische – Machtprobe zwischen der Hizballah und der Regierung von Fuad Siniora stattfindet, die von christlichen und sunnitischen Kräften im Land gleichermaßen gestützt wird. Auch wenn mir persönlich erst einmal keine unmittelbare Gefahr droht, muss ich also schnell handeln, um von hier wegzukommen.

Glücklicherweise habe ich im Libanon immer noch viele Freunde und Kontakte – und glücklicherweise funktionieren die Telefonverbindungen noch. Die nächsten Stunden verbringe ich damit zu telefonieren. Dann habe ich einen recht guten Überblick über die Lage. Tausende versuchen bereits, auf verschiedenen Routen den Libanon zu verlassen. Die Landverbindung nach Syrien – zumindest am Grenzübergang der Autobahn nach Damaskus – ist dicht. Entweder überlastet oder gesperrt, oder vielleicht auch beides. Außerdem sind Kämpfe entlang der Verbindungsstraße in der Beeka-Ebene ausgebrochen, und da möchte ich nun wirklich nicht in unmittelbarer Nähe vorbeifahren. Die Häfen des Landes sind ebenfalls völlig überlaufen und bieten keine Alternative, um auf dem Seeweg auszureisen. Mir bleibt nur die Möglichkeit, mich irgendwie über Land nach Norden, in den Raum Tripolis durchzuschlagen und dort mein Glück zu versuchen. In dieser Gegend befinden sich die kleineren Grenzübergänge in die syrische Provinz Homs. Am ehesten könnte ich dort noch über Abboudiyya nach Syrien gelangen. Allerdings ist der Norden des Libanon generell von notorischen Gewaltausbrüchen zwischen den konfessionellen Gruppen geplagt, und ich kann mir darum gut vorstellen, dass es dort angesichts der aktuellen Situation recht ungemütlich ist.

Ich verabrede mit dem Residenten, dass wir uns früh am nächsten Morgen mit dem Auto auf den Weg nach Norden machen. Die Zeit drängt, und am liebsten wäre ich direkt aufgebrochen, doch es ist schon spät, und eine Fahrt bei Nacht ist unter diesen Umständen ein zu hohes Risiko. Nach einer Tasse Kaffee steigen wir darum in aller Frühe am folgenden Tag in den SUV der Residentur. Unser Fahrzeug ist gepanzert, doch das bietet natürlich nur einen sehr begrenzten Schutz gegen Splitter und den Beschuss aus Handfeuerwaffen. Sollten wir an einer Straßensperre festgesetzt werden, nützt uns auch die Panzerung nichts. Im Chaos, das nach dem Ausbruch der Feindseligkeiten herrscht, muss ich zumindest damit rechnen, den falschen Leuten zu begegnen. Es gibt im Libanon ja nicht nur die Hizballah und ihre Gegner, von denen wir im Moment wenig zu befürchten haben, sondern auch andere Gruppierungen und Kriminelle, bis hin zu dschihadistischen Kräften in den Palästinenserlagern um Nahr al-Bared, von denen man nicht weiß, wie sie die Gunst der unsicheren Stunde nutzen.

Der Resident steuert den SUV aus Beirut heraus, wir diskutieren die Lage und mögliche Fahrtrouten. Die Stadt ist tatsächlich weniger belebt als sonst. Die Menschen sind entweder geflohen oder bleiben aus Angst zu Hause. Die Milizen und die Armee haben sich an den Straßenecken und an strategischen Punkten postiert. Bis jetzt werden wir einfach durchgewunken, was auch dem Diplomatenkennzeichen unseres Fahrzeugs zu verdanken ist. Auf der Küstenautobahn M51 bewegen wir uns in Richtung Norden. Je mehr wir uns Tripolis nähern, desto häufiger werden die Checkpoints der libanesischen Armee. Immer wieder stehen dunkelgrün gestrichene M113 quer zur Fahrbahn, die Mündung der Maschinenkanone auf den ankommenden Verkehr gerichtet. Die Soldaten stehen mit umgehängten Waffen am Rand oder im Schatten der Panzer. Diese Armored Personell Carriers vom Typ M113 sind mehrheitlich Teil der amerikanischen Ausrüstungshilfe an die libanesische Armee nach dem Bürgerkrieg. Der Anblick erinnert trotzdem an die Zeiten des Bürgerkriegs in den Achtzigerjahren. Ich sage das auch meinem Kollegen vom BND, der noch nicht lange auf seinem Posten in Beirut ist. »Natürlich nur an die ruhigeren Phasen, es wird ja noch nicht geschossen«, füge ich etwas sardonisch hinzu. Der Mann schluckt.

Ich rufe unsere Kollegen in Damaskus an und lasse sie wissen, wo wir uns befinden. Sie haben sich von Damaskus aus über Homs ebenfalls auf den Weg an die libanesische Grenze gemacht, um mich dort in Empfang zu nehmen. Zuvor haben sie in Damaskus ihre syrischen Gastgeber davon unterrichtet, dass »ein guter alter Bekannter« am Grenzübergang abgeholt werden soll. So nähern wir uns koordiniert auf beiden Seiten der Grenze dem Übergang in Abboudiyya und halten per Mobil- oder Satellitentelefon Kontakt. Sollten wir irgendwo aufgehalten werden oder unsere Pläne ändern müssen, wissen die Kollegen, wo wir sind. Außerdem würde es ihre Aufgabe sein, den Grenzübertritt in Abboudiyya mit den syrischen Sicherheitskräften zu koordinieren und dort Komplikationen bei der Einreise möglichst schon im Vorfeld vorzubeugen. Immerhin hatte ich ja kein Einreisevisum, und dessen Ausstellung am Grenzübergang ist nicht selbstverständlich.

Irgendwann glaube ich, trotz geschlossener Fenster und Klimaanlage Brandgeruch wahrzunehmen. Meinem Kollegen geht es ähnlich, und er drosselt sofort die Geschwindigkeit. Die Straße führt eine flache Anhöhe hinauf, was auf der anderen Seite liegt, können wir von hier aus nicht sehen. Nahe dem Kamm erkenne ich schwarze Rauchschwaden. Der dichte Qualm zieht mit dem Wind träge in Richtung Westen. »Etwas brennt«, sage ich. »Das muss aber nichts heißen.« Immer noch kommen uns Fahrzeuge in normalem Tempo entgegen, was nicht darauf hindeutet, dass die Straße blockiert oder umkämpft ist. Von der Spitze des Hügels aus sehe ich dann mehrere brennende Autoreifen auf der Straße liegen. Die Fahrzeuge müssen sehr langsam darum herumkurven. Dazwischen stehen bewaffnete Zivilisten. Sie haben einen Pkw angehalten, eben öffnet einer von ihnen den Kofferraum. »Ein wilder Checkpoint«, sage ich. »Die Reifen haben sie angezündet, damit man nicht mit voller Geschwindigkeit den Hügel hinunterkommt und in den Kontrollpunkt knallt. Eigentlich eher umsichtig.« Mein Kollege umklammert das Lenkrad und schaltet einen Gang herunter. Im Schritttempo fahren wir auf die Bewaffneten zu.

Ich bin nicht weiter beunruhigt, da ich mir denken kann, dass in der Gegend südlich von Tripolis die Frontlinien hauptsächlich zwischen verfeindeten lokalen Communitys verlaufen. Diese Dorfgemeinschaften sind in der Regel arm und sehr ländlich geprägt, an Ausländern dürften sie nicht weiter interessiert sein, zumal die Zeit der Geiselnahmen und Entführungen westlicher Staatsbürger schon lange vorbei ist. Ein hagerer Jugendlicher mit einer Kalaschnikow in der Hand gibt uns ein Zeichen anzuhalten. Betont gelassen betrachte ich die Szenerie. Ein älterer Mann steht am Ende der Straßensperre und hat eine RPG auf der Schulter. Das panzerbrechende Projektil zeigt in den Himmel, es sieht – so wie die ganze Waffe – alt und verkratzt aus. Auch die Menschen am Checkpoint sind von einem harten Leben sichtbar gezeichnet und offensichtlich bitterarm. Als ich den Schalter betätige, fährt die Panzerglasscheibe des SUV mit einem leisen Surren herunter. Der Geruch nach brennendem Gummi wird beißender. Der jugendliche Kalaschnikow-Träger wünscht uns einen guten Tag. Ich antworte ihm in meinem schönsten Arabisch und erkläre, dass wir deutsche Diplomaten auf dem Weg nach Abboudiyya seien. Mein Kollege am Lenkrad lächelt und nickt. Der Bewaffnete schaut kurz ins Innere des Wagens, lediglich mein Koffer liegt auf dem Rücksitz. Dann wünscht er uns eine gute Reise. Nach weiteren Checkpoints gelangen wir in die Nähe Abboudiyyas. Während wir uns dem kleinen Flecken mit der Grenzstation nähern, geraten wir in einen Megastau. Auf einmal stehen die Fahrzeuge Stoßstange an Stoßstange auf der Straße, so weit das Auge reicht. Die meisten Menschen haben ihre Autos verlassen und sich an den Straßenrand gesetzt. Einige essen, andere schlafen. »Es muss sich um den Rückstau von der Grenze handeln«, sage ich. »Leider sind wohl noch andere auf die kluge Idee gekommen, es hier zu versuchen.« Ich rufe meine BND-Kollegen auf der syrischen Seite an. Auch sie haben die Grenzstation mittlerweile erreicht. Es ist Mittagszeit. Mit ihrer Hilfe gelingt es, dass die syrischen Beamten ihre libanesischen Kollegen bitten, uns aus der Masse der Fahrzeuge herauszupicken und uns am Stau vorbei zum Übergang zu lotsen. Nicht gerade zur Freude aller Umstehenden, doch ohne nennenswerte Zwischenfälle, wenn man von den durchaus verständlichen wüsten Beschimpfungen absieht. Ich verabschiede mich herzlich von meinem hilfreichen und umsichtigen Reisegefährten, der nach Beirut zurückkehrt, nehme meinen kleinen Koffer und gehe zu Fuß in den libanesischen Teil der Grenzstation, um meinen Ausreisestempel zu erhalten. Auf der anderen Seite gebe ich dann meinen Diplomatenpass dem syrischen Grenzpolizisten, der in Begleitung des BND-Teams schon auf mich wartet. Anschließend fahren wir nach Damaskus. Am Folgetag fliege ich nach Deutschland zurück.

In den ruhigeren Stunden blicke ich auf die hektischen Tage zurück. Ich hatte offensichtlich den Fehler begangen, mich nur auf meine libanesischen Gastgeber zu verlassen, die angesichts der sich auch für sie überstürzenden Ereignisse schlichtweg vergessen hatten, mich über die ausgebrochenen Feindseligkeiten zu informieren und mich rechtzeitig wieder auszuladen. Ich wiederum hätte wegen der bekannten volatilen politischen Lage besser eine intensivere eigene taktische Lagefeststellung betreiben und gegebenenfalls eigeninitiativ ein Votum meiner Gastgeber einholen sollen. So war ich dann auf der Grundlage unzureichender Lagefeststellung und Lagebeurteilung unversehens in eine potenziell prekäre Lage geraten. Erneut zeigte sich, wie wichtig rechtzeitige und zuverlässige *intelligence*, aber eben auch deren angemessene Berücksichtigung im Entscheidungsprozess war. Bei allem Unvorhergesehenen hat sich aber auch gezeigt, wie wichtig es ist, ein Netzwerk an etablierten Beziehungen sozusagen als Rückfallposition zu haben. Manchmal kann dies zu einer Art Lebensversicherung werden. Murphys Gesetz hat sich auf dieser Reise in den Libanon zumindest teilweise bewahrheitet: Vieles, dankenswerterweise nicht alles, was schiefgehen kann, geht schief.

Genau daran – was alles schiefgehen kann – muss ich denken, als ich am 16. Juli, nur zwei Monate später. wieder an einem libanesischen Grenzübergang, nunmehr im äußersten Süden, stehe. Es handelt es sich um die israelisch-libanesische Demarkationslinie bei Naqura. Auf der israelischen Seite heißt der nur für UNO-Kräfte zugelassene Übergang Rosh Hanikra und auf der libanesischen – wo ich mich befinde – Ra's Naaqoura.

Die Verhandlungen zwischen Israel und der Hizballah sind vor dem Hintergrund eines von Katar und der Arabischen Liga nach der schweren Eskalation glücklich vermittelten politischen Kompromisses zur künftigen Machtteilhabe zwischen den libanesischen Kontrahenten endlich zum Abschluss gelangt, und wir bereiten den finalen Austausch vor. Es ist ein heißer Frühsommertag. Nach allen Höhen und Tiefen der Verhandlungsmission bin ich glücklich, dass wir es geschafft haben. Zuletzt ging es sogar recht schnell, ich hatte den Eindruck, dass beide Parteien unbedingt ein Ergebnis wollten – und wohl auch brauchten – und man nach dem Motto »Augen zu und durch« handelte. Auch in Israel war der Druck auf die Regierung Olmert gewachsen, wenigstens in einem der beiden Entführungsfälle etwas vorzuweisen. Am Vorabend habe ich in Beirut die sterblichen Überreste von Eldad Regev und Ehud Goldwasser symbolisch identifiziert, was im Klartext so viel heißt, dass ich in Augenschein genommen habe, was von den beiden armen Menschen übrig geblieben ist. Ihre *dog tags* und Militärausweise befinden sich ebenfalls in den Händen der Hizballah, auch die hat man mich sehen lassen, und so kann ich gutgläubig der israelischen Seite bestätigen, dass, soweit erkennbar, alles seine Richtigkeit haben müsste. Für die Überstellung der Särge aus dem Libanon nach Israel ist das Internationale Rote Kreuz zuständig. Wie bei der Austauschaktion in Bonn 2004 werden nach der Übergabe die israelischen Forensiker zweifelsfrei die Identität ihrer Soldaten bestätigen müssen.

Im Gegenzug sind Samir Kuntar und fünf weitere Gefangene aus dem letzten Krieg sowie die sterblichen Überreste von etwa zweihundert libanesischen und palästinensischen Gefallenen aus Israel auf dem Weg nach Naqura. Der Ort für den Austausch ist auch Sitz des Hauptquartiers der UN-Mission UNIFIL (United Nations Interim Force in Lebanon), die den Waffenstillstand an der Blue Line überwacht. Wir befinden uns jedoch in sicherer Entfernung davon im äußersten Süden, wenige Hundert Meter von der Blue Line entfernt mitten im freien Gelände, wo ein paar Zelte aufgestellt worden sind. Mein Counterpart auf der israelischen Seite ruft mich über Satellitentelefon an, um sich nach dem Stand der Dinge zu erkundigen. Ich versichere ihm, dass die Hizballah zur Übergabe bereit sei. Die Sonne steht jetzt hoch am Himmel, und es wird immer heißer. Ich mache mich auf die Suche nach Schatten und etwas Trinkbarem. Beides finde ich im Zelt des Roten Kreuzes. Der junge Spanier des ICRC, das heute auch die Überstellung der Särge aus Israel übernimmt, ist ebenfalls dort.

An diesem Vormittag bin ich recht angespannt. Sollte etwas schieflaufen, wäre ich ziemlich machtlos, aber trotzdem verantwortlich. Der Austausch auf dem Köln-Bonner Flughafen im Jahr 2004 spielte sich auf deutschem Hoheitsgebiet und unter Kontrolle der Bundesregierung – vertreten durch BND-Präsident

Hanning und den Koordinator der Nachrichtendienste Ernst Uhrlau – ab. Ich war in meiner Funktion als Teil des BND-Vermittlungsteams daran beteiligt. Wäre damals etwas außer Kontrolle geraten, so hätten die deutschen Behörden sofort einschreiten können. Heute befinde ich mich dagegen im Niemandsland zwischen Israel und dem Libanon und bin im Auftrag der Vereinten Nationen tätig, die bekanntlich über keine »Kavallerie« verfügen, insbesondere da auch die UNIFIL nicht direkt involviert ist. Gesetzt den Fall, die Hizballah würde die Leichen von Regev und Goldwasser aus den Händen geben, wenn sie es denn tatsächlich waren, die Israelis aber Samir Kuntar daraufhin nicht in die Freiheit ziehen ließen, was könnte ich in einem solchen – auch für den Vermittler – katastrophalen Szenario überhaupt tun? Mir bliebe lediglich übrig, mit der Flucht in die Weltöffentlichkeit zu drohen und den Generalsekretär der Vereinten Nationen über das Fiasko zu informieren. Ob dies irgendetwas in der Sache ändern würde, ist fraglich. Sehr rasch würden sich notfalls alle Seiten auf den Vermittler als Schuldigen einigen können.

Nicht nur meine Gedanken wenden sich den schlimmstmöglichen Szenarien zu, sondern ich kann auch das tief sitzende Misstrauen und die alte Feindschaft gegenüber Israel unter den Vertretern der Hizballah spüren, mit denen ich zusammen auf die Ankunft von Kuntar und den übrigen Gefangenen warte. Das sonnenverbrannte Land an der Blue Line ist ein Schlachtfeld, auf dem jederzeit wieder gekämpft werden kann. Zum Glück hat der junge Spanier eine ausgesprochen souveräne pragmatische Art, man merkt die ausgezeichnete Schulung und Erfahrung im Management volatiler Situationen. Ich höre, wie er gelassen in sein Funkgerät spricht: »Die sterblichen Überreste passieren die Grenze.« Im Gegenzug lässt Israel nach einer – mir ewig vorkommenden Weile – die Gefangenen frei. Nichts Katastrophales ereignet sich. Ich bin erleichtert und habe nur noch den Wunsch, schnell und ungesehen aus Naqura zu verschwinden. Die Hizballah wird wieder einen triumphalen Empfang für die Heimkehrer in Beirut veranstalten und möchte, dass ich als Vertreter des UN-Generalsekretärs publikumswirksam daran teilnehme. Doch ich bin keinesfalls gewillt und im Übrigen auch nicht autorisiert, mich unter dem Namen der Vereinten Nationen für Propagandazwecke herzugeben und mich zu guter Letzt, auch im Hinblick auf alle künftigen Verwendungen, im Dienst zu »verbrennen«.

Mein persönlicher Begleiter, der ehemalige Resident des BND in Beirut und Weggefährte auf schwieriger Mission, hilft mir dabei, unauffällig aus Naqura zu verschwinden und mit ihm nach Beirut zurückzufahren. Abends trinken wir noch gemeinsam erschöpft ein Bier auf der Terrasse unseres Strandhotels an der Corniche und sehen uns den Sonnenuntergang über dem Mittelmeer an. Ich fühle mich ausgelaugt und kann noch gar nicht recht glauben, dass wir heute vollendet haben, woran wir – ich sage hier bewusst wir, da viele engagierte Kollegen und Kolleginnen beteiligt sind – so lange gearbeitet haben. Ich muss aber auch mit einem Gefühl der Bitterkeit daran denken, dass heute wieder einmal die traurige Gewissheit des Todes in zwei Familien Einzug gehalten hat. Der Funke der Hoffnung ist manchmal schwach, aber zumindest ist er vorhanden. Für die Angehörigen von Regev und Goldwasser bleibt nur der Trost, den beiden Soldaten nun ein würdiges Begräbnis geben zu können. Allein das ist bei einer humanitären Mission dieser Art Anerkennung genug.

Trotzdem fühle ich mich zusätzlich geehrt, als mich eine förmliche Einladung ins Bundeskanzleramt erreicht: Kanzleramtsminister Thomas de Maizière verleiht mir das Bundesverdienstkreuz am Bande »in Anerkennung der um Volk und Staat erworbenen besonderen Verdienste«. Ich freue mich über den Erfolg und nehme die Auszeichnung stellvertretend für alle, die daran beteiligt waren, dankend entgegen.

KAPITEL 14

Opfer des eigenen Erfolgs – Mister Hizballah in Gaza

»Champagnerfarben? Oder wie würden Sie es nennen?«, sinniere ich über die Lackierung unseres Fahrzeugs. »Metallic ist auf jeden Fall dabei«, antwortet der Fahrer des Landcruisers – ebenfalls ein Kollege des BND – und sucht meinen Blick im Rückspiegel. Der Toyota 4x4 ist sondergeschützt, was so viel heißt, dass er um die Fahrgastzelle gepanzert ist, um einem Angriff durch Schusswaffen und Sprengmittel standzuhalten. Panzerstahl, Panzerglas und Kevlar sind in dem vier Tonnen schweren Gefährt verbaut. Mit dem Gewicht ändert sich auch das Fahrverhalten, trotz der acht Zylinder beschleunigt so ein »Dickschiff« langsamer, und der Bremsweg ist länger als bei einem normalen SUV. Mein Kollege, ein stämmiger Norddeutscher, hat ein spezielles Fahrtraining absolviert. »Na gut, dann eben Champagnermetallic«, sage ich. Wir sind auf den befahrenen Straßen von Tel Aviv mit ihrem unberechenbaren Verkehrsgewühl in Richtung Gaza unterwegs. Wegen der Panzerglasscheiben sind der Verkehrslärm und das Hupkonzert von draußen kaum zu hören. »Champagnermetallic« – ich spreche es genussvoll aus. »Irgendwie standesgemäß, finden Sie nicht? In jedem Agentenfilm fahren die Kollegen von der CIA in schwarzen SUV mit getönten Scheiben durch die Landschaft, meistens im Konvoi. Wir vom BND dagegen: Champagnermetallic – und dann auch noch solo nach Gaza! Das ist doch mal etwas.« Mein Kollege lacht, doch lässt er sich hinsichtlich Reaktionsschnelligkeit und Aufmerksamkeit in keiner Sekunde ablenken.

Seit meiner Ausbildung in Pullach habe ich es mir nicht abgewöhnt, die meisten meiner Mitstreiter beim BND mit »Sie« anzureden. Man hatte uns seinerzeit mit der Begründung dazu geraten, dass man sich im Dienst immer wieder begegnet, und oft im Verlauf der Karriere auch auf unterschiedlichen Ebenen. Da ist es einfacher, wenn der Umgang zumindest in dieser Hinsicht formal geregelt ist. Später wurde das – wie auch in anderen Bereichen des sozialen Lebens, die nichts mit dem BND zu tun haben – aufgeweicht, aber ich habe meistens daran festgehalten. »Sagen Sie mir Bescheid, wenn wir an der Raststätte in Yad Mordechai sind«, bitte ich und vertiefe mich wieder in meine Aufzeichnungen. Ich möchte sie noch einmal durchgehen und über einige Dinge nachdenken, bevor wir am Ziel sind. Meine neue Aufgabe ist – leicht untertrieben ausgedrückt – ungewöhnlich, und ich frage mich, ob ich am Ende ein Opfer meines eigenen Erfolgs in den Verhandlungen zwischen der Hizballah und Israel geworden bin.

Diesmal ist der Fall tatsächlich noch komplizierter. Der israelische Premierminister Benjamin Netanjahu hat 2009 Bundeskanzlerin Angela Merkel um Unterstützung bei den Bemühungen gebeten, den im Juni 2006 von der Hamas entführten Soldaten Gilad Shalit zu befreien, nachdem alle Verhandlungsversuche unter Einbeziehung Ägyptens bislang zu keinem Ergebnis geführt hatten. In Berlin entschloss man sich, der Bitte nachzukommen, und es erging eine dementsprechende Weisung an den BND. Von da an war der Weg zu mir nicht mehr weit, da ich nach zwei erfolgreichen Verhandlungsmissionen zwischen Israel und der Hizballah und aufgrund meiner Kenntnisse im Nahen Osten in dem Ruf stand, der geeignete Mann für eine derartige Mission zu sein. So wurde ich von »Mister Hizballah«, wie mich die Medien genannt hatten, zu »Mister Hamas«, eine andere Form der Expertenfalle.

Doch die Ausgangslage in den Verhandlungen mit der Hamas ist ungleich problematischer, da sich die radikale Palästinenserorganisation in einem intensiven Kriegszustand mit Israel befindet. Es gilt also, in einem heißen Konflikt zu vermitteln, und nicht, wie es zwischen Israel und der Hizballah der Fall war, um die Überwindung von Kriegs- und Kriegsfolgeschäden. Erschwerend kommt hinzu, dass der Bundesnachrichtendienst mit der Hamas Neuland betritt, denn im Gegensatz zur Hizballah haben wir hier keine über einen längeren Zeitraum aufgebauten Kontakte und Erfahrungswerte. Man kennt sich nicht. Außerdem ist die von der Bundesrepublik und der Europäischen Union als Terrorgruppe disqualifizierte Organisation in viele verschiedene Untergruppen aufgeteilt, was es auch nicht gerade einfach macht. Denn ich werde es mit verschiedenen Machtzentren zu tun haben, die – das zeigt schon eine Betrachtung der offenen Quellen – ebenso komplexe wie kontroverse und für Außenstehende wenig transparente Meinungsbildungs- und Entscheidungsprozesse pflegt. Es existiert eine Exilführung, die sich in Damaskus und Beirut aufhält, mit etablierten Beziehungen zu Syrien, dem Iran und der Hizballah. Daneben gibt es sowohl eine zivile als auch eine militärische Führung in Gaza, dem Kernland der Hamas, die keineswegs immer ein Herz und eine Seele sind. In den israelischen Haftanstalten hat sich über die Jahre hinweg ein einflussreiches »Komitee der Hamas-Häftlinge« etabliert. Da muss man sich vor Augen halten, dass in den israelischen Gefängnissen mehrere Tausend Palästinenser – viele von ihnen Hamas-Angehörige – inhaftiert sind und das Komitee von den israelischen Behörden und Sicherheitsdiensten sogar geduldet und genutzt wird, um einen verbindlichen Gesprächspartner mit Einfluss in dieser zahlenmäßig sehr großen Gruppe zu haben. Zu allem Übel stellten Ägypten, Syrien und der Iran auch noch rivalisierende Einflussgrößen auf die verschiedenen Fraktionen innerhalb der Hamas dar. In geringerem und durchaus wechselndem Maß, aber ebenfalls nicht zu vernachlässigen, auch noch die Türkei, Katar und der Sudan. Im Vergleich dazu ist die Konstellation Teheran-Damaskus-Beirut-Hizballah von geradezu transparenter Überschaubarkeit. In Abwandlung des berühmten Kissinger-Wortes zu Europa kann man sagen, dass es »keine Telefonnummer« gibt, unter der man die Hamas erreichen kann.

Für die Bundesregierung stellte sich vor Beginn der Mission auch die Frage, ob es überhaupt in ihrem Interesse liege, wenn der BND in ihrem Namen Verhandlungen mit der Hamas aufnimmt, weil dadurch die bislang von allen westlichen Staaten eher gemiedene terroristische Organisation in ihrem Ansehen aufgewertet würde. Unter Einbeziehung all dieser Faktoren sieht das Ergebnis schließlich so aus, dass ich mit dem Mandat beider Seiten quasi als Privatperson – sozusagen im *Lend and Lease*-Verfahren – mein Glück versuchen soll. So habe ich zwar den Auftrag der Verhandlungspartner, doch handelt es sich nicht um eine deutsche staatliche Vermittlung. Die Bundesregierung wird im Kontakt mit den Regionalstaaten allenfalls flankierende politische Unterstützung leisten. Besonders Ägypten ist hier unverändert ein wichtiger Ansprechpartner mit durchaus etablierten, wenngleich keineswegs konflikt- und spannungsfreien Kontakten zu einigen Führungskreisen der Hamas. Aufgrund seiner besonderen geopolitischen Position zum Gazastreifen, der ja problembeladenes unmittelbar angrenzendes Nachbargebiet ist, kommt Kairo traditionell eine wichtige Rolle als Einflussgröße zu und hat zuletzt auch im Frühjahr 2009 eine mehrmonatige Waffenruhe zwischen Israel und der Hamas vermittelt.

»Wir sind gleich da.« Diese Worte reißen mich aus meinen Gedanken. Wie ich es auch drehe und wende, angesichts der komplizierten Ausgangslage lässt es sich nicht leugnen, dass ich auch diesmal von einer politischen Entscheidung »gekidnappt« worden bin, an deren Zustandekommen ich nicht den geringsten Anteil hatte. Doch wie ich damit umgehe, erklärt sich schon durch das Wort »dienen« in »Nachrichtendienst«, und somit werde ich auch in diesem komplizierten Fall den übergeordneten Interessen der Bundesrepublik dienen, so gut ich kann.

In einer Staubwolke kommt der Landcruiser auf dem Parkplatz einer Raststätte zum Stehen. Ich nehme das Mobiltelefon und wähle die Nummer meines Ansprechpartners im israelischen Verteidigungsministerium in Tel Aviv im Gebiet HaKirya. Nach dem zweiten Freizeichen hebt er ab. »Guten Morgen«, begrüße ich den Mann am anderen Ende. »Wie ist denn so das Wetter?« – »Ganz gut, ein paar Regentropfen über Nacht, doch heute sollte die Sonne scheinen. Gute Reise.« Ich bedanke mich und lege auf. Bei der Unterhaltung geht es natürlich nicht um die Wetterverhältnisse im Gazastreifen, sondern um einen einfachen Code. Im Klartext ist die Botschaft aus Tel Aviv folgende: In der vergangenen Nacht hat es vereinzelten israelischen Beschuss von Zielen im Gazastreifen oder andere Zwischenfälle zwischen den rivalisierenden Palästinensergruppen gegeben. Doch nun ist die Lage ruhig. Die Information, die ich aus dem israelischen Verteidigungsministerium erhalten habe, ist zugleich auch die Freigabe unserer Passage ins feindliche Territorium. Ich kann nur in gutem Glauben davon ausgehen, dass zumindest für die Dauer unserer Anwesenheit von Kampfhandlungen Abstand genommen wird. Mir fällt dazu der Satz ein: »Don't shoot the messenger, please.«

Dumpf vibrierend kommt der Achtzylinder wieder auf Touren, und wir fahren das letzte Stück bis zum Kontrollpunkt Eretz.

Schon von Weitem sehe ich Wachtürme. Israelische Militärfahrzeuge und solche der Grenzpolizei sind an den Straßenrändern geparkt. Das Areal ist mit meterhohen Betonhindernissen, Maschendrahtzäunen und Stacheldraht derart umbaut, dass ich den Eindruck habe, ich würde mich in einen Käfig hineinbegeben. Wir passieren einen ersten Wachturm, aus dem der Lauf eines Maschinengewehrs der Bewegung unseres Fahrzeugs zu folgen scheint. Im Inneren der sogenannten Sperranlage, die Israel vom Gazastreifen trennt, ist die Sicht durch hohe Mauern und Splitterschutzwände versperrt. Durch die getönten Scheiben des Landcruisers blicke ich auf Beton und blauen Himmel. Dass ich nun direkt aus Israel und auch noch mit logistischer und operativer Unterstützung des Feindes nach Gaza ein- und wieder ausreise – all das so geheim wie möglich und ohne die Nutzung von Drittstaaten als neutralem Gesprächsort, nachdem Ägypten nicht mehr direkt in die Verhandlungen involviert ist –, muss den Vertretern der Hamas wahrlich suspekt sein. Dass sie sich trotzdem darauf einlassen, ist an sich schon als eine psychologische Hypothek zu werten.

Ein israelischer Soldat spricht in sein Funkgerät und winkt uns durch die Grenzbefestigungen. Auf der anderen Seite liegt Gaza, ein vierzig Kilometer langer und zehn bis fünfzehn Kilometer tiefer Küstenstreifen, der von mehr als zwei Millionen Palästinensern bewohnt wird. Gaza ist im Norden und Osten von den israelischen Befestigungsanlagen umgeben. Im Westen liegt das Mittelmeer, und im Süden befindet sich die ebenfalls schwer befestigte Grenze zu Ägypten. Bis 2007 hatte dort wie auf der Westbank mit Ostjerusalem, Nablus, Jericho, Hebron und Bethlehem die palästinensische Autonomiebehörde das Sagen, wenn auch keineswegs unumstritten, dann wurde sie von der konkurrierenden militanten Hamas quasi entmachtet. Neben ihrem tief sitzenden, religiös wie nationalistisch motivierten Hass auf Israel vertritt die Hamas eine islamistische Ideologie, die auf den Lehren der in der Region ebenso verbreiteten wie verfolgten Muslimbrüder (al-Ikhwan al-Muslimun) beruht, und strebt wie diese die Errichtung eines auf den Regeln der Scharia aufgebauten Staatswesens an.

»Auf zur nächsten Station«, sage ich, und wir fahren auf einer jetzt deutlich schlechteren Straße weiter, die uns in einer lang gestreckten Kurve von den Grenzbefestigungen wegführt. An einem unscheinbaren Checkpoint, einer kleinen Hütte aus Beton, halten wir kurz. Man erwartet uns bereits. Ein Stück weiter steht ein Geländewagen der Hamas. »Sieht gepanzert aus«, sagt mein Kollege, bringt den Landcruiser daneben zum Stehen und öffnet das Fenster auf der Beifahrerseite. »Fahren Sie hinter uns her«, sagt ein bärtiger Mann im anderen Wagen.

Ich bin in die bereits seit 2007 laufenden Verhandlungen eingestiegen, ohne mit der Hamas zuvor größere Erfahrungen gemacht zu haben. Man hatte sich gelegentlich in Damaskus auf öffentlichen Veranstaltungen der syrischen Regierung gesehen, zu denen neben dem diplomatischen Corps auch hochrangige Vertreter der Freunde und Alliierten, unter ihnen vom Iran unterstützte irakische Oppositionsgruppen, ebenso wie die Hizballah und alle radikalen säkularen oder islamistischen Palästinensergruppen zählten. Ich wäre ein schlechter Resident gewesen, hätte ich auch in diesem unverbindlichen Rahmen alle Kontakte vermieden. Natürlich hatte ich recherchiert und mich intensiv mit dem israelischen Verhandlungsteam in den bisherigen Verhandlungsstand und die Materie eingearbeitet. Bei den praktischen und logistischen Vorbereitungen kam mir zugute, dass ich den UN-Mitarbeitern in der Region aus meiner Zeit als Sonderbeauftragter des Generalsekretärs ein Begriff war. Über vertrauliche UN-Kanäle konnte ich darum anfragen, ob man mir bei der Kontaktaufnahme mit der Hamas in Gaza behilflich sein könne.

Nach einer Autorisierung aus dem Hauptquartier in New York konnte ich im Vorfeld der eigentlichen Mission ein Mitglied des UN-Office aus Jerusalem auf einem seiner Routinebesuche in Gaza-Stadt begleiten. Die Vereinten Nationen sind im Gazastreifen massiv über ihr bereits seit 1949 existierendes Hilfswerk United Nations Relief and Works Agency (UNRWA) präsent und unterhalten vielfältige Kontakte im palästinensischen Milieu. Im örtlichen Hauptquartier der Hamas machte man mich dann mit dem Arzt Dr. Mahmud az-Zahar, einer der prominenten Führungspersönlichkeiten der Hamas in Gaza, bekannt. Alle weiteren Kontakte und Gespräche sollten dann jedoch ohne UN-Präsenz geführt werden. Ich betrete also kein gänzlich unbekanntes Terrain. In einer Staubwolke folgen wir dem Geländewagen in rasender Fahrt nach Gaza-Stadt.

Ich denke an meinen ersten privaten Besuch in Gaza, einen Tagesausflug auf eigene Faust mit einem palästinensischen Sammeltaxi im Rahmen einer frühen Israel-Reise im Frühsommer 1995 zurück. Es war eine Art Rückfall in die studentischen Reiseformen gewesen, ohne eigenes Auto, geschweige denn offizielle Begleitung von irgendeiner Seite. Wie in Damaskus zu Zeiten des libanesischen Bürgerkriegs musste man sich in Jerusalem jeweils entscheiden, mit welchem Verkehrsmittel, Bus oder Sammeltaxi man wohin im Konfliktgebiet zu fahren gedachte. Vom Damaskus-Tor der Jerusalemer Altstadt aus ging es in die Palästinensergebiete auf der Westbank, aber auch auf speziell für Palästinenser ausgewiesenen Strecken in den Gazastreifen. Lebhaft erinnerte ich mich an den israelischen Grenzposten jener Zeit, der mir nach Prüfung meines deutschen Reisepasses mit warnendem Unterton durch das Seitenfenster des voll besetzten palästinensischen Sammeltaxis sagte: »You are entering Gaza at your own risk and responsibility«, was ich mit einem freundlichen »I know« im Vertrauen auf zunehmend konsolidierte Verhältnisse und die wie überall in der Region selbstverständlich gepflegte arabische Gastfreundschaft beschied.

Die Zeit schien damals voller Hoffnung zu sein. Am 13. September 1993 hatten der israelische Premierminister Jitzchak Rabin und Palästinenserführer Jassir Arafat im Rosengarten des Weißen Hauses das erste, in Oslo zwischen den Seiten unter norwegischer Vermittlung in Geheimgesprächen ausgehandelte Abkommen zur Errichtung eines palästinensischen Autonomiegebiets unterzeichnet. Rabin und Arafat erhielten für diese historische Leistung den Friedensnobelpreis. Rabin wurde im November 1995 von einem rechtsradikalen jüdischen Studenten erschossen. Ein weiterer Friedensstifter, der das Schicksal des 1981 von islamistischen Oppositionskräften ermordeten ägyptischen Präsidenten Anwar as-Sadat teilen musste. Zuvor überwogen jedoch Hoffnung, ja sogar Begeisterung. Viele Palästinenser aus der angloamerikanischen Diaspora sowie aus Europa kehrten in ihre Heimat zurück und bemühten sich, staatliche Verwaltungsstrukturen aufzubauen. Noch waren im Gazastreifen an allen strategischen Punkten die israelischen Stützpunkte allgegenwärtig; auch die 21 israelischen Siedlungen und landwirtschaftlichen Betriebe prägten unverändert das Bild.

Dies sollte sich erst mit dem von Premierminister Ariel Scharon gegen erhebliche Widerstände aus den eigenen Reihen durchgesetzten einseitigen Rückzug aus Gaza samt Aufgabe und Zerstörung aller dortigen Siedlungen im August 2005 ändern. Die Dinge hatten sich leider in all den Jahren nicht zum Guten entwickelt. Gaza war bereits in den Neunzigerjahren trotz seiner auch historisch bezeugten Funktion als ertragreiche landwirtschaftliche Region bitterarm und von Konflikten mit der seit dem Sechstagekrieg von 1967 präsenten israelischen Besatzungsmacht geblieben. Das kleine Gebiet war nach 1948 Zufluchtsort von 200.000 vornehmlich aus den südlichen Städten Jaffa und

Beerscheba vertriebenen Palästinensern. Weitere kamen im Sechstagekrieg hinzu. In den vormals kleinen beschaulichen Städten Gaza-Stadt, Jabalia, Deir al-Balah, Khan Yunis und Rafah werden nunmehr 1,4 Millionen Flüchtlinge in völlig überfüllten Lagern des Hilfswerks der Vereinten Nationen UNRWA mehr schlecht als recht versorgt. Traurig, wenngleich angesichts der mir recht gut bekannten Entwicklungen der vergangenen 15 Jahre nicht wirklich überrascht, stelle ich fest, dass sich nicht viel zum Guten geändert hat. Selbst die Durchgangsstraßen sind schlecht, nicht selten von alten, notdürftig aufgefüllten Bomben- und Granatenkratern zernarbt. Ein SUV ist hier mehr denn je angebracht, ebenso wie ausgeprägte Fahrkünste und ein hohes Reaktionsvermögen. Müll liegt an den Straßenrändern, Kinder und alte Frauen bieten Lebensmittel an. Die Menschen leben in Behausungen, die in einer anhaltenden Folge von militärischer Gewaltausübung und brüchigen Waffenstillständen zerstört und wieder notdürftig aufgebaut werden. Ein Ende dieser Dynamik ist nicht abzusehen, und die Bewohner Gazas halten stoisch daran fest, das Kaputte irgendwie wieder zusammenzuflicken und danach auf die nächste Welle der Zerstörung zu warten. Da die Kampfhandlungen in einem urbanen, dicht besiedelten Gebiet stattfinden und militärische Einrichtungen der verschiedenen Palästinensergruppen häufig in bewohntem Bereich zu finden sind, ist es nicht verwunderlich, dass ihnen auch viele Zivilisten zum Opfer fallen. Auf eine Art ist auch die gesamte Bevölkerung Gazas zu einer Geisel des Konflikts zwischen Israel und der Hamas geworden.

In einer scharfen Rechtskurve biegen wir von der asphaltierten Straße in eine Gasse ein. Der Landcruiser schlingert für einen Moment, und das Vorderrad überrollt einen Müllhaufen. Wir fahren jetzt mit recht hohem Tempo zwischen Mauern entlang. Ab und zu sehe ich ein verschlossenes Tor. Wieder biegen wir scharf ab und kommen vor einem schwarzen, drei Meter hohen Eisentor inmitten einer Mauer zum Stehen. Ein Flügel des überbreiten Tors öffnet sich scheppernd und gibt den Blick auf mehrere Männer mit Schnellfeuergewehren im dahinterliegenden Innenhof frei. Der Geländewagen der Hamas fährt hinein. Wir hinterher. Ein halbes Dutzend schwer bewaffnete Kämpfer stehen um uns herum. Einige tragen Flecktarn, andere Zivilkleidung. Ich grüße freundlich in die Runde. Auf einem Tisch stehen ein Gaskocher und eine Teekanne. Daneben liegen Taschen mit Magazinen für die automatischen Waffen. Ein bärtiger Kombattant erklärt uns, dass ich nun mit einem anderen Fahrzeug zum Treffpunkt gebracht würde, mein Kollege würde in der Zwischenzeit hier auf mich warten müssen. Ich steige zu den bewaffneten Insassen des gepanzerten SUV, der mit quietschenden Reifen den *compound* verlässt. In der Gasse weicht der Fahrer leise fluchend einer Schar von Hühnern aus, die im Müll herumpicken. Mit heulendem Motor und hoher Geschwindigkeit fahren wir kreuz und quer durch Gaza-Stadt. Ich vermag weder Richtung noch Ziel zu erkennen, aber das ist vielleicht auch gerade der Zweck der Übung. Ich frage mich, ob über uns vielleicht eine israelische Drohne oder noch höher eine mit Sensoren vollgestopfte Hercules C-130 kreist, die uns auf unserem Weg durch Gaza beobachtet. Zuzutrauen wäre es den Israelis, da sie mit allen Mitteln versuchen dürften, etwas über den Aufenthalt ihres entführten Soldaten – und den seiner Entführer – in Erfahrung zu bringen. Mir ist bekannt, dass die israelische Armee und die Geheimdienste seit Juni 2006 mehrere Kommandounternehmen in Gaza durchgeführt haben, um Gilad Schalit zu befreien, doch ohne Erfolg. Auch während der Operationen »Sommerregen« (Juni bis November 2006) und »Gegossenes Blei« (Januar 2009), bei denen die israelische Armee mehrere Vorstöße nach Gaza unternommen hatte, wurde keine Spur von ihm gefunden. Gaza-Stadt gleicht nicht nur im Hinblick auf die Bevölkerungsdichte einem Ameisenbau, sondern auch weil unter der Erdoberfläche ein geheimes, weitverzweigtes Tunnelsystem existiert. Viele Häuser sind unterirdisch miteinander verbunden. Die Hamas hat die Tunnel angelegt, um Kämpfer, Waffen und Material zu verstecken und um ihre Bewegungen vor den israelischen Aufklärungssystemen zu verbergen. Ganz Gaza-Stadt und auch die anderen Städte und Flüchtlingslager müssen mittlerweile weitläufig untertunnelt sein. Es ist wahrscheinlich, dass der entführte Soldat irgendwo in den Höhlen gefangen gehalten, jedenfalls aber unterirdisch von einem Safe House zum anderen gebracht wird.

Neben den innerstädtischen Tunneln gibt es auch solche, die aus dem Gazastreifen heraus unter den Grenzbefestigungen von Rafah hindurch in den ägyptischen Sinai führen. Über diese geheimen Verbindungen, zu Bestzeiten über 250 Tunnel, zum Teil auch für den Transport sperriger Güter wie Autos geeignet, gelangen Menschen, Waffen und Nachschub ins Innere. Eine veritable einträgliche »Tunnelwirtschaft« hatte sich hier in den vergangenen Jahren entwickelt und Hamas-Führer sowie die von diesen protegierten Kaufleute zu erheblichem Wohlstand gebracht. In gleicher Weise werden allerdings auch militärische Tunnels unter den israelischen Grenzanlagen vorangetrieben, aus denen heraus Stoßtrupps im Feindesland operieren sollen.

Auch die Entführung Schalits war nur möglich, weil Palästinensergruppen einen Zugang unter den Grenzbefestigungen bei Kerem Shalom hindurch bis in die Nähe eines israelischen Kontrollpostens gegraben hatten. In den frühen Morgenstunden des 25. Juni machte sich dann ein siebenköpfiges gemischtes Kommando auf den Weg und überfiel die israelischen Soldaten in ihrer Stellung. Bei einem Schusswechsel wurden zwei Israelis getötet und weitere – darunter Gilad Schalit – verletzt. Noch während des Feuerüberfalls verschleppten die Kämpfer den verwundeten Israeli durch den Tunnel nach Gaza. Zu der Aktion bekannten sich einen Tag später die Kassam-Brigaden der Hamas, das Volkswiderstandskomitee und die zuvor nicht bekannte Gruppe Dschaisch al-Islam. Man forderte bereits zu diesem Zeitpunkt die Freilassung aller in Israel inhaftierten weiblichen und minderjährigen palästinensischen Häftlinge im Austausch gegen Informationen über das Schicksal Schalits. Im Oktober 2006 bestätigte das palästinensische Volkswiderstandskomitee, dass der Gefangene am Leben sei und ihm kein Leid geschehe. Im Januar 2007 gab die Hamas bekannt, dass sie nun den Gefangenen allein in ihrer Gewalt habe. Für die Hamas wächst das Prestige sowohl mit der gelungenen Kommandoaktion als auch durch die Tatsache, dass sie dazu in der Lage ist, eine Geisel über einen langen Zeitraum und unter anhaltend massivem militärischem und geheimdienstlichem Druck Israels am Leben zu erhalten. Auch auf der internationalen Bühne wird sie dadurch nun zum zentralen Verhandlungspartner in diesem Fall.

Unsere Fahrt führt aus dem Zentrum von Gaza-Stadt heraus. In der Ferne kann ich die Silhouetten einiger Hochhäuser erkennen, sie flimmern in der heißen Luft. Wir halten vor einem unscheinbaren, von mannshohen Mauern umgebenen Anwesen. Erneut öffnet sich rasch ein schwarzes Metalltor. Begleitet von zwei Hamas-Angehörigen betrete ich ein zweistöckiges Haus. Im Inneren riecht es nach Essen, und von irgendwoher sind Kinderstimmen zu hören. Wir gehen die Treppe nach oben und durch einen Raum, in dem sich ein Fernseher und eine gepolsterte Sitzecke befinden. Auf dem Fernseher stehen Plastikblumen, an der Wand hängt die Darstellung eines religiösen Schriftzugs. Ein typisches Wohnzimmer, wie man es in der Region tausendfach findet. Beim Eintreten in ein weiteres Zimmer erheben sich zwei

Männer und begrüßen mich förmlich. Ich schüttle Hände und stelle mich vor. Der Raum ist auffallend leer und wurde wohl extra für unser Treffen hergerichtet: vier Holzstühle, die um einen Tisch gruppiert sind, auf dem eine schlichte Wachstuchdecke liegt.

Einer der Männer, mit denen ich gekommen bin, bringt Tee. Während wir den Zucker in den kleinen Gläsern umrühren, ist das Klappern der Löffel das einzige Geräusch. Für mich ist es ein erster Erfolg, meinen zukünftigen Gesprächspartnern von Angesicht zu Angesicht gegenüberzusitzen. Ahmed al-Dschabari ist der Anführer der Izz ad-Din al-Kassam Brigaden, und in dieser Funktion Leiter des militärischen Flügels der Hamas. Der robuste, groß gewachsene Endvierziger ist auf den ersten Blick von bodenständiger Bonhomie, strahlt aber zugleich auch die unterschwellige Brutalität und Härte eines Guerrillakommandeurs aus, der sich mit dem bewaffneten Kampf auskennt, für den jedoch Politik bestenfalls ein notwendiges Übel darstellt. Mahmud az-Zahar, den ich bereits kennengelernt habe, wirkt dagegen mit seinen 64 Jahren beinahe väterlich. Er ist ein beliebter, praktizierender Arzt und einer der Notablen seiner Geburts- und Heimatstadt Gaza-Stadt, was jedoch nicht darüber hinwegtäuschen darf, dass auch er sich dem bewaffneten Kampf der radikalislamischen Hamas verpflichtet fühlt. Nur ist er im Unterschied zu Dschabari so etwas wie der wichtigste Vertreter des politischen Flügels in Gaza, mit universitärer Bildung in Kairo, umfangreichen Erfahrungen als Parlamentarier und kurzzeitiger Außenminister der Palästinensischen Autonomiebehörde im Jahr 2006.

An unserem stark gesüßten Tee nippend, beginnen wir, über die anstehenden Verhandlungen zu sprechen. Trotz ihrer offensichtlichen Höflichkeit – beinahe Freundlichkeit – mir gegenüber, bemerke ich, dass meine Gesprächspartner im Grunde genommen eine sehr verbitterte, ja feindselige Haltung haben.

Es geht ihnen gewissermaßen gegen ihre Natur, sich weiterhin mit Israel auf Verhandlungen und damit auf eine Art Zwangsgemeinschaft im Interesse eines gemeinsamen Erfolgs einlassen zu müssen, wohl auch, weil wir uns tatsächlich in einer akuten Kriegssituation befinden. Bombenangriffe, Artilleriebeschuss, Kommandoaktionen – all das kann sich jederzeit in Gaza ereignen. Tod und Verwüstung begegnen mir hier als unmittelbare und aktuelle Realität im persönlichen Leben meiner Verhandlungspartner und nicht als weit zurückliegende Erinnerung. Ich weiß, dass az-Zahars Haus bei einem Luftangriff 2003 zerstört wurde und Teile seiner Familie dabei ums Leben gekommen sind. Dschabari hatte ähnliche Erfahrungen gemacht: Mit 22 Jahren war er, noch für die Fatah im Südlibanon kämpfend, gefangen genommen und zu 15-jähriger Haft in Israel verurteilt worden, wo er nicht nur gut Hebräisch lernte, sondern 1988 zur Hamas übertrat. Nach seiner Freilassung 1995 stieg er rasch in den bewaffneten Kräften der Hamas auf. 2004 überlebte er verwundet einen gezielten Luftangriff auf sein Haus in Gaza-Stadt und verlor seinerseits einige Familienmitglieder. Seither lebte Dschabari im Untergrund mit ständig wechselnden Aufenthaltsorten.

Es ist mithin kein Wunder, dass die beiden Männer zwar harte Brocken sind, die ihre Erlebnisse überspielen, aber die schweren Traumata werden quasi in Hass und weiterer Gewalt sublimiert. Für Dschabari und az-Zahar ist Israel kein Gegner, sondern ein unmittelbar erlebter Erzfeind! Mit seinen einführenden Worten machte az-Zahar zwar relativ deutlich glaubhaft, dass er sich seinem Volk verpflichtet fühlt und dafür kämpft, dessen Situation zu verbessern, darüber hinaus aber ein staatliches Existenzrecht Israels grundsätzlich ablehnt. »*La makana fi'l-ard*« – »Kein Platz auf dieser Erde« heißt eine voluminöse Schrift, die er mir nicht ohne Autorenstolz im späteren Verlauf unserer Verhandlungen einmal zeigt und in der er aus seiner Sicht den schlüssigen Beweis aus den alten, nicht nur muslimischen Schriften für diese These antreten könne. Dschabari will einfach nur den Feind vernichten, mehr nicht, und auch eine Freigabe von Schalit kann hier nur ein Akt des Dschihad sein, mit dem man den Feind durch maximale Erpressung ohne direkte Anwendung von Waffengewalt in die Knie zwingt.

Noch kann ich nicht einschätzen, wessen Worte mehr Gewicht haben, doch ich merke, dass unter diesen Bedingungen die Verhandlungen wesentlich schwieriger sein werden als die, die ich mit der Hizballah geführt habe. Die waren natürlich auch nicht einfach, doch die Hizballah war seit den 1990er-Jahren auch Teil der politischen Strukturen im Libanon und besaß von daher Erfahrung und Kompetenz in *statecraft, accountability and governance,* ihre Perzeption war deswegen immer auch eine strategische. Nicht so die der Hamas, hier sieht man in den Verhandlungen einfach nur eine weitere Form des aktuellen Kriegs gegen Israel.

Das Gebot der Stunde ist also größtmögliche freundliche Sachbezogenheit und Konstruktivität: Wir sollten versuchen, so argumentiere ich sanft, angesichts der im März 2009 gerade erst spektakulär in Kairo gescheiterten indirekten Gespräche noch einmal gemeinsam, Schritt für Schritt nach einer für beide Seiten akzeptablen Lösung zu suchen. Hamas wolle ihre Forderungen durchsetzen und Israel seinen Soldaten zurückhaben, so gesehen seien beide Parteien zu einer Kooperation gezwungen und befänden sich während der Verhandlungen in einer Art unfreiwilliger, jedoch notwendiger Partnerschaft miteinander. Ich lege meine Notizen auf den Tisch und beginne damit, getreu meiner Gewohnheit und der damit gemachten positiven Erfahrungen, wichtige Punkte in den Gesprächen schriftlich zu fixieren. Die Tür öffnet sich, und ein Bewaffneter schenkt Tee nach. Wasserdampf steigt von dem heißen bernsteinfarbenen Getränk in die Höhe. Die Hamas hat eine extreme Forderung gestellt, über die wir reden müssen: 1000 palästinensische Gefangene gegen Gilad Schalit! Bevor ich etwas sage, nehme ich einen Schluck Tee. »Der humanitäre Basar ist eröffnet«, denke ich und stelle mein Glas zurück auf den Tisch.

KAPITEL 15

Vom Proof of Life zum German Deal

Ahmed al-Dschabari händigt mir die Videokassette aus, als würde es sich um einen Goldbarren handeln. Stolz und zugleich beinahe ehrfürchtig hält er die billige Plastikhülle in den Händen. Der Inhalt ist tatsächlich von hohem Wert. Wenn auch nicht in Gold, so doch in Menschenleben. Wie viele genau, ist bereits ausgehandelt. »Sie sehen, mein Freund«, sagt Dr. Mahmud az-Zahar, »die Hamas hält Wort. Hier haben Sie den *Proof of Life*, so, wie wir vereinbart haben.« Freudig bedanke ich mich, kann aber auch nicht umhin, die Hülle zu öffnen und einen prüfenden Blick auf die schwarze VHS-Kassette zu werfen. Schon früh in den Verhandlungen zwischen Israel und der Hamas war es immer wieder darum gegangen, ein Lebenszeichen von Gilad Schalit zu erhalten. Im ersten Jahr nach seiner Entführung hatte die Hamas einen von ihm handgeschriebenen Brief an die israelische Seite übermittelt. Danach kam lange Zeit nichts mehr, dann eine Audioaufzeichnung, der wiederum ein langes Schweigen folgte. Darum hatte mich zu Anfang meines Mandats der neue israelische Verhandlungsführer gebeten, um einen Besuch bei Schalit nachzusuchen, damit ich mich von seiner Unversehrtheit überzeugen könne. Ähnlich waren wir ja auch 2003 in Beirut mit Elhanan Tennenbaum verfahren, den wir während seiner Gefangenschaft bei der Hizballah einmal kurz in Augenschein nehmen durften.

Im Fall der Hamas war ich allerdings skeptisch, ob mir dies gelingen würde, da meine Gesprächspartner letztlich aus gutem Grund ausgesprochen vorsichtig und um strengste Geheimhaltung bemüht waren. Sie rechneten jederzeit mit einem israelischen Befreiungsversuch und wollten das Versteck der Geisel um jeden Preis abschirmen. Hätte man mich zu Schalit geführt, so wäre es aus Sicht der Hamas vielleicht zu befürchten gewesen, dass der israelische Geheimdienst meine Bewegungen verfolgen könne.

Ich schlug zwar unter Hinweis auf die guten Erfahrungen aus Beirut dieses Vorgehen als eine mögliche Handlungsoption vor, die sicherlich die Verhandlungen dynamisieren könne, doch wie zu erwarten lehnte man mit der Begründung ab, dass dies in jeder Hinsicht zu gefährlich sei. Die operativ extrem exponierte Lage in Gaza sei nicht mit jener im Libanon zu vergleichen, wo die israelischen Zugriffsmöglichkeiten nach dem Rückzug im Jahr 2000 ungleich geringer seien. Grundsätzlich war dies nicht von der Hand zu weisen. Bislang hatten die israelischen Dienste trotz erheblicher Bemühungen das Versteck Schalits nicht ausfindig machen können. Ich war mir aber sicher, dass man auch weiter ständig damit befasst war und alle validen Optionen zur Befreiung nutzen würde. Sollten die Dienste den belastbaren Tipp eines Informanten bekommen, der den Aufenthaltsort Schalits, aus welchen Gründen auch immer, verriete, würden sie wahrscheinlich nicht zögern und erneut das Risiko einer Befreiungsaktion eingehen. Denklogisch betrachtet bestand tatsächlich jederzeit die Möglichkeit, dass es zu einer solchen Operation kam. Das wusste auch die Hamas und war daher vorsichtig.

Das war auch nicht zu übersehen, als ich erstmals eine nunmehr modifizierte Forderung der israelischen Regierung nach einem neuerlichen Lebenszeichen Schalits vorbrachte. Wieder einmal hatte ich mich mit al-Dschabari und az-Zahar in seinem

Haus in Gaza-Stadt getroffen. Wir hatten jetzt schon etwa zwei Monate miteinander verhandelt und immerhin die *terms of reference* für den Prozess und einen möglichen künftigen Vertrag im Ergebnis einvernehmlich, wenngleich mit erheblichen Mühen und ausgefeilten Formulierungskünsten, die so manchen Dissens zunächst einmal überdecken sollten, festgelegt. Wir kannten uns also schon ganz gut. Natürlich war mir bewusst, dass mich beide Seiten für ihre Zwecke instrumentalisierten und ich als Privatperson nur eine Funktion in ihrem Kalkül der Macht war. Doch trug ich ohne lange darum herumzureden die israelische Forderung vor. »In Tel Aviv möchte man nach so langer Zeit erneut ein aktuelles Lebenszeichen von Schalit haben.« – »Nein«, stieß al-Dschabari beinahe reflexartig hervor. »Unmöglich!« Az-Zahar legte die Stirn in Falten, offenbar dachte er zumindest erst einmal nach, bevor er etwas sagte. »Mein Freund, das ist unmöglich!«, erwiderte sodann auch er. Ich bot an, dass man im Gegenzug eine Forderung der Hamas erfüllen könne: »Die Freilassung einiger Gefangener zum Beispiel?« – »Vielleicht«, sagte az-Zahar vorsichtig. »Nein!«, meldete sich abermals al-Dschabari zu Wort. »Das ist doch nur ein Trick der Israelis. Sie wollen uns hereinlegen und herausfinden, wo sich Schalit befindet.«

In Gaza wusste man aus leidvoller Erfahrung um die Bedeutung der alten Weisheit in unserem Metier: »Deckung vor Wirkung! Je mehr man sich bewegt, desto schneller wird man entdeckt.« Doch dieses Risiko musste die Hamas eingehen, wenn sie an der Fortsetzung der Verhandlungen interessiert war. »Er könnte wieder einen Brief schreiben …«, setzte az-Zahar zögerlich an. »Nie und nimmer«, polterte al-Dschabari. »Die Israelis legen uns rein!« Ich wandte mich an az-Zahar. »Diesmal soll es ein Video sein. Ein Brief reicht nicht.« Al-Dschabari warf den Kopf in völliger Ablehnung zurück, noch bevor az-Zahar antworten konnte. »Siehst du, ein fauler Trick. Mit einem Video können sie herausfinden, wo es aufgenommen wurde.« Hier kam eine in Jahren der erbarmungslosen Auseinandersetzung gewachsene Paranoia zum Ausdruck. Al-Dschabari verlieh den Israelis beinahe übernatürliche Fähigkeiten. Klar, sie besaßen Satelliten, Drohnen und Informanten in Gaza – eine wahrlich hochauflösende *intelligence*, wie wir sagen –, doch das hatte bislang auch nicht viel genützt. »Wenn auf dem Video nicht etwas im Hintergrund zu sehen ist, das den Standort verrät, kann man nicht viel herausfinden. Aber das wissen Sie ja selbst«, sagte ich. »Ja, aber wenn einer von uns mit der Kamera zu dem Gefangenen geht, könnte er auffallen …«, meldete sich hier az-Zahar zu Wort. »Es muss ja nicht gleich ein ganzes Fernsehteam sein«, scherzte ich. »Ich bin dagegen«, betonte al-Dschabari nochmals. »Ich schlage vor, Sie machen eine Sicherheitsanalyse und überlegen es sich«, sagte ich zum vorläufigen Ende. »Ach, und noch etwas: Schalit sollte auf dem Video eine tagesaktuelle Zeitung in der Hand halten, damit es datierbar ist.« – »Aber dann weiß man ja, wann es aufgenommen wurde«, empörte sich al-Dschabari. »Genau«, sagte ich ruhig. »Das ist die Idee.«

Wir benötigten dann tatsächlich noch einige Treffen, bevor wir in Sachen *Proof of Life* zu einer Einigung im Grundsatz wie im Verfahren gelangten. Die Hamas erklärte sich schließlich nach reiflicher Überlegung und Beratung dazu bereit, ein Video von Schalit zu liefern, im Gegenzug sollte Israel zwanzig weibliche palästinensische Häftlinge freilassen. Als Vermittler müsste ich beiden Seiten die jeweilige Vertragstreue »garantieren«, ein wahrhaft großes Wort angesichts meines eher prekären Mandats und meiner geringen Einwirkungsmöglichkeiten.

Die Kassette halte ich nun in meinen Händen. »Ich müsste mir das Video anschauen«, sage ich. Immer noch mit stolzgeschwellter Brust nimmt al-Dschabari die Hülle mit der VHS-Kassette wieder entgegen und geht zu einem Abspielgerät, das neben dem

Fernseher auf dem Tisch steht. Die unvermeidlichen Plastikblumen stehen auch weiterhin an ihrem Platz. Az-Zahar und ich schauen zu, während al-Dschabari nach der Fernbedienung sucht, um den Apparat in Gang zu bringen. Er findet sie schließlich auf dem Sofa. Zuerst ist eine arabische Nachrichtensprecherin auf dem Bildschirm zu sehen, deren Stimme mit großer Lautstärke durchs Wohnzimmer schallt. Es sind die Mittagsnachrichten im Fernsehen. Al-Dschabari regelt den Ton herunter und schaltet schließlich den Rekorder ein. Mit einem mechanischen Geräusch wird die Kassette in das Gerät eingezogen.

Gilad Schalit ist sofort auf dem Bildschirm zu sehen. Ich kann ihn zweifelsfrei identifizieren, da ich Fotos von ihm kenne. Der junge Mann in sauberer olivgrüner Uniform ist blass, frisch rasiert und hat einen Kurzhaarschnitt. Er schaut konzentriert, aber freundlich, fast schüchtern lächelnd in die Kamera. Er befindet sich in einem neonbeleuchteten, soweit ich sehen kann, fensterlosen Raum. Er hält eine aktuelle Ausgabe der arabischen Tageszeitung *Filastin* mit dem Datum vom 14. September 2009 in die Höhe und spricht auf Hebräisch: »Ich möchte euch sagen, dass ich mich in gesundheitlicher Hinsicht gut fühle und dass mich die Mudschahedin der Kassam-Brigaden ausgezeichnet behandeln. Ich warte schon lange auf den Tag, an dem ich freigelassen werde. Und ich hoffe, dass die derzeitige Regierung unter Benjamin Netanjahu die Gelegenheit nicht verstreichen lässt, eine Vereinbarung zu erreichen, sodass sich am Ende mein Traum erfüllt und ich freikomme.« An seine Eltern gerichtet sagt er, dass er sie liebe und vermisse. »Ich wünsche mir so sehr, sie wiederzusehen. Vielen Dank und auf Wiedersehen.« Dann steht er auf und läuft einige Schritte als Zeichen dafür, dass er körperlich unversehrt und in gutem gesundheitlichem Zustand ist.

Das Video dauert knapp drei Minuten. Die Kamera wackelt ein wenig, aber ansonsten ist der Videoclip nicht schlecht gemacht. Die Elemente des Textes und die Choreografie waren zuvor in detailliertem Gespräch ausgehandelt worden, um eine eindeutige und vollständige Aussage des Lebensbeweises sicherzustellen. Nichts sollte dem Zufall überlassen werden, und so war das Ergebnis durchaus vorzeigbar. Nun ist es an mir, die israelische Seite zu informieren, dass ich tatsächlich im Besitz eines offenbar authentischen Videos bin, und sie im Gegenzug die zugesagte Überstellung der zwanzig weiblichen Gefangenen veranlasst. Ein wirklich bedeutsamer Schritt ist getan: Zum ersten Mal haben sich beide Seiten auf ein Tauschgeschäft geeinigt und bemühen sich, dieses auch »nach Treu und Glauben« umzusetzen. Dies könnte zu einer ersten Vertrauensbasis, vielleicht sogar zu einer positiven Verhandlungsdynamik führen. Dennoch fühlte ich mich nicht sehr wohl bei der ganzen Transaktion. Ich hatte das Thema *Proof of Life* zuvor mit der israelischen Seite sehr ausführlich diskutiert, und unter Verweis auf unsere früheren Erfahrungen mit derartigen Verhandlungssituationen sogar Zweifel daran geäußert, ob er uns wirklich helfen wird. Würde das erhoffte Momentum wirklich eintreten, oder würde es den emotionalen Druck auf die israelische Seite nicht immens steigern und damit die Kompromissbereitschaft aufseiten der Hamas entsprechend reduzieren?

Die Ereignisse der nächsten Wochen übertreffen in dieser Hinsicht dann sogar noch meine Befürchtungen, denn die Regierung Netanjahu veröffentlicht sofort das Video, offenbar um einen raschen Erfolg zu erzielen und eigene Handlungsfähigkeit zu demonstrieren. Tagelang ist Schalit auf allen Bildschirmen und in allen Zeitungen zu sehen, und die israelische Öffentlichkeit nimmt emotional Anteil wie nie zuvor am Schicksal dieses sympathischen, feinsinnigen und klugen jungen Mannes. War Gilad Schalit vorher ein Mensch, von dem zwar bekannt war, dass er sich irgendwo in Gaza in Geiselhaft befinden musste, blieb er doch eher ein Abstraktum für all diejenigen, die ihn nicht persönlich kannten. Doch nun wird er dank der Macht der Bilder landesweit mehr denn je zu »unserem Gilad, unserem Jungen«. Alles müsse nun umgehend getan werden, um »unseren Jungen« möglichst sofort nach Hause zu holen. Die Sicherheitsbehörden müssen sich rechtfertigen, warum Schalit nach drei Jahren immer noch als Geisel gehalten wird. Wehrdienst ist in Israel obligatorisch, und Schalit leistete ihn bei seiner Gefangennahme ab. Der schmale junge Mann hat eher etwas von einem Pfadfinder als von einem knallharten Soldaten und zieht – zu Recht – alle Sympathien auf sich.

Warum nur war das Video veröffentlicht worden? Es wäre klüger gewesen, die Familie ins Verteidigungsministerium einzuladen, ihr dort das Video zu zeigen, sie um des Verhandlungserfolgs willen zu bitten, bis auf Weiteres Stillschweigen zu bewahren, und die Aufnahme ansonsten unter Verschluss zu halten. Auch hier zeigte sich wieder: Geheimhaltung in solchen Lagen ist essenziell! Auch wenn die Tatsache eines erfolgreichen *Proof of Life* allein schon aufgrund der Gegenleistung, der Überstellung von zwanzig weiblichen Häftlingen nach Gaza, nicht völlig geheim hätte gehalten werden können, hätte eine schmallippige Regierungsverlautbarung, dass man einen Lebensbeweis erhalten habe und auf dieser Grundlage die Verhandlungen fortsetzen könne, erst einmal Aufschub ermöglicht. Natürlich hätte die Hamas, ungeachtet einer zuvor auszuhandelnden strikten Vertraulichkeit zu einem ihr genehmen Zeitpunkt das Video über ihre Medien verbreiten können, um genau diesen öffentlichen Druck zu erzeugen. Doch wäre das dann ein eklatanter Bruch des vereinbarten Rahmens durch die Gegenseite gewesen, der wiederum in der Situation verhandlungstaktisch hätte genutzt werden können. So hatte nur die Hamas gewonnen, da die israelische Regierung in der Öffentlichkeit vollkommen freiwillig eine massive und anhaltende humanitäre Druckkulisse zu ihren eigenen Lasten generiert hatte.

Bei meinem nächsten Besuch in Gaza lächeln mich dann sowohl az-Zahar als auch al-Dschabari breit an: »My friend, this was the easy part. Now it will be really difficult for you.« Meine Gesprächspartner wissen genau, dass sie jetzt im Vorteil sind. Das weiß ich leider auch und mache mich schon einmal stillschweigend auf schwierige Zeiten gefasst. Gehen Sie irgendwo in der Region in einen Teppichladen und sagen »Oh, ist der Teppich aber schön!«, können Sie davon ausgehen, dass der Eingangspreis sofort massiv in die Höhe schnellt und Sie im Verhandlungsverlauf kaum mehr eine Chance haben, zu einer reellen Geschäftsgrundlage zurückzukehren.

Ähnliches ereignet sich gerade in unseren Verhandlungen. Der emotionale Wert einer Rückkehr von Schalit ist in der Öffentlichkeit quasi ins Unermessliche gestiegen, die Regierung steht hier mit dem Rücken zur Wand. Die Hamas, wie zuvor schon die Hizballah, aber auch die Popular Front for the Liberation of Palestine – General Command (PLP-GC), die bereits im Mai 1985 eindrucksvolle 1150 Gefangene aus israelischen Gefängnissen im Austausch gegen drei israelische Soldaten hatte freipressen können, baute auf dieser, als »Schwäche« der israelischen Gesellschaft gewerteten Einstellung auf. Aufseiten der Palästinenser ist das nicht in diesem Ausmaß der Fall. Man hat aufgrund der krassen militärischen Unterlegenheit eine hohe Opferbereitschaft entwickelt, ja bekanntlich das Märtyrertum in Selbstmordattentaten als gottgefällige Erfüllung eines heldenhaften Lebens glorifiziert. Auf die Märtyrer der Hamas wartet das Paradies, auf Gilad Schalit die Familie – so ist das eben.

Ich seufze und mache mich an die Arbeit. Beinahe alle Verhandlungsrunden drehen sich um die Namen der freizulassenden Gefangenen. Die Hamas hat bereits in den frühen Verhandlungen zur Regierungszeit Olmerts einen Rahmen gesteckt: 450 freizulassende Häftlinge seien von ihr namentlich selbst vorzuschlagen, 550 weitere Palästinenser seien von den israelischen Behörden auszuwählen. Die Hamas schlägt natürlich all diejenigen vor, die »gut und teuer« sind, im Klartext die auf israelischer Seite als die notorischsten palästinensischen Terroristen und Gewalttäter verpönten Straftäter, die sich überhaupt in israelischem Gewahrsam finden lassen. Hier spielt nicht nur der Wunsch eine Rolle, den Feind so sehr wie möglich zu demütigen. Mindestens ebenso wichtig ist das Prestige für die Hamas im Allgemeinen, aber gerade auch für den ambitionierten militärischen Führer Ahmed al-Dschabari im Besonderen, all die hochgeachteten Veteranen des militanten palästinensischen Widerstands gegen Israel heimzuholen. Für die übrigen 550 Freizulassenden sollen bestimmte Kriterien gelten, über die wir ebenfalls verhandeln. Beispielsweise ist ein Punkt die Dauer der noch zu verbüßenden Haftstrafe. Es würde wenig Sinn ergeben, einen Gefangenen auszutauschen, der kurze Zeit nach seinem Austausch rechtmäßig ohnehin entlassen worden wäre. Also fällt die Wahl auf diejenigen, die noch möglichst lange Haftstrafen vor sich haben. Was aber ist »möglichst lang« beziehungsweise »kurz«? Außerdem spielt es eine große Rolle, wohin die Gefangenen verbracht werden sollen. Israel möchte sie natürlich am liebsten so weit wie möglich entfernt wissen. Zeitweilig ist in den Verhandlungen auch von dauerhaftem Exil in Drittländern die Rede, etwas, das die Hamas strikt ablehnt. Viele Gefangene kommen aus der Westbank, also dem Westjordanland mit einer mehrheitlich palästinensischen Bevölkerung oder auch aus Ostjerusalem. Ginge es nach der Hamas, aber natürlich auch nach den Angehörigen, würden sie wieder dorthin zu entlassen sein.

Der für die innere Sicherheit zuständige israelische Geheimdienst *Schin Bet* geht jedoch in seiner Einschätzung traditionell davon aus, dass die Ankunft Hunderter radikaler Palästinenser Prestige, Moral und Kampfkraft der Hamas in der Westbank potenziell stärken würde. Auch daran ist Israel nicht gelegen, wohl aber der Hamas. Schon vor meinem Einstieg als Vermittler hatte man sich auf etwa 375 Namen geeinigt, allerdings nicht immer auch auf den Entlassungsort und weitere Modalitäten. Nun geht es um die ausstehenden besonders kontroversen Fälle, die schon einmal im März 2009 für ein spektakuläres Scheitern der Verhandlungen gesorgt hatten. Die israelische Seite lehnt die Kandidaten der Hamas ab und verlangt neue Vorschläge, daraufhin übermittelt die Hamas durch mich Namen, die noch weniger diskutabel sind, oder bringt sie in veränderter Form wieder aufs Tapet.

Wir drehen uns in dieser Frage tatsächlich im Kreis, Woche um Woche vergeht. Al-Dschabari ist besonders starrköpfig, aber auch emotional: Er möchte die von ihm verehrten Helden der ersten und zweiten Intifada, der palästinensischen gewaltsamen und verlustreichen Aufstände der Jahre 1987 bis 1993 und 2000 bis 2005, befreien. Viele von ihnen hatte er in langer eigener israelischer Haft erlebt und fühlt sich ihnen kameradschaftlich, wenn nicht sogar spirituell, verbunden. Mahmud az-Zahar geht eher pragmatisch vor. Er begreift Politik als »Kunst des Möglichen« und möchte im Interesse der Menschen, der Familien in Gaza und der Westbank nach all den Jahren der Konfrontation in überschaubarer Zeit eine Lösung herbeiführen. Tausend Entlassungen, darunter ohnehin schon viele prominente Kämpfer, sind in seinen Augen ein *big deal*. Ich erlebe immer wieder, wie es zwischen den beiden zum Streit kommt. Während az-Zahar eher dazu neigt, die israelischen Vorschläge zu akzeptieren – nach dem Motto »Der Spatz in der Hand …« –, beharrt al-Dschabari auf seinen Maximalforderungen. Ich blicke in meine Aufzeichnungen, während meine Gesprächspartner sich in einen Nebenraum zurückziehen und die Wortwechsel trotz aller Bemühung um Diskretion immer heftiger werden. Die Situation ist mir unangenehm.

»Mister Conrad, entschuldigen Sie«, sagt az-Zahar. »Wir lassen Sie kurz allein, um uns unter vier Augen zu besprechen.« – »Nur zu«, nicke ich. Eine getigerte Katze schiebt sich durch den Türspalt und schaut mich aus großen Augen neugierig an. In diesem Moment fühle ich mich müde und ausgelaugt, tatsächlich setzt auch mir der monatelange Verhandlungsmarathon zu, und ich muss mich zwingen, meine Gedanken zu ordnen und konzentriert weiterzumachen. Woche für Woche pendle ich nun zwischen einem Berlin in politischem Aufruhr, Tel Aviv und Gaza hin und her, verbringe ganze Nächte über Vertragsentwürfen, Listen, Fallakten und Notizen, doch wir kommen nur in minimalen Schritten – wenn überhaupt – weiter. Neben der Vermittlertätigkeit habe ich auch noch die anspruchsvolle Aufgabe als Leiter des präsidialen Leitungsstabs in Berlin auszufüllen. Manchmal zwinge ich mich, morgens aufzustehen, und mache einfach weiter, indem ich mir mit Blick auf ein Bild von Gilad Schalit sage: »Junge, du weißt, für wen du das tust, reiß dich zusammen.« Zweifellos bin ich kein Mensch, der sich jeden Tag darüber aufregt, wie groß die Verantwortung ist, die er trägt. Ich neige eher dazu, den Druck, unter dem ich stehe, auf Armeslänge von mir fernzuhalten, die Ärmel hochzukrempeln und einfach das zu tun, was ansteht. So gelingt es mir meistens, diesen Druck in Energie umzuwandeln. Für philosophische Gedanken ist ja meistens ohnehin keine Zeit.

Al-Dschabai und az-Zahar kehren zurück, die Katze verschwindet wieder mit einem Satz zwischen ihren Beinen hindurch nach draußen. »Mister Conrad«, sagt al-Dschabari. »Wir sind uns einig, dass wir den israelischen Vorschlag so nicht akzeptieren werden.« – »Dann sprechen wir doch über einen Gegenvorschlag«, sage ich ruhig und gelange zu der Erkenntnis, wie wichtig es ist, hartnäckig, geduldig und mit guten Nerven versehen zu sein.

Gegen Ende des Jahres 2009 rückt eine Einigung in greifbare Nähe, im Prinzip sind jetzt alle wichtigen Punkte geklärt. Der israelische Verhandlungsführer beschließt, den mühsam erzielten, für beide Seiten nicht unproblematischen Kompromiss zur politischen Entscheidung dem Kabinett mit der impliziten Botschaft *now or never* vorlegen zu lassen. Die erhoffte positive Dynamik einer zum Greifen nahen Lösung bleibt jedoch aus. Sicherheitsbedenken und der politische Widerwillen gegenüber den Konzessionen an die Hamas überwiegen wie so oft in derartigen entscheidenden Situationen. Die Spielregeln werden geändert, die Konditionen der Freilassungen in zahlreichen Fällen zum Teil massiv verschärft, insbesondere in vielen besonders kontroversen Fällen. Rücktrittsdrohungen machen die Runde.

Ein schwerer Gang nach Gaza steht kurz vor Weihnachten 2009 bevor. Es soll trotz allem versucht werden zu retten, was zu retten ist, und tatsächlich gibt es trotz des dort vorherrschenden Schocks auch wohlmeinende Bemühungen. Im Ergebnis lehnt die Hamas nach einem komplexen Entscheidungsprozess zwischen den verschiedenen Machtzentren in Gaza, dem Komitee der Häftlinge und der Exilführung in Damaskus den von israelischer Seite umfänglich modifizierten Entwurf ab. Wir stehen wieder ziemlich am Anfang. Eine »Denkpause« ist nötig, was bedeutet, dass man auf beiden Seiten darauf wartet, wie sich die jeweilige interne oder auch externe politische Druckkulisse entwickeln wird. Das Spiel ist mir zwar seit 2002 zur Genüge bekannt, doch es wird dadurch nicht weniger belastend.

Im Jahresverlauf 2010 gewinnen die israelischen Dienste, offenbar über abgefangene Kommunikation, den Eindruck, dass die Hamas ein Interesse habe, die Verhandlungen wieder aufzunehmen. Wohl auch im Hinblick auf das Wohlergehen Schalits scheint man in Damaskus und Gaza die Überzeugung infrage zu stellen, dass die Zeit ausschließlich auf der eigenen Seite stehe. Das Risiko einer Depression oder anderer gesundheitlicher Schäden rückt offenbar in den Bereich des Möglichen. Spätestens zu diesem Zeitpunkt wäre es nunmehr unter rein humanitären Gesichtspunkten geboten gewesen, die Verhandlungen zu einem raschen Ende zu bringen. Ein energischer Versuch zur Aufwertung des Vertragsentwurfs soll nunmehr im Herbst unternommen werden, doch er steht erneut unter dem Primat des zähen Ringens und der traditionellen *brinkmanship* zwischen beiden Kontrahenten. Trotzdem wird noch im Dezember 2010 in vielen Nachtsitzungen mit den israelischen Fachleuten ein modifizierter Vertragsentwurf ausgearbeitet, in dem eng begrenzte politische Rahmenbedingungen maximal ausgenutzt und zusätzliche Anreize ausgearbeitet werden.

Um den schleppenden Verhandlungsverlauf in eine konstruktive Richtung zu lenken, rege ich an, über Fragen des *contingency planning* zu sprechen. Wo würden wir denn überhaupt den Austausch der Gefangenen stattfinden lassen? Der Grenzübergang Eretz käme infrage, vielleicht ebenso Ägypten. Oder per Hubschrauber über einen weiteren Drittstaat? Auf einmal sprechen wir über konkrete Dinge und scheinen uns in eine positive Richtung zu bewegen. Der Kerndissens bleibt jedoch weiterhin bestehen, beide Seiten scheinen sich zu belauern. Und erneut wiederholt sich die Geschichte, wiederholt sich die regional besonders ausgeprägte Begabung, vor lauter Taktieren den rechten Zeitpunkt zu verpassen. Die Zeitläufte gehen über vermeintliche Gewissheiten und gesichert geglaubte Positionen hinweg.

Zum Jahreswechsel zeichnet sich der Arabische Frühling mit seinen gravierenden Erschütterungen in Ägypten und Syrien ab. Am 11. Februar 2011 wird der langjährige Staatspräsident Husni

Mubarak zum Rücktritt gezwungen. Nichts ist mehr so, wie es zuvor war. Massive Proteste brechen in Syrien aus, gegen die das Regime ab März mit brutaler Gewalt zurückschlägt. Die Hamas sitzt für einen historischen Moment zwischen den Stühlen: Alte Verbündete in Damaskus werden zu Gegnern, alte Gegnerschaften in Kairo könnten sich revidieren lassen.

In dieser Zeit trifft ein dritter Gesprächspartner der Hamas aus Damaskus ein. Bald spüre ich, dass er der Position al-Dschabaris nahesteht, und vermute in seiner Anwesenheit einen ersten Schritt zur Entmachtung az-Zahars. Ende Januar 2011 naht die Entscheidung, ob der ergänzte Vertragsentwurf als Grundlage für den Austausch akzeptiert werden kann. Doch erneut stellt al-Dschabari weitere Forderungen, offenbar unterstützt von dem Mann aus Damaskus. »Da fehlt noch etwas«, sagt er in entschlossenem Ton und meint damit wieder die handverlesenen Gefangenen, die nun schon seit Jahren trotz aller Bemühungen grundsätzlich als nicht verhandelbar abgelehnt worden sind. In allen intensiven Gesprächen mit dem israelischen Verhandlungsführer war mir klar geworden, dass der politisch vorgegebene Rahmen ausgereizt war. Das Ende des Prozesses ist erreicht. Das machte ich meinen Gesprächspartnern in Gaza mit der erforderlichen Deutlichkeit klar: »Es ist das letzte Angebot«, sage ich, nicht ohne ein Gefühl tiefer Frustration. »So kommen wir nicht weiter, und ich kann nichts mehr für euch tun. Wenn wir nicht aus dem Nachverhandeln herauskommen, ist eben Schluss.«

Ich bin sowohl enttäuscht als auch am Ende meiner Kräfte. Für den Fortgang der Verhandlungen und die damit verbundene häufige Abwesenheit aus Deutschland hatte ich erhebliche Opfer gebracht, berufliche und insbesondere auch bittere persönliche. Die Vertreter der Hamas sind angesichts der deutlichen Worte schockiert. Doch sind sie natürlich auch um die Einheit der Organisation und ihrer Fraktionen bemüht. Zudem verschieben sich gerade für sie die politischen Rahmenbedingungen, da ist man eben nicht zu schnellen Entscheidungen bereit. Bei meiner letzten Rückreise aus Gaza über Israel komme ich am Abend am Flughafen Frankfurt an. In der Lounge warte ich auf meinen Anschlussflug nach Berlin und sehe im Fernsehen die Nachricht vom Sturz des ägyptischen Präsidenten Husni Mubarak. Dabei wird mir bewusst, dass sich nun keine der Konfliktparteien mehr bewegen wird, bis sich neue Rahmenbedingungen ergeben.

Ich lege mein Mandat zwar nicht förmlich nieder, aber ich stelle die Verhandlungstätigkeit vorerst ein. In Israel ist die Enttäuschung groß, doch herrscht auch Einsicht, dass im Rahmen gerade auch der eigenen politischen Vorgaben die Spielräume erschöpft waren. Es ist somit nur folgerichtig, dass auch wenige Wochen später der israelische Verhandlungsführer sein Mandat nicht mehr verlängert. Ein politischer Neuanfang angesichts neuer Verhältnisse wird erforderlich sein. Noch im selben Monat ernennt Premierminister Netanjahu mit David Meidan einen neuen Beauftragten, der sich nun anschicken muss, ein neues Verhandlungsformat, aber auch einen neuen Verhandlungsansatz zu finden. Parallel bemühe ich mich in Gesprächen mit Regionalstaaten, die mit der Hamas in Kontakt stehen – darunter die Türkei, Katar und Ägypten unter neuer Führung –, für den erreichten Kompromiss zu werben, und bitte um eine flankierende Einflussnahme auf die Hamas. Der Vertragsentwurf soll nach Möglichkeit nicht von den Konfliktparteien im Interesse der eigenen Legitimation zerredet werden, sondern als Ausgangspunkt für einen erneuten Versuch dienen. In weiteren Gesprächen wird dies auf europäischer und internationaler Ebene getan, um eine möglichst konzertierte internationale Erwartungshaltung in Sachen Schalit an alle involvierten Seiten zu kommunizieren. Es soll angesichts der gerade stattfindenden Umwälzungen des Arabischen Frühlings dem Risiko entgegengewirkt werden, dass das Schicksal von Gilad Schalit vollends in den Hintergrund der politischen Aufmerksamkeit tritt. In dieser Phase drängen sich bittere Erinnerungen an Ron Arad auf, dessen Fall aufgrund taktischer Prokrastination völlig außer Kontrolle geraten war und bis heute eine schwere moralische Hypothek für die damaligen Verantwortlichen darstellt.

Die Verhandlungen werden mithilfe der neuen ägyptischen Führung in Kairo wieder aufgenommen, und es entstehen indirekte Kontakte zwischen dem neuen Verhandlungsführer Meidan und den Hamas-Vertretern. Al-Dschabari will wieder bei null beginnen und erhöht seine Forderungen noch weit über das ursprüngliche Maß hinaus. Glücklicherweise stößt er damit auf den entschiedenen Widerstand aller Seiten. Der *German Deal* soll als Ausgangspunkt und Referenzdokument beibehalten werden. Zu verhandeln sind in diesem Rahmen lediglich Verbesserungen der israelischen Leistung, die nun auf einmal in den Bereich des Möglichen zu rücken scheinen. Der Verhandlungsstand vom November 2009, vor den einseitigen Veränderungen durch das »Kabinett«, wird weitgehend wiederhergestellt. Zu guter Letzt stehen auch 27 der – bisher über Jahre hinweg rigoros abgelehnten – »unmöglichen« Fälle ebenfalls zur Disposition, sodass am 6. Oktober 2011 mit massiver Überzeugungsarbeit der ägyptischen Vermittler gegenüber al-Dschabari nach dem Motto *enough is enough* der Vertrag unterzeichnet und am 11. Oktober der Austausch am Grenzübergang Rafah über Ägypten abgewickelt wird. Für Gilad Schalit werden 1027 palästinensische Häftlinge aus den Gefängnissen entlassen.

Ich verfolge die Bilder des Ereignisses im Büro des israelischen Staatspräsidenten Schimon Peres, der mich zu diesem Anlass eingeladen hat. Wir sehen einen jungen Mann, zunächst am Arm von Ahmed al-Dschabari, danach geführt von David Meidan und schließlich vor Premierminister Netanjahu, dem er tapfer Meldung erstattet. Mit stillem Entsetzen sehe ich einen Menschen, der im Vergleich zum Video vom 14. September 2009 nur noch ein Schatten seiner selbst ist. Zu sehr haben die Monate des vergeblichen Wartens, des Wechselbads von Hoffnung und Enttäuschung an diesem jungen Mann gezehrt. Er ist zum Spielball politischer Erpressung und Opportunitätserwägungen geworden. Am Abend gibt es noch ein persönliches Treffen mit Premierminister Netanjahu, das – wie könnte es anders sein – unter dem Motto »Ende gut, alles gut« ein versöhnliches Ende nimmt. Dem Dank des Premierministers an die Bundeskanzlerin folgt wenig später eine persönliche Geste seitens der einflussreichen Anti Defamation League (ADL) in New York, die mir den Ehrlich-Schwerin Human Rights Award »in recognition of your tireless pursuit of freedom for Israeli soldier Gilad Shalit and your devotion to saving Jewish lives« überreichen lässt. Ich nehme diese für einen Deutschen immer noch besondere Ehrung und vor allem ihre Begründung nicht ohne Bewegung an. Rita Süssmuth, Rudolf Scharping, Gert Weisskirchen und Otto Schily sind ebenfalls in dieser Form ausgezeichnet worden. In Deutschland kann der BND zum Ende der Amtszeit seines Präsidenten Ernst Uhrlau noch einmal positive Schlagzeilen machen. Das Gesicht von Mister Hizballah und Mister Hamas ist jetzt auch einem ausgewählten Medienpool bekannt. Der Weg in eine – zunächst noch sehr limitierte – Öffentlichkeit ist getan. Meine »konspirative Zeit« neigt sich dem Ende zu.

Etwa vier Wochen nach seiner Freilassung kann ich Gilad Schalit persönlich die Hand schütteln. Ich hatte darum gebeten, erst dann eingeladen zu werden, wenn es der Familie und insbesondere Gilad zuzumuten sei. Ich sitze im Wohnzimmer seines Elternhauses in Mitzpe Hila, im Norden Israels, plaudere mit den Eltern und warte auf den Sohn. Durch die Terrassentür kann ich ein Stück Wiese und blauen Himmel sehen. Die Eltern haben sich während der Geiselhaft ihres Sohnes bei allem nur zu berechtigten nachhaltigen und energischen Engagement für seine Freilassung als Muster an Dezenz und staatsbürgerlicher Verantwortung erwiesen. Sie haben meine ungeteilte Bewunderung und Sympathie. Der Vater wendet als Erster den Kopf. Ich folge seinem Blick und sehe Gilad die Treppe aus dem Obergeschoss herunterkommen. Er wirkt immer noch ein wenig wie ein Schatten seiner selbst und ist – kein Wunder nach den Jahren der Isolation – sehr scheu. Wahrscheinlich auch, weil er in mir einen Wildfremden mit ominösem Hintergrund sieht.

Die Eltern übernehmen anstelle des Sohnes die Konversation. »Es geht ihm den Umständen entsprechend. Er muss sich natürlich erst wieder an alles gewöhnen. Nicht wahr, Gilad?« Der junge Mann bleibt stumm. Ich versuche, die Situation zu entspannen, indem ich mich einfach weiter mit den Eltern unterhalte. Ich erzähle ihnen, dass ich für einige Zeit in München gelebt und in Pullach gearbeitet habe. »Bayern München« sagt Gilad Schalit plötzlich leise. »Davon bin ich ein großer Fan.« – »Das freut mich. Ist ja auch ein erfolgreiches Team.« – »In der Gefangenschaft durfte ich mir einige Spiele anschauen. Das war ganz toll«, spricht er kaum vernehmbar weiter. »Na, dann können Sie sich ja vielleicht jetzt mal ein Spiel im Stadion in Deutschland anschauen. Das wäre doch schön, nun, da Sie frei sind.« Gilad Schalit wendet den Blick ab und verharrt still und in sich gekehrt. Herzlich verabschiede ich mich von der Familie und kehre in Begleitung meiner Betreuer aus der israelischen Verhandlungsgruppe nach Tel Aviv zurück.

Ich war froh und dankbar, dass sich alles zu guter Letzt noch zum Guten gewendet hatte, und verbot mir – wie so oft – den Gedanken, dass es wahrscheinlich möglich gewesen wäre, den armen Jungen bereits zum Jahreswechsel 2009/2010 wieder nach Hause zu holen. Ein Philosoph würde vielleicht sagen, die Zeit sei damals noch nicht reif gewesen. Dies war ja auch in all den anderen Vermittlungen, die ich miterleben musste, der Fall gewesen. Nachdem ein Kompromiss auf der Vermittlerebene gefunden worden ist, schließt sich die Phase seiner Durchsetzung auf beiden Seiten an. Dort ist es wie vor Gericht und auf hoher See: Wir sind in Gottes Hand. Oder vielleicht angemessener formuliert: in den Niederungen tages- und machtpolitischer Opportunitäten.

KAPITEL 16

Skandalisierungspotenziale – Mister Hizballah in Berlin

Die Verhandlungsmissionen in Nahost hatten auch beruflich mein Leben verändert, da ich während dieser Jahre den Sonderstatus eines Vermittlers innehatte und gewissermaßen dem BND »entliehen« war. Im Oktober 2009 machte mir nun BND-Präsident Ernst Uhrlau ein Angebot, wie ich wieder in den Dienst »zurückfinden« könnte. Ich sollte künftig als Nachfolger des bisherigen Amtsinhabers, der bereits im Sommer eine Auslandsverwendung angetreten hatte, den präsidialen Leitungsstab in Berlin führen. Zumindest bis zur Pensionierung des Präsidenten im Dezember 2011 wären meine Dienste als Leiter des Leitungsstabs gefragt. Da bis zu meiner eigenen Pensionierung auch noch einige Jahre vor mir lagen und mich die Aufgabe mit ihrem Zukunftspotenzial reizte, nahm ich die – ohnehin nur schwer abzulehnende – Offerte an, obwohl die aktuellen Vermittlungsbemühungen zwischen der Hamas und Israel aus meiner Sicht nicht unbedingt für die Übernahme einer solchen Verantwortung sprachen. Die Erfahrungen der vergangenen Jahre hatten mir gezeigt, dass sich bei langfristigen Verhandlungsprozessen Phasen der intensiven Inanspruchnahme mit Monaten der Stagnation abwechseln. Zudem würde ich – so Uhrlau – als Leiter des Leitungsstabs auf ein hochqualifiziertes, eingespieltes Team zurückgreifen können.

So begebe mich in eines der Subzentren politischer Macht der Berliner Republik. Der präsidiale Leitungsstab untersteht direkt dem BND-Präsidenten und fungiert als eine Art Schnittstelle innerhalb des Dienstes, aber auch als eine wichtige Verbindung zu den externen Ansprechpartnern in Politik und Regierung. Die Funktion des Leitungsstabs lässt sich in gewisser Weise mit derjenigen des Bundeskanzleramts innerhalb der Bundesregierung vergleichen, das in seinen Abteilungen und Referaten die Zuständigkeiten der Bundesministerien spiegelt und so die Arbeit des Bundeskanzlers unterstützt. Zumindest theoretisch wird dort die geballte Kompetenz der Ministerien vereint und koordiniert, wenngleich das im Grundgesetz verankerte Ressortprinzip den Ministern eine große Selbstständigkeit und politische Verantwortlichkeit in der Wahrnehmung ihrer Aufgaben verleiht. Dies ist natürlich in einer Behörde nicht gegeben.

Im BND unterstehen die Abteilungsleiter dem Präsidenten, der grundsätzlich Weisungs- und Durchgriffsrecht auf alles und jeden in seiner Behörde hat. Angesichts eines komplexen Alltagsgeschäfts und mehr als 6500 Mitarbeitern kann er die Führungs- und Gestaltungsaufgaben in der Regel nicht höchstpersönlich wahrnehmen. Das ist aber auch nicht nötig, denn beim BND wird ähnlich der Auftragstaktik der Bundeswehr verfahren: Der jeweilige Abteilungsleiter genießt im Rahmen des innerdienstlichen Regelwerks einen großzügigen Handlungsspielraum bei der Umsetzung des Auftrags. Sämtliche Arbeitsbereiche des Dienstes – Beschaffung mit menschlichen Quellen, technische Aufklärung, Auswertung und Berichterstattung, Verwaltung, Recht und Haushalt, Sicherheit sowie Medien- und Öffentlichkeitsarbeit – sind durch Mitarbeiter im Leitungsstab vertreten und arbeiten dem Präsidenten mit Entscheidungsvorlagen und Sachstandsberichten zu. Im Außenverhältnis ist der präsidiale Leitungsstab Anlaufstelle für die zuständigen Referate im Bundeskanzleramt und in den Ministerien, wobei das Auswärtige Amt und das Verteidigungsministerium zu den wichtigsten »Kunden« zählen. Beim Themenkomplex Extremismus, Terrorismus und hybride Bedrohungen ist der BND aber auch ein wichtiger Ansprechpartner des Innenministeriums. Angesichts dieser vielfältigen Verknüpfungen mit den Strukturen der Bundesregierung ist mir klar, dass es sich um eine sehr anspruchsvolle Aufgabe handelt.

Der Leitungsstab ist auf dem Gelände der ehemaligen Gardeschützenkaserne in Lichterfelde untergebracht. Zwischen den wuchtigen Backsteinbauten der wilhelminischen Kasernenarchitektur stehen hohe Bäume, deren Blätter mittlerweile den Boden bedecken. Vom Parkplatz führt ein kurzer Weg zu einem modernen Neubau. Hier befindet sich der präsidiale Leitungsstab zusammen mit einem hochmodernen gesicherten Führungs- und Informationszentrum (FIZ). Seit 2003 beherbergt die ehemalige Kaserne am Gardeschützenweg über 1000 Mitarbeiter des Nachrichtendienstes.

Seit seiner Gründung war der BND bekanntlich in Pullach bei München beheimatet gewesen. In diesem Zusammenhang bezeichnet das Wort »beheimatet« durchaus mehr als nur eine geografische Position. Bayern war auch die Heimat sehr vieler Mitarbeiter. Die Distanz von etwa 600 Kilometern zwischen Nachrichtendienst und politischen Entscheidungsträgern in der Bundeshauptstadt Bonn hat das Verhältnis zueinander über lange Zeit ebenso geprägt wie landsmannschaftliche und politisch-historische Faktoren. Distanz, um nicht zu sagen »Nicht-Verhältnis«, war die auch öffentlich viel kritisierte, jedoch über Jahrzehnte nie ernsthaft angegangene Folge. Man muss sich nur einmal vor Augen halten, was die Aufrechterhaltung des Standorts Pullach im analogen Zeitalter für das Alltagsgeschäft des BND selbst bei gutem Willen aller Beteiligten bedeutete: Sogar einfache persönliche Gesprächskontakte erforderten Tagesreisen, und ein leistungsfähiger zeitkritischer Austausch über sichere Kommunikationsmittel stand – abgesehen von einzelnen, nach heutigen Kriterien wenig potenten kryptierten Fernschreib- und Fernsprechverbindungen – jahrzehntelang nicht zur Verfügung. Ich habe selbst noch erlebt, wie die Kommunikation zwischen Bonn und Pullach über Kuriere abgewickelt wurde, die in Nachtzügen streng bewachte Koffer mit schriftlicher Berichterstattung und Korrespondenz von München nach Bonn und umgekehrt transportierten.

Die aus diesen Gegebenheiten resultierende operative Distanz zwischen Dienst und Politik wurde während der Bonner Republik aus sehr unterschiedlichen Gründen von beiden Seiten bewusst in Kauf genommen, wenn nicht sogar befördert. Zum Teil sind die Gründe für das »Nicht-Verhältnis« in der Entstehungsgeschichte der »Organisation Gehlen« zu finden, die noch vor Gründung der Bundesrepublik von der CIA mehrheitlich aus ehemaligen Angehörigen der Wehrmacht und der Dienste des »Dritten Reichs« geschaffen wurde. Noch bis in die späten 1960er-Jahre hinein waren viele BND-Angehörige – wie ja auch Mitarbeiter zahlreicher anderer Behörden und Ministerien – tatsächlich in unterschiedlichem Maße durch ihre Vergangenheit im nationalsozialistischen Unrechtsstaat belastet. Zugleich hatte sich der »Dienst« unter seinem langjährigen Gründungspräsidenten Gehlen ein hohes Maß an Intransparenz gegenüber jedermann geschaffen. Das geschah vordringlich im Interesse der Geheimhaltung, führte aber auch dazu, dass gegenüber den Institutionen der neuen Bundesrepublik eine Art Sonderstatus aufrechterhalten wurde. Die Aura eines amerikanischen nachrichtendienstlichen Hintergrunds, dessen aktuelle Bedeutung man nicht recht bewerten konnte, kam noch hinzu und trug nicht zu der Art von *ownership* bei, die zwischen einem Nachrichtendienst und seiner Dienst- und Aufsichtsbehörde im Interesse eines tragfähigen Arbeitsverhältnisses bestehen muss. Ungeachtet dessen nutzte der erste Bundeskanzler der Bonner Republik, Konrad Adenauer, den Dienst über seinen Chef des Bundeskanzleramtes, Hans Globke, sehr wohl, wenngleich in einer Weise, die dem Ansehen des BND abträglich war und mit seiner originären Aufgabenstellung als Auslandsnachrichtendienst nichts zu tun hatte. Wie schon in den Siebzigerjahren bekannt wurde, wurden auf Weisung des Kanzlers Informationen über aktuelle oder mögliche politische Kontrahenten gesammelt und an ihn weitergeleitet. Diese Art von *ownership* stand nun erneut in eher vordemokratischen Traditionen deutscher Staatspolizeien, die man im grundgesetzlich verfassten Nachkriegsdeutschland eigentlich überwinden wollte.

Trotz aller persönlichen und politischen Distanz wurden die vom Nachrichtendienst gewonnenen Erkenntnisse der Auslandsaufklärung genutzt. Auch wenn viele das öffentlich nicht zugaben und sogar das Gegenteil behaupteten. Bundeskanzler Helmut Schmidt sagte einmal, auf den BND angesprochen, dessen Informationen seien ihm auch schon durch die Lektüre einer großen Schweizer Tageszeitung bekannt, und bezeichnete die Mitarbeiter des Dienstes in anderem Zusammenhang als Dilettanten. Im Nachhinein belegen seine handschriftlichen Vermerke auf den freigegebenen Akten des Bundeskanzleramts, dass er sehr wohl intensiv mit der BND-Berichterstattung gearbeitet hat – und eben nicht nur mit der Tageszeitung. Diese Form der öffentlichen Illoyalität gegenüber dem eigenen nachgeordneten Bereich, meist aus opportunistischen oder gar populistischen Motiven heraus, gehörte in Bonn parteiübergreifend nachgerade zum guten Ton. Helmut Kohl bezeichnete – wie viele andere auch – die BND-Mitarbeiter despektierlich als »Schlapphüte« und stellte fest, dass diese ja »gar nichts wüssten«. Jedenfalls nichts, was ihn interessiert hätte. Wenn dies dann doch einmal der Fall war, wurde die Berichterstattung schlicht ignoriert, wie die Libyen-Affäre – des Kanzleramts, nicht des BND – im Jahr 1989 eindrucksvoll öffentlich belegte. Die eindeutigen und mehrfachen Berichte zum libyschen C-Waffenprogramm, zu dem auch deutsche mittelständische Unternehmen beitrugen, verschwanden ungelesen im Panzerschrank des zuständigen Kanzleramtsministers und wurden dort erst auf öffentlichen Vorhalt des BND-Präsidenten wieder ausgegraben. Leider erst nachdem der Fall sich unter dem in den USA geprägten Motto *Auschwitz in the sands* zu einem internationalen Skandal ausgewachsen hatte.

Vor dem Hintergrund seiner eher ungewöhnlichen Entstehungsgeschichte zog es den BND seinerseits nicht nach Bonn, und so entstand im abgelegenen Pullach eine Art Inselmentalität, die hauptsächlich durch den Kalten Krieg und die damit verbundene interne wie externe Abschottung aufgrund von Sicherheitsaspekten geprägt wurde. Das wirkte sich auf die im BND vorherrschende Identität und Mentalität ebenso aus wie auf die Rekrutierung der Mitarbeiterinnen und Mitarbeiter, von denen viele aus dem näheren geografischen Umfeld des Dienstes stammten. Der BND wurde in dieser Zeit zunehmend regionaler und pflegte auch auf Ebene seines Spitzenpersonals eine Nähe zur bayrischen Staatsregierung und der sie tragenden Partei, die ihm immer wieder die ironische Bezeichnung »Bayrischer Nachrichtendienst« eintrug. Erst 1999 beschloss die Koalitionsregierung unter Bundeskanzler Gerhard Schröder und Vizekanzler Joschka Fischer, dass der Dienst bis 2008 als zentraler Informationsdienstleister in der Hauptstadt Berlin angesiedelt werden sollte. Dass dieser Beschluss, ebenso wie seine mühsame und im Ergebnis bis 2019 dauernde Umsetzung, auf erbitterte Ablehnung aller regional wie parteipolitisch stark gebundenen Teile des Dienstes und auch der Landesregierung stoßen würde, war absehbar gewesen. Das zutiefst kontroverse Thema »München-Berlin« erwies sich in den folgenden 15 Jahren immer wieder als schwere, partei- wie regionalpolitisch auch stets gern instrumentalisierte Hypothek für den Zusammenhalt und die Loyalität der Belegschaft gegenüber »denen in Berlin«. Spätestens mit der sicherheitspolitischen Zeitenwende nach den Terroranschlägen des 11. September 2001 wurde jedoch die grundsätzliche Bedeutung einer auch räumlichen Regierungsnähe immer mehr anerkannt, wenngleich nicht notwendigerweise von den Hauptbetroffenen in Pullach und München.

Mit dem Krieg gegen den Terror und den Auslandseinsätzen der Bundeswehr hatte auch der in der Sache unabweisbare Bedarf an validen Erkenntnissen des Nachrichtendienstes allein schon unter dem Aspekt der *force protection*, des Schutzes der eigenen Soldaten im Einsatz, massiv zugenommen – eine ganz neue Erfahrung und Herausforderung auch für den Dienst. Ein Übriges taten dann noch die opferreichen Terroranschläge von 2004 und 2005 in Madrid und London, die in Europa die Erkenntnis wachsen ließen, dass »man« ebenfalls gemeint sei. Mit der eigenen Involvierung wuchs auch die operative Exposition der Dienste und Sicherheitsbehörden. Ihre Rolle bei der Bekämpfung von al-Qaida war bereits seit 2006 in einem Untersuchungsausschuss massiv hinterfragt worden ebenso wie eine mögliche, von der Bundesregierung nicht sanktionierte geheime Beteiligung des BND am amerikanischen Krieg gegen Saddam Hussein im Jahr 2003. Der Ausschuss hatte die gesamte Legislaturperiode bis 2009 begleitet, und auch wenn mehrheitlich die erhobenen Vorwürfe und Verdächtigungen gegen die Bundesregierung und den diese weisungsgemäß unterstützenden BND nicht belegt werden konnten, blieb das Ergebnis weiterhin Gegenstand parteipolitischer Kontroversen und Vorbehalte. Die innenpolitische Operationsumgebung für den Dienst als sicherheitspolitischer Dienstleister für die Bundesregierung war mithin delikat.

Unmittelbar vor Beginn meiner Tätigkeit als Leiter des präsidialen Leitungsstabs und noch vor den Bundestagswahlen im Frühherbst ereignete sich in Afghanistan ein schwerer Zwischenfall, der das politische Berlin erschüttern sollte: In der Nacht vom 4. September 2009 entführten die Taliban in der Provinz Kundus zwei Tanklastzüge, einer der Fahrer wurde getötet, die beiden Fahrzeuge blieben im weiteren Verlauf der Aktion in einer Sandbank des Kundus-Flusses stecken. Der Tatort lag im Verantwortungsbereich des deutschen ISAF-Kontingents. Der Kommandeur der Bundeswehr befürchtete angesichts der ohnehin schon problematischen Sicherheitslage, dass die Taliban die vollen Tanklastzüge als rollende Bomben gegen das etwa sieben Kilometer entfernte Lager der deutschen Truppen einsetzen würden. Erst kurz zuvor hatte es im südlichen Kandahar einen solchen Anschlag gegeben. Der Kommandeur entschloss sich, Luftunterstützung anzufordern. Amerikanische Kampfflugzeuge bombardierten daraufhin das Ziel. Bereits am frühen Morgen des Folgetags trafen Medienberichte ein, dass bei dem Luftschlag nicht nur die Tanklastzüge zerstört, sondern in erster Linie eine große Zahl von Zivilisten und keine Taliban-Kämpfer ums Leben gekommen sein sollten. Sollte sich dies bestätigen, wäre dies nicht nur eine menschliche Tragödie, sondern auch ein schwerer Schlag für das Ansehen der Bundeswehr, deren Präsenz in Afghanistan im Rahmen der International Security Assistance Force (ISAF) in erster Linie als Mission zum Wiederaufbau des Landes und zum *nation building* legitimiert wird. Massive, von deutscher Truppe herbeigeführte Verluste unter der Zivilbevölkerung wären hier auch unter diesem Aspekt katastrophal.

Der nächtliche Ersthinweis der BBC, die erfahrungsgemäß in diesem Teil Afghanistans über sehr gute regionale Quellen verfügte, wurde aufgrund seiner Brisanz unverzüglich an das Bundeskanzleramt weitergeleitet mit dem Kommentar, dass weitere Berichterstattung und Bewertung folgen würden. Im Verlauf der folgenden Tage bestätigten sich leider die schlechten Nachrichten. Ein Sturm der Entrüstung und Vorverurteilungen brach aus und richtete sich in erster Linie gegen die Bundeswehr und den verantwortlichen Kommandeur, dem man vorwarf, die Einsatzregeln missachtet zu haben. Später ermittelte in Deutschland sogar der Generalbundesanwalt gegen den Offizier, allerdings mit dem Ergebnis, dass er von allen Anschuldigungen freigesprochen wurde. Angesichts einer missglückten Aufklärungs- und Informationspolitik reichte Verteidigungsminister Franz Josef Jung seinen Rücktritt ein, es folgte die Ablösung des Generalinspekteurs und eines Staatssekretärs durch den neuen Verteidigungsminister.

Im Dezember 2009 konstituierte sich der Verteidigungsausschuss als parlamentarischer Untersuchungsausschuss, um abschließend Licht in die Vorgänge zu bringen. Damit war auch der Bundesnachrichtendienst betroffen, da er in den Wochen vor dem Angriff ebenso wie das Kommando Spezialkräfte (KSK) der Bundeswehr Informationen zu einem mehrstufigen Angriffsplan der Taliban auf das deutsche Feldlager unter Einsatz als Bomben präparierter Tankfahrzeuge erhalten und gemeldet haben soll. Es sollte nun geprüft werden, ob und gegebenenfalls in welcher Weise diese generischen Warnmeldungen Einfluss auf die Entscheidungsfindung des Kommandeurs gehabt hatten und ob vielleicht sogar noch weitere konkrete operativ-taktische Hinweise in diesem Zusammenhang eine Rolle gespielt haben konnten. Auch die Frage, ob es sich bei der Bombardierung um eine Maßnahme zur Gefahrenabwehr oder um die gezielte Bekämpfung erkannter gegnerischer Kräfte ohne unmittelbare Angriffsabsicht gehandelt habe, war politisch brisant. Letzteres wäre in dieser Form zumindest nicht durch die ISAF-Einsatzregeln abgedeckt gewesen. Also ging es auch darum, welche Rolle BND und KSK bei den Ereignissen in der Nacht des 4. September gespielt hatten.

Im Leitungsstab kann ich bereits fühlen, wie stark die politische Versuchung sein könnte, hier einen Skandal nach dem Motto »Der BND führt mit – möglicherweise gezielten – Falschmeldungen einen mörderischen Militärschlag gegen unschuldige Zivilisten herbei«. Gerade hat auch der große BND-Untersuchungsausschusses seine Arbeit abgeschlossen; vor dem Hintergrund der jahrelangen, wenngleich ergebnislosen Kontroversen um mögliche unzulässige Aktivitäten des Dienstes könnte es der Mühe wert sein, nunmehr einen veritablen Skandal zu wittern oder zu insinuieren. Es ist damit klar, dass ein neuerlicher Untersuchungsausschuss von vornherein möglichst umsichtig und professionell vorzubereiten und zu begleiten sein wird. Die operative Verantwortung dafür liegt beim Leiter Leitungsstab. Intern wissen wir bald, dass der Dienst in den Vorgängen selbst – insbesondere bei der taktischen Berichterstattung, die zum Einsatzbefehl geführt hatte – keine Rolle gespielt hat. Gleichwohl wird dies im Rahmen einer in Untersuchungsausschüssen gepflegten umgekehrten Beweislast (die Unschuld ist vom Verdächtigten zu beweisen, nicht die Schuld durch den Kläger) umfänglich darzulegen und zu belegen sein. Ein Untersuchungsausschuss wird in der politikwissenschaftlichen und verfassungsrechtlichen Literatur unwidersprochen als »Kampfmittel der Opposition« bezeichnet. Das Bemühen, die jeweilige Bundesregierung unter maximalen Druck zu setzen, dient hierbei nicht immer nur der proklamierten Wahrheitsfindung, sondern erst einmal dazu, diese in »Informationsfallen« zu locken und nach Möglichkeit Minister »herauszuschießen«. Ein probates Mittel dazu ist, umfängliche Fragenkomplexe, Beweismittelbeschlüsse und Vorlageanforderungen mit den kürzest möglichen Beantwortungsfristen zu kombinieren. Durch den Zeitdruck steigt natürlich das Risiko einer unvollständigen oder anderweitig fehlerhaften Vorlage. Dadurch ergeben sich wiederum mögliche Anhaltspunkte für Widersprüche und Lücken, was schnell in Vorhaltungen dergestalt gipfelt, dass die Regierung etwas zurückhält oder verbirgt. An diesem Punkt wird dann auch die Medienberichterstattung Teil der Instrumentalisierung, sei es durch gezielte *leaks* oder auch einfach durch das Kalkül des *sex sells*. Wenn der BND involviert ist, ist das »Skandalisierungspotenzial« besonders hoch, weil der Dienst, der entsprechend seiner Aufgabe unter Geheimhaltung agiert, in Bezug auf böswillige oder uninformierte Allmachtsunterstellungen und gleichzeitige Inkompetenz-Vermutungen naturgemäß ganz oben rangiert.

Bei einem Spaziergang auf dem Gelände der Gardeschützenkaserne denke ich darüber nach, was den BND von vielen anderen bundesdeutschen Institutionen unterscheidet. Erst wenige Tage zuvor bin ich aus dem Gazastreifen zurückgekehrt, habe dort mit den Vertretern der Hamas mühselige Verhandlungen geführt, nun muss ich mich mit dem parlamentarischen Untersuchungsausschuss befassen. Hier gelten ganz andere Regeln, bei denen ein umfassendes Transparenzerfordernis demokratischer Kontrolle oberste Priorität hat. Aus der Erfahrung weiß ich, wie schwer es fällt, hier angemessen umzuschalten, ohne dabei den Kernbereich operativer und exekutiver Eigenverantwortung zu verletzen. Geheimhaltung nach außen, aber auch ein wohlverstandenes internes *Need-to-know*-Prinzip sind unverzichtbare Grundlagen für nachrichtendienstliche Arbeit. So etwas prägt auch die Mentalität eines Dienstes und seiner Mitarbeiter. Mit entsprechenden Meldepflichten und Kontrollmechanismen bis hin zum Präsidenten und zum Bundeskanzleramt soll hier riskanter Intransparenz entgegengewirkt werden. Doch das steht mitunter im Widerspruch zur praktizierten Struktur des Dienstes. Bildlich gesprochen besteht hier immer wieder eine Tendenz zur Inselbildung, ein Phänomen, das im Übrigen in jeder größeren Organisation eine Herausforderung für das mittlere und höhere Management darstellt und Gegenstand umfänglicher unternehmenssoziologischer und sozialpsychologischer Untersuchungen im Rahmen der Betriebswirtschaftslehre ist. Nicht jede Abteilung ist notwendig darüber informiert, was die andere tut, schon gar nicht umfänglich. Das sogenannte Schottenprinzip zählte zu den Gründungsmythen des Dienstes und hat nur Schritt für Schritt im Sinne eines *need to share* überwunden werden können. Die Organisationseinheiten sind voneinander abgeschottet, damit – ähnlich den Schotten eines Schiffs – bei einem Einbruch von außen, einem Sicherheitsleck, der betreffende Bereich isoliert bleibt und nicht noch mehr verloren geht. Schotten gibt es nicht nur horizontal, sondern – wenngleich eher faktisch als verfügt – auch vertikal. Dies führt dann dazu, dass der Leiter des Bundesnachrichtendienstes nicht über jeden einzelnen Vorgang Kenntnis besitzen kann.

Ich mache mir in Kenntnis all dieser Umstände keine Illusionen darüber, dass auch ich als Leiter des präsidialen Leitungsstabs nicht über alles, was sich im BND ereignet, informiert sein kann. Zudem unterhält der Präsident des Dienstes kraft Amtes originäre Direktkontakte zu den Abteilungsleitern und natürlich auch zu den Leitungsebenen der Bundesregierung, mit oder auch ohne Einbeziehung des eigenen Leitungsstabs. Das Eis, auf dem ich mich bewege, kann mithin sehr dünn sein. Es ist also ein Gebot der Klugheit, dass ich mir dieser Abhängigkeiten und Grenzen stets bewusst bleibe und mir jenseits aller wichtigen und richtigen Dienstwege ein Netz wohlmeinender Kollegen – inner- und außerhalb des Dienstes – schaffe und erhalte.

Sobald sich der Untersuchungsausschuss konkret abzeichnet,

beginne ich umgehend damit, zusätzlich zum Leitungsstab ein loyales und kompetentes Sonderteam aufzustellen. Die Reaktion auf die Anfragen des Untersuchungsausschusses lässt sich nur so bewältigen. Nichts darf hier dem Zufall überlassen werden. Man braucht ein Team, das zur Not auch über Wochen hinweg Tag und Nacht zur Verfügung steht, um die unfairen Terminsetzungen bestmöglich zu bewältigen. Die Mitarbeiter, die ich mir für diese Aufgabe aussuchen kann, sind hochmotiviert, qualifiziert, belastbar, kompetent und resilient. Menschen, auf die all dies gleichermaßen zutrifft, sind allerdings auch beim BND nicht überall zu finden. Entweder sind sie schon für andere hochprioritäre Aufgaben eingesetzt und somit unabkömmlich, oder es fehlt ihnen die nötige, auch juristisch geprägte vertiefte Verwaltungserfahrung. Beim Bundesnachrichtendienst arbeiten sehr viele ausgesprochen talentierte Menschen mit speziellen Kenntnissen und Fähigkeiten, aber Büroerfahrung gehört nicht unbedingt dazu. Sollte es auch nicht im Interesse des Auftrags sein, möchte man meinen. Die Befähigungsschwerpunkte liegen ganz klar in anderen Disziplinen. Wenn mir also ein Außenstehender entgegenhält, dass es unter den etwa 6500 Mitarbeitern des BND doch kein Problem sein sollte, entsprechendes Personal in jeder beliebigen Konfiguration und Anzahl für die Bearbeitung der Anfragen des Untersuchungsausschusses zu finden, verkennt er leider und meist nicht ganz ohne Absicht die Realität.

Im Oktober 2011 gelangt der Kundus-Untersuchungsausschuss nach fast zweijähriger Befassung zu dem erwarteten – auch von mir mit stiller Erleichterung und Befriedigung zur Kenntnis genommenen – Ergebnis, dass der BND weder Anteil an der internen taktischen Lagefeststellung und -beurteilung vor Ort hatte, noch durch sinistre Quellen oder manipulative Informationsgeber aus dem Hintergrund zu den Entscheidungen beigetragen hat.

Darüber hinaus befindet sich der BND seit 2007, auch bereits im Hinblick auf einen Umzug nach Berlin, in einer bis 2009 abzuschließenden Phase umfänglicher Reformen und Umstrukturierungen. Flache Hierarchien und integrierte Strukturen von Beschaffung und Auswertung sollen größere Transparenz und Kooperationsfähigkeit nach sich ziehen und die geschilderten Anflüge von *deep state* überwinden. Hierdurch entsteht natürlich Unruhe, die nicht überall als kreativ empfunden wird, sondern als eine weitere Zumutung, die es neben der geografischen und gesellschaftlichen Entwurzelung im Rahmen des Umzugs auszuhalten gelte. Nicht ohne Schadenfreude und – illusionäre – Hoffnungen werden so von interessierter Seite immer wieder alle Misshelligkeiten, die zu einer Verzögerung beim Bau des riesigen neuen Hauptquartiers des Dienstes in der Berliner Chausseestraße führen, vermerkt. Sensationslust und gezielte Skandalisierung brechen ungestüm aus, als im Sommer 2011 einige Baupläne mit dem Vermerk »VS – Nur für den Dienstgebrauch« außerhalb des Geländes gefunden werden. Schon tönt es von Medien und interessierten Politikern: Bestimmt müsse nun der Neubau komplett umgeplant werden, die Beziehungen zu den Partnerdiensten würden sicherlich schweren Schaden nehmen, hier handle es sich zweifellos um einen gravierenden Fall von Führungsversagen, der Dienst liege am Boden, das Problem habe einen Namen, ein Rücktritt des Präsidenten sei überfällig. Kurzum: Ein Untersuchungsausschuss müsse her.

All das erweist sich nur wenige Wochen später als haltlos. Tatsächlich wurden einige Baupläne, die den spezifischen Ausschnitt eines Gebäudeteils wiedergeben, auf einer Müllkippe außerhalb des bewachten und abgeschirmten Baugeländes gefunden. Dabei ist zu bemerken, dass der Verschlussgrad »VS – Nur für den Dienstgebrauch« der niedrigste ist, den es überhaupt gibt, und dass diese Bauausführungspläne – wie dies nun einmal auf einem Bau üblich und notwendig ist – in vielfacher Ausfertigung für die zahlreichen Subunternehmer kopiert werden müssen. Von der Notwendigkeit einer Neuplanung der BND-Zentrale kann keine Rede sein, ebenso wenig wie von einem Führungsversagen im Dienst, nicht zuletzt auch aufgrund der banalen Tatsache, dass die Baustelle unter der Aufsicht des Hausherrn, des Bundesministeriums für Bau und Umwelt, steht. Der ganze, nicht zum ersten Mal auch parteipolitisch gegen den SPD-Mann Uhrlau instrumentalisierte, zugleich aber erneut das Klischee vom »BND, der Gurkentruppe« bedienende unwürdige Spuk nimmt jedoch erst ein Ende, als Regierungssprecher Steffen Seibert am 12. September 2011 ein Machtwort spricht: »Herr Uhrlau genießt das Vertrauen der Bundeskanzlerin.« Der Präsident geht so planmäßig Anfang Dezember 2011 in den Ruhestand und übergibt die Amtsgeschäfte an seinen Nachfolger aus dem Innenministerium, den Abteilungsleiter Öffentliche Sicherheit Gerhard Schindler, dem ich bis auf Weiteres mit dem Leitungsstab zur Seite stehe.

Die Amtszeit von Ernst Uhrlau war jedoch nicht nur von den internen Verwerfungen, Skandalisierungen und Untersuchungsausschüssen geprägt, auch wenn diese bei der in Deutschland durchaus verbreiteten Neigung zur Nabelschau häufig im Vordergrund standen und nicht selten mehr über die Verfasstheit des politischen Berlin in seinem Verhältnis zum BND aussagten als zu diesem selbst. Geopolitisch und strategisch wesentlich schwerwiegender und folgenreicher waren jedoch die Ereignisse »draußen in der Welt«. Seit Ende des Jahres 2010 wird die Region Nah- und Mittelost sowie Nordafrika von den dramatischen Ereignissen des Arabischen Frühlings beherrscht. Für die Bundesregierung – wie auch für viele andere Partner – kamen diese Ereignisse als strategische Überraschung daher, doch auch sie waren keinesfalls plötzlich aus dem Nichts aufgetaucht, sondern hatten sich erkennbar angekündigt. Man hätte nur einmal systematisch in die sozialen Medien schauen müssen, entwicklungspolitische Kennziffern in ihrer sicherheitspolitischen Dimension erfassen und sich nicht nur auf die Perspektive örtlicher Regierungen verlassen dürfen. Grundsätzlich waren die düsteren demografischen, sozialen und wirtschaftlichen Perspektiven der Region seit Langem bekannt gewesen und hatten bereits Mitte der Neunzigerjahre zu skeptischen Bewertungen von Stabilität und Zukunftsfähigkeit zahlreicher Regionalstaaten geführt. Der nach 2001 einsetzende Krieg gegen den Terror hatte jedoch offenbar zu einer Fokussierung auf terroristische Netzwerke geführt und die strategische Betrachtung von Stabilitätsrisiken in den Hintergrund treten lassen. Dennoch hatte bereits 2007 der europäische Intelligence-Verbund SITCEN in einer Analyse darauf hingewiesen, wie sich ursprünglich lokale Konflikte über die sozialen Medien – die hierbei quasi als Brandbeschleuniger fungieren – in sehr kurzer Zeit, mit gravierenden internationalen Auswirkungen, ausbreiten können. Das Worst-Case Szenario der damaligen, wie so häufig nicht beachteten Analyse weist eine erschreckende Ähnlichkeit mit dem auf, was wir während des Arabischen Frühlings erlebten.

Für den Bundesnachrichtendienst geht es darum in der entstandenen Situation aber nicht nur um Strategic Intelligence, sondern auch um ganz pragmatische drängende Fragen. Die Gefährdungslage für deutsche Interessen in den betroffenen Staaten muss erfasst und bewertet werden, deutsche Staatsangehörige sind gegebenenfalls zu retten und zu evakuieren. Besonders in Libyen haben nicht wenige deutsche Experten und Techniker in der petrochemischen Industrie gearbeitet. Die sitzen zwischen den verschiedenen Fraktionen des Bürgerkriegs – darunter auch gewaltbereite Islamisten mit al-Qaida-Hintergrund – in der Falle. Die Regierung erwägt, Flugzeuge der Bundeswehr auf eine Evakuierungsmission zu schicken und sie ausfliegen zu lassen. Eine örtliche Regierung als Ansprechpartner steht im Zweifel nicht mehr zur Verfügung. Die Machtverhältnisse vor Ort sind unklar, doch die Zeit drängt. Abgesehen davon, dass den veralteten Transall-Flugzeugen schon aufgrund ihrer Reichweite Grenzen gesetzt sind, braucht man für solche Einsätze zuverlässige – und detailgenaue – Informationen über den Einsatzraum im Landesinnern ebenso wie über die Dislozierung, den Klarstand und die eingesetzten Systeme der libyschen Luftverteidigung. Jeder Einsatzleiter, der über einen langen Anflugweg eine petrochemische Anlage irgendwo tief in der Wüste erreichen, dort Menschen an Bord nehmen und auch den libyschen Luftraum wieder verlassen soll, ohne dass seine Flugzeuge vom Himmel geschossen werden, braucht diese Informationen für die Einsatzplanung. Dabei werden Fragen an den BND gestellt: Wer im Land verfügt nach dem Zusammenbruch der staatlichen Ordnung über welche Luftverteidigungssysteme mit welchen Leistungsparametern? Und wer würde sie möglicherweise auch einsetzen oder einsetzen können? Können in dieser Situation überhaupt offiziell Einflugrechte – sogenannte Diplo Clearances – beantragt werden? Und bei wem? Falls nicht, wie hoch ist das Gefährdungspotenzial für Flugzeuge, die ohne eine formale Autorisierung in den Luftraum des Landes fliegen? Wer ist für diese Art von taktischen Informationen zuständig? Wie aktuell sind sie? Kann man mit Partnerstaaten der NATO oder der EU zusammenarbeiten? All dies soll natürlich zeitnah und zuverlässig beschafft werden.

Genau dies sind die keineswegs trivialen Kompetenzen, die der Bundesnachrichtendienst besitzt oder zumindest besitzen muss. Für solche Dinge ist er da und sollte angemessen ausgestattet sein, damit sich im Krisen- und Bedarfsfall eine Bundesregierung auf ihren Nachrichtendienst verlassen kann. Besonders wenn es darum geht, deutsche Staatsbürger im Ausland zu retten – sei es bei der Evakuierung aus Kriegsgebieten, der Rückführung aus Krisenzonen oder der Befreiung aus Geiselhaft –, kommt dem BND wie selbstverständlich eine wichtige Rolle als Informationsgeber zu. Dann möchte man eben doch die hochqualifizierten Profis mit der – ich sage hier bewusst: *machtvollen* – milliardenschweren elektronischen Sensorik und möglichst kenntnisreichen und gut platzierten Quellen vor Ort, einer Auswertung, die zu zeitkritischer, hochaufgelöster Lagefeststellung, Beurteilung und Berichterstattung befähigt ist. Dies alles kann nicht von einem Tag auf den anderen bereitgestellt werden. Die gerne beschworene, meist in ihren Voraussetzungen nicht durchdachte Forderung nach »Kaltstartfähigkeit« ist alles andere als trivial. Sie erfordert eine systematische, Ressourcen bindende Vorbereitung und Vorhaltung entsprechender Kapazitäten. Grundsätzlich ist Nachrichtendienst, ob strategisch oder operativ taktisch, kein Ad-hoc-Geschäft. Nur wer langfristig Befähigungen aufbaut, bereithält und fortlaufend aktualisiert, kann kurzfristig qualifiziert agieren.

Hiermit komme ich zu einem zentralen Element, das mich während meiner Funktion als Leiter des präsidialen Leitungsstabs immer wieder sehr beschäftigt hat. Es handelt sich um den *human factor*. Denn es sind die Menschen, die mit ihrer Kompetenz, ihrer Loyalität, ihrem Willen, ihrer Motivation und ihren Fähigkeiten – oder eben auch mit dem Nichtvorhandensein der beschriebenen Qualitäten – eine Organisation zu Erfolg oder Misserfolg führen. Über Organisationsstrukturen lässt sich trefflich streiten, und aktuell wird der Dienst erneut grundlegend umgebaut. All dies wird jedoch die Grunderfordernisse an Substanz, Qualifikation und Loyalität gegenüber der Sache nicht ersetzen können. Hier gilt es gerade in einem Metier, das besonders hohe Anforderungen in all den genannten Bereichen stellt, sorgsam und mit Verantwortungsgefühl Befähigungen aufzubauen und zuverlässig zu fördern.

Nicht umsonst hat das Bundesverfassungsgericht 2020 die zentrale Aufgabenerfüllung des BND, die »wirksame Auslandsaufklärung« als von gesamtstaatlicher Bedeutung und »höchstem öffentlichem Interesse« qualifiziert. Das ist unmissverständlich, und darum sollte eine stabile, öffentlich wahrnehmbare, grundsätzliche, natürlich auch kritische Unterstützung der Arbeit des Nachrichtendienstes durch die Bundesregierung und die politischen Parteien erfolgen. Hier kommt dann – wie aktuell im Fall der »wiederentdeckten« Bundeswehr – auch die zentrale Frage nach dem Stand der erforderlichen Befähigungen und deren verantwortungsvoller Weiterentwicklung zum Tragen, nicht nur der optimalen rechtsstaatlichen und administrativen Kontrolle schlimmstenfalls vernachlässigter und unterentwickelter Fähigkeiten. Dazu gehört auch eine dezidierte öffentliche Erläuterung des BND-Auftrags und der damit notwendig verbundenen Befähigungen durch die Bundesregierung. Nur so kann in der Bundesrepublik eine *Intelligence Culture* im positiven Sinn entstehen, die andere europäische Staaten schon lange haben.

KAPITEL 17

Intelligence Culture und Common Sense – Mister Hizballah in London

»What does it mean for her Majesty's government?« Auf meinem ersten Spaziergang durch London beschäftigt mich die Frage. Nur denke ich dabei nicht zwangsläufig an die britische Krone, sondern auch an den BND und die Bundesregierung. Noch sind meine Erfahrungen im präsidialen Leitungsstab sehr präsent, sie geben mir zu denken, obwohl ich mich schon ganz auf meine neue Aufgabe konzentriere. Ich bin als Resident in die englische Hauptstadt entsandt worden.

Für meine britischen Kollegen ist die Fragestellung jeder nachrichtendienstlichen Tätigkeit immanent, gewissermaßen die Konsequenz aus der Analyse. Egal, ob es um eine regionale Revolte in Vorderasien, die Entdeckung wichtiger Rohstoffvorkommen, bahnbrechende Forschungsergebnisse oder einen überraschenden Wahlausgang in einer der ehemaligen Sowjetrepubliken geht, am Ende geht es für die Experten der britischen Nachrichtendienste hauptsächlich um eins: Was bedeutet dies für unsere Regierung? Damit wird schon deutlich, wer der Adressat ihres Wissens ist und für wen sie arbeiten. Ich wünschte mir, dass auch Bundesregierungen verstehen, welche Chance sich hier bietet, einen Wissensvorsprung zu erlangen und ihn auch in ihre politischen Entscheidungen mit einzubeziehen.

What does this mean for us?, spinne ich den gedanklichen Faden weiter aus.

Anfang 2012 befindet sich der BND in einer Phase des Umbruchs und der Neuorientierung. Nach der Verabschiedung Ernst Uhrlaus hat Gerhard Schindler als neuer Präsident die Leitung der Behörde übernommen. Schindler, ehemaliger Fallschirmjäger der Bundeswehr, ist neben seiner fachlichen Befähigung als Jurist ein Mann der Tat. Zögerlichkeit gehört nicht zu seinem Wesen. Bereits im Vorfeld der Amtsübernahme war Schindler mit einer gelegentlich auch öffentlich verlautbarten pauschalen Erwartungshaltung konfrontiert worden, die man in der Botschaft zusammenfassen konnte, der neue BND-Präsident solle alles besser – jedenfalls aber anders – machen. Schindler hatte als Abteilungsleiter des Bundesinnenministeriums bislang keine Erfahrung mit den dienstlichen Belangen eines international aktiven Nachrichtendienstes gesammelt, und darum hätte sich die neue Führungsaufgabe leicht in eine *mission impossible* verwandeln können.

Erste, in den Medien breit berichtete Bewährungsproben ließen nicht lange auf sich warten. Im Januar 2012 stürmten pakistanische Sicherheitskräfte eine Außenstelle der Deutschen Botschaft in Peschawar und hielten die Mitarbeiter ungeachtet ihrer diplomatischen Immunität zumindest kurzfristig fest.

Der Dienst hatte eine Präsenz bereits seit 1985 in Abstimmung mit dem mächtigen pakistanischen Geheimdienst ISI unterhalten. Die Einrichtung des Standorts war seinerzeit eine Reaktion auf den im Dezember 1979 erfolgten sowjetischen Einmarsch in Afghanistan gewesen. Die BND-Führung hatte die streng geheime Operation »Sommerregen« angeordnet, in deren Rahmen humanitäre Hilfe für die afghanischen Mudschahedin geleistet wurde. Im Gegenzug brachte man bis 1991 von diesen erbeutete und international zum Kauf angebotene sowjetische Militärtechnik zu Forschungszwecken im NATO-Verbund nach Deutschland. Durch die Entwicklungen in Afghanistan nach 2001 und dem Auslandseinsatz der Bundeswehr kam dem Standort wieder eine stärkere Bedeutung zu. Den Kollegen in Peschawar gelang es glücklicherweise, durch Umsicht und Verhandlungsgeschick die prekäre Situation rasch zu meistern. Nach energischer Berufung auf ihren Diplomatenstatus und Intervention von verschiedenen Seiten wurde ihnen gestattet, sich unter Mitnahme der dienstlichen Unterlagen auf dem Landweg in die deutsche Botschaft nach Islamabad zu begeben.

Zeitgleich erhielt die »Dienstfliege« in Deutschland Startbefehl. Wir mussten von einer relativ unklaren, möglicherweise kontroversen Interessenlage der örtlichen Behörden in Pakistan ausgehen und wollten darum die Kollegen so schnell wie möglich aus dem Land herausholen. Tatsächlich hatte nichts im bilateralen Verhältnis mit dem ISI auf mögliche Verwicklungen hingewiesen. Eine diskrete Bitte des pakistanischen Dienstes, die BND-Niederlassung zu schließen, hätte ausgereicht, um das Problem in gemeinsamen Gesprächen geräuschlos zu lösen. Wie in den Medien kolportiert wurde, war die Aktion offenbar vom Intelligence Bureau und der Polizei initiiert worden, die sich in einem internen Machtkampf mit dem ISI befanden und sich profilieren wollten, indem sie die territoriale Souveränität Pakistans demonstrativ vor ausländischen Nachrichtendienstmitarbeitern schützten. Hinzu sei auch der Umstand gekommen, dass der baldige Ruhestand des einflussreichen ISI-Chefs und damit eine Phase der relativen Schwäche im politischen Konkurrenzkampf erwartet wurde. Vor diesem Hintergrund wurden von interessierter Seite auch Gerüchte gestreut, die BND-Mitarbeiter – die mittlerweile wieder wohlbehalten in Deutschland waren – hätten sich als Angehörige der Deutschen Gesellschaft für Internationale Zusammenarbeit (GIZ) ausgegeben oder, noch schlimmer, für die US-Streitkräfte militärisches Targeting zur Ausschaltung von *high value targets* betrieben. Nichts davon traf zu, doch die Stimmung im Auswärtigen Amt und im Bundesministerium für Internationale Zusammenarbeit – dem die GIZ untersteht – war entsprechend aufgebracht, denn nichts ist gefährlicher als ein noch so unberechtigter Anschein. Zum Glück konnte der Sachverhalt, wie jedenfalls Ende Januar in den Medien vermerkt, wenigstens in Deutschland im Parlamentarischen Kontrollgremium (PKGr) behandelt und in der Sache abgeschlossen werden.

Obwohl es sich um einen relativ spektakulären Zwischenfall und damit um ein »gefundenes mediales Fressen« gehandelt hatte, hielt man sich diesmal, im eindrucksvollen Gegensatz zu den Monaten zuvor, interessanterweise mit globalen »Unwerturteilen« über den Dienst und seine neue Leitung zurück. Ich machte mir da so meine Gedanken. Davon unabhängig hatte der neue Präsident auch im hausinternen Führungs- und Informationszentrum des BND ein sehr souveränes und konzentriertes Krisenmanagement betrieben. »Schindler kann Krise«, sagte ich mir, insbesondere wenn man bedachte, dass er sich damals – gerade erst drei Wochen im Dienst – noch in einer für ihn völlig ungewohnten Operationsumgebung bewegte.

Bereits früh suchte Schindler die Öffentlichkeit; sein hierbei gezeigtes Selbstbewusstsein sorgte im Rahmen des *politcal mainstream* mitunter für Irritation. Der BND-Präsident forderte öffentlich eine größere operative Risikobereitschaft des Nachrichtendienstes. Man müsse im Interesse eines angestrebten Ergebnisses auch einmal »gut kalkulierte (!) Risiken« eingehen und im Übrigen in Krisengebieten grundsätzlich nach der Devise verfahren: »als Erster rein, als Letzter raus«. Es könne nicht angehen, dass die BND-Kräfte als Erste zurückgezogen werden sollten. Bislang war man jedenfalls von einem BND-Präsidenten nicht gewohnt, dass er in der Öffentlichkeit augenzwinkernd »No risk, no fun« verlautbarte, und entsprechend indigniert gaben sich manche öffentlichen Stimmen, die bereits mangelndes Verantwortungsgefühl witterten. Der übliche Berliner Reigen schien sich dann doch noch abzuzeichnen.

Meine Zeit im Leitungsstab neigte sich nunmehr dem Ende zu, das neue Führungsteam hatte sich mit neuen Ideen und neuen Methoden etabliert, sodass ich als letzter Vertreter des »Ancien régime« Berlin in Richtung London verlassen konnte, wo ich nach längerer Urlaubs-, Umzugs- und Übergabezeit meine Funktion Anfang November übernehmen sollte.

Gleich zu Beginn meines Aufenthalts holte mich jedoch noch einmal meine Vergangenheit aus Nahost ein: Am Abend des 14. November brachte die BBC die Breaking News, dass ein weiterer Waffengang zwischen Israel und der Hamas ausgebrochen sei, ausgelöst durch die gezielte Tötung von Ahmed al-Dschabari, dem Chef der Izz al-Din al-Kassam-Brigaden, mit dem ich mich über zwei Jahre in vielen kontroversen Gesprächen um einen Kompromiss zur Freilassung des israelischen Soldaten Gilad Schalit bemüht hatte. Dies war nur wenige Monate nach dem verheerenden Bombenanschlag in Damaskus auf Assef Shawkat und weitere Spitzenvertreter der syrischen Geheimdienstelite, der zweite spektakuläre Verlust eines zentralen, wenngleich nicht unproblematischen Gesprächspartners aus früherer Zeit. Ungeachtet aller gemischten Erlebnisse und Eindrücke aus jener Zeit blieb doch ein Gefühl der persönlichen Betroffenheit nicht aus. »So geht's dahin«, dachte ich und fühlte mich unwillkürlich an Matthäus 26,52 erinnert: »Denn wer das Schwert zieht, der soll durchs Schwert umkommen.«

Schon während meiner Funktion als Leiter des Leitungsstabs hatte ich an Gesprächen mit den Chefs verschiedener britischer Dienste teilgenommen. Dabei ging es sowohl um einen strategischen Lageabgleich zu Brennpunkten in der Welt, als auch um Stand und Perspektiven der Zusammenarbeit. In London würde meine Aufgabe nun darin bestehen, zusammen mit einem kleinen, jedoch äußerst versierten und engagierten Team, die Beziehungen des BND zu den britischen Partnerdiensten zu betreuen und durch Initiativen weiterzuentwickeln.

Auch eine solche Zusammenarbeit steht und fällt mit dem *human factor*. Kooperation zwischen Nachrichtendiensten gelingt letztlich nur dann, wenn die richtigen, die komplementären Ansprechpartner zusammenfinden beziehungsweise zusammengebracht werden. Nicht Behörden arbeiten zusammen, es sind die Menschen, die dies tun, aus ihrem jeweiligen persönlichen, fachlichen und organisatorischen Kontext heraus, der förderlich oder auch hinderlich sein kann. Dies zu erkennen und entsprechend umzusetzen ist wesentlicher Teil meiner Aufgabe als Resident. Darüber hinaus nützen allgemein beschworene Gemeinsamkeiten auf strategischer Ebene wenig: Jeder Zusammenarbeit muss ein für beide Seiten transparentes Interesse zugrunde liegen, das es in sorgfältigen Gesprächen zu erkunden und zu etablieren gilt. Ich musste mir daher selbst erst einmal im intensiven Dialog mit meinen britischen Ansprechpartnern, darüber hinaus aber auch im Erfahrungsaustausch mit Kolleginnen und Kollegen anderer in London vertretener Dienste, einen konkreten Überblick darüber verschaffen, wie die britischen Intelligence Services praktisch funktionieren und aufgebaut sind, insbesondere auch, welche Aufgaben sie im Einzelnen haben und wo die Intelligence Community arbeitsteilig vorgeht. Nicht nur in London stellt es sich immer wieder als eine irrige Annahme heraus, dass unter ähnlichen Organisationsbezeichnungen auch vergleichbare Ansprechpartner mit entsprechenden Kompetenzen zu finden sind. In gleicher Weise werden auch die Strukturen im eigenen Dienst stets auf ihre

Kompatibilität mit den Partnern hin zu prüfen sein. Auch hier kann und muss jeder BND-Resident eine ganze Menge über seinen eigenen Dienst lernen, der viel zu komplex ist, als dass man ihn von vornherein in allen Details kennen würde.

Schon äußerlich herrscht in London ein anderer Geist als im mitunter weitgehend kontinental und selbstreferenziell orientierten Berliner Politikbetrieb. Die Metropole London macht auf mich immer wieder den Eindruck eines gesellschaftlichen und politischen Gegenentwurfs zur deutschen Hauptstadt. Das merke ich auch an der Fülle der Dienste, die bei aller auch hier geübten kritischen Würdigung alle ein etabliertes Ansehen in Öffentlichkeit und Politik, eben als Teil des Establishments, genießen. Hier gibt es tatsächlich so etwas wie eine Intelligence Community und damit einhergehend eine *Intelligence Culture*. Die Vielfalt der Dienste, ihr Renommee und natürlich auch ihre Kompetenzen sind durchaus eindrucksvoll. Da ist der Auslandsnachrichtendienst MI6 am Vauxhall Square, die Vorderfront des Gebäudes blickt auf das Südufer der Themse, dann der Inlandssicherheitsdienst MI5 im Thames House, ebenfalls nur wenige Minuten zu Fuß von Westminster und Whitehall entfernt. Ein weiterer Dienst, das Government Communications Headquarters (GCHQ), hatte seine eher bescheidenen Anfänge in der etwa siebzig Kilometer nördlich von London gelegenen Grafschaft Buckinghamshire. Im Zweiten Weltkrieg wurde an dem hochgeheimen Standort Bletchley Park, einem abgelegenen und verschwiegenen Anwesen mit Herrenhaus, unter anderem der Enigma-Code der deutschen Wehrmacht und Marine entschlüsselt und damit eine wesentliche Grundlage für die militärischen Erfolge der Alliierten geschaffen. Erfolgreiche Fernmeldeaufklärung, mit der die deutschen operativen Planungen und Truppenbewegungen vorab bekannt wurden, war hier mit kriegsentscheidend.

Mit seinen milliardenschweren modernsten technischen Aufklärungskapazitäten und operativen Möglichkeiten im Cyberraum ist das GCHQ heute eine der technischen Juwelen der britischen Krone. Und auch die Defence Intelligence (DI) des Verteidigungsministeriums zählt als keineswegs nur militärischer Aufklärungs- und Auswertungsdienst zur Intelligence Community. Außerdem bestehen ausgeprägte analytische Kapazitäten bei den fachlich und regionalwissenschaftlich besonders qualifizierten *research analysts* des Foreign and Commonwealth Office (FCO). Der Assessment Staff of Cabinet Office in 70, Whitehall ist das Lageinstrument der Joint Intelligence Organization (JIO), deren Chef unmittelbaren Zugang zum Premierminister und zum Kabinett hat. Jeden Dienstag tagt unter Leitung des Premierministers der National Security Council, wobei alle relevanten Ressortchefs – aber eben auch der Leiter der Joint Intelligence Organization und alle Dienstchefs – anwesend sind. Man berät in dieser Runde auf der Grundlage der Lagefeststellungen und -beurteilung der JIO, die auf die Zuarbeiten der Intelligence Community zurückgreifen kann, über spezifische Lageaspekte von besonderer Bedeutung *for Her Majesty's Government* und fällt somit Entscheidungen unter Einbeziehung aller verfügbaren Informationen.

Vor diesem Hintergrund haben die Dienste in der britischen Gesellschaft und in Whitehall ihren festen Platz und genießen hohes Ansehen als Hüter nationaler Sicherheit des Königreichs. Anders als in Deutschland geht man hier mehrheitlich davon aus, dass die Arbeit der Dienste grundsätzlich dem Wohl des Staats und seiner Bürger dient. Fehler können gemacht werden; sie können auch einmal zum Rücktritt eines Dienstchefs führen, doch steht im Vordergrund auch kritischer Bestandsaufnahmen immer die Frage, wie Fehlleistungen überwunden und die Befähigungen der Dienste erhalten werden können. Die Zugehörigkeit zur Intelligence Community des Königreichs zählt zu den gesellschaftlich sehr anerkannten Verwendungen eines *civil servant*. Selbst umgangssprachlich fällt der Unterschied zur deutschen Mentalität auf: Spricht man hier gerne einmal herabwürdigend von den »Schlapphüten« und »Schnüfflern«, sind die Begriffe *spy* und *spook* in Großbritannien ironisch positiv belegt. Der Ausruf, »oh, so you are a spy« kommt mit unterschwelliger Anerkennung einher, ebenso wie *spook* auf »Spuk« zurückgeht und damit ein Wesen andeutet, das übernatürliche Fähigkeiten besitzt und jedenfalls nicht recht fassbar ist.

Bei näherer Überlegung wird mir klar, dass die Wurzeln zu dieser Wertschätzung der Nachrichten- und Geheimdienste bereits in der Zeit des Empire gelegen haben müssen. Als Kolonialmacht hatte Großbritannien vitale Interessen auf mehreren Kontinenten, die ja in keiner Weise wirksam, gleichzeitig und auf Dauer hätten militärisch besetzt werden können. Man stützte sich zur Machtprojektion und Machterhaltung nach jeweils anfänglichen limitierten militärischen Erfolgen von Expeditionstruppen auf ein System der *indirect rule*, der Wahrnehmung britischer Interessen durch lokale kooptierte Machteliten und limitierte eigene militärische Präsenz. Im Hintergrund stand jedoch die weltweit operierende Flotte, die *fleet in being*, als allen bewusste strategische Option. Ein solches System galt es jedoch, mit potenziell überdehnten Nachschub- und Anmarschwegen aufrechtzuerhalten. Wollte man Truppen auf dem Seeweg auf die andere Seite des Globus verlegen, um sie dort einzusetzen, war dazu eine langfristige Vorausplanung notwendig. Bis ein solches Kontingent oder ein Flottenverband am Einsatzort eintraf, vergingen sprichwörtlich Wochen, wenn nicht Monate. Aus der unumgänglichen Vorausplanung ergab sich beinahe zwangsläufig der Imperativ des vorausschauenden Wissens und Handelns. Die Regierung musste frühzeitig erkennen, wo ein Eingreifen nötig werden würde – beispielsweise wenn sich eine Krise in Form eines Aufstands anzubahnen schien –, und vorausschauend Handlungsoptionen zur Verfügung halten. Womit wir direkt bei den frühen Formen des Nachrichtendienstes, der Strategic Intelligence und damit abermals bei der Frage »What does it mean for her Majesty's government?« wären.

Das Empire ist zwar heute Geschichte, dennoch ist man sich in Großbritannien nur zu bewusst, dass Bestand, Prosperität und Sicherheit des eigenen Landes angesichts der – bereits im 19. Jahrhundert bestehenden – asymmetrischen geopolitischen Kräfteverhältnisse nur durch eine außergewöhnliche Befähigung zur rechtzeitigen Erfassung von Risiken bewahrt werden konnten. Dazu kam – und kommt – die Bereitschaft, solchen Herausforderungen in geeigneter Form politisch – nötigenfalls jedoch auch militärisch – zu begegnen. Darüber hinaus waren in den beiden Weltkriegen und im Kalten Krieg aufgrund elementarer Erfahrungen die Rolle und Bedeutung von wirksamer – und zeitgerechter – Auslandsaufklärung Teil eines breiten politischen Konsenses geworden und sind es auch noch heute. So konnte ich noch zu meinem Dienstantritt in London die folgende Feststellung im Jahresbericht 2011 des Intelligence and Security Committee of Parliament (ISC), des Pendants zur deutschen Parlamentarischen Kontrollgruppe (PKGr), lesen: »Intelligence remains of critical importance in contributing to the first duty of government: keeping its citizens safe. The UK intelligence machinery has a justifiably proud history and strong reputation among its partners around the world. The Committee has been impressed by the dedication, professionalism and commitment of those members of the intelligence community it has met.«

Mein Arbeitsplatz ist nun die deutsche Botschaft am vornehmen Belgrave Square, der Austausch mit meinen britischen Kollegen eine ständige Quelle der Inspiration. Ich bin immer wieder beeindruckt von den Möglichkeiten und der Bedeutung der britischen Dienste, in ihrer hoch entwickelten Befähigung zur integrierten nationalen Zusammenarbeit, wie insgesamt der Intelligence Culture im Land. Diese hat sich eben auch in schweren Krisen bewährt, so etwa in der missbräuchlichen politischen Nutzung von allseits anerkannt schwachen nachrichtendienstlichen Hinweisen zur Begründung des britischen Kriegseintritts gegen den Irak im Jahre 2003, aber auch dem teilweisen Versagen der britischen Dienste bei der Verhinderung der schweren Bombenanschläge in London im Jahr 2005. In beiden Fällen wurden neben rigoroser Ermittlung von Schwachstellen auch weitreichende Maßnahmen ergriffen, die einer Ertüchtigung defizitärer Strukturen dienen sollten und im Ergebnis auch dienten, und all dies auf maßgebliche Initiative und unter Einbeziehung des Parlaments – genauer gesagt des Intelligence and Security Committee of Parliament – und gesonderter Kommissionen wie jener von Lord Butler oder Sir Chilcott.

Auch die bisher schwerste Krise der Dienste wird in diesem Geist angegangen. Im Sommer 2013 veröffentlicht der NSA-Whistleblower Edward Snowden streng geheime US-Dokumente, aus denen hervorgeht, dass das britische GCHQ das von der NSA entwickelte PRISM-Programm nutzt, um im Cyberraum die Kommunikationsdaten (nicht die Inhalte!) vom Internetverkehr zu analytischen Zwecken zu erfassen. Es wird bekannt, dass das GCHQ selbst über ein ähnliches eigenes Programm – genannt TEMPURA – verfügt und dies seit 2012 einsetzt, um die großen transatlantischen Internetverbindungen anzuzapfen. Wenn man sich vor Augen hält, dass diese Datenautobahnen den globalen kabelbasierten Internet- und Telefonverkehr transportieren, bekommt man eine Vorstellung von den Dimensionen, zugleich aber auch von den technisch unvermeidlichen Limitationen des Verfahrens. Es handelt sich hier um temporäre Kommunikationsdatenerfassung in großem Stil, nicht um die Erfassung, Speicherung oder gar Auswertung der Inhalte. Dies wäre schon rein technisch angesichts der schieren Masse gar nicht darstellbar, im Übrigen auch nicht für die gerne einmal als »allmächtig« perzipierte amerikanische NSA. Die gewonnenen Meta- beziehungsweise Kommunikationsdaten sollen für jeweils dreißig Tage gepuffert und mit der NSA geteilt worden sein. Auch der Verkehr von EU-Einrichtungen in Brüssel ist von der Datenerfassung betroffen. Einige Monate später kommen Vorwürfe hinzu, dass Großbritannien, die USA und auch Russland auf dem Dach ihrer Botschaften in Berlin Antennen betrieben, mit denen Mobiltelefonverkehr im Regierungsviertel, und damit nun in der Tat auch Inhalte, abgefangen werden könnten. Auch weitere operative Ansätze der GCHQ machen Schlagzeilen: Unter der Bezeichnung »Quantum Insert« solle der Dienst in größerem Stil manipulierte Webseiten betreiben, um sich über sie weltweit Zugang zu den Computern verdächtiger Zielpersonen zu verschaffen. Die öffentliche Empörung ist bekanntlich groß. Der Blick auf die Gründe, Zielsetzungen, die jeweilige Eingriffstiefe und insbesondere die Regelungen, wie mit den technischen Daten zu verfahren sei, treten hierbei in den Hintergrund. Übrig bleibt die Perzeption einer völlig aus dem Ruder gelaufenen, unkontrollierten »Sammelwut« der Dienste, die sich gegen alles und jeden richte und der unbedingt massiv und umfassend Einhalt geboten werden müsse.

Es bedarf hier keiner gesonderten Erwähnung, dass die Wogen in Deutschland diesbezüglich besonders hoch gehen und erneut in abgrundtiefe Verurteilungen aller irgendwie beteiligten Instanzen münden. Das grundlegende Spannungsverhältnis zwischen Sicherheit und Persönlichkeitsschutz kann und darf nicht übersehen oder wegdiskutiert werden. Es besteht und fordert transparente Lösungen und Werteentscheidungen auch dahingehend, wie viele Einschränkungen einer elementaren Sicherheitsgewährleistung zur Wahrung des vom Bundesverfassungsgericht 1983 rechtsdogmatisch entwickelten Grundrechts auf informationelle Selbstbestimmung in Kauf genommen werden sollen. Dieser sicherheitliche Preis der Freiheit wird angesichts sich wandelnder Bedrohungslagen immer wieder neu zu bestimmen und gesellschaftlich zu akzeptieren sein, auch im Hinblick darauf, dass sich Sicherheitsrisiken aufgrund beschränkter Möglichkeiten auch einmal schmerzlich realisieren können. Dieser Prozess findet in vielen Demokratien westlichen Zuschnitts seit Jahren statt, und es wird auch in Deutschland immer wieder erforderlich sein, den aktuell sich wieder einmal besonders akzentuierenden Bedrohungen vitaler Sicherheitsinteressen adäquate Beachtung zu schenken.

Der operativ-sicherheitliche Schaden, der für die britische Intelligence Community aus den Snowden-Leaks entsteht, ist immens. Die Enthüllung streng geheimer Fähigkeiten und der damit erzielten Ergebnisse vor den Augen sämtlicher global aktiven terroristischen Netzwerke ist schlimm genug. Doch dass Snowden Geheimdokumente in großem Umfang nach Russland verbracht hat, und nicht nur die Russen, sondern möglicherweise auch die Chinesen darauf zugreifen können, bezeichnen namhafte Vertreter der Intelligence Community, in aller Öffentlichkeit, als den »most catastrophic loss to British intelligence ever«. Existenzielle Geheimnisse, wie die Identität von Personal, exklusiven Quellen und spezifischen Methoden, seien dadurch in unbefugte Hände geraten.

In den betroffenen Kreisen Londons herrscht nach 2013 erst einmal stoische Weltuntergangsstimmung. Zunächst bemüht man sich um Schadensbegrenzung, was in manchen Fällen nicht weniger heißt als die Rettung von Menschenleben. Dennoch wird aus Whitehall bereits zu Anfang der Entwicklung sehr klar kommuniziert, dass der britische Staat – selbst angesichts möglicher Missbrauchsrisiken – keinesfalls auf die als lebenswichtig erachteten Befähigungen im Cyberraum verzichten wird. Gerade dort würden Gegenwart und Zukunft der Menschheit gestaltet. Wer hier mit den Kapazitäten der eigenen Dienste nicht mithalte und sich vor den neuen Gefahren nicht wirksam schützen könne, werde am Ende untergehen.

Als Folge der Enthüllungen wird in Deutschland der NSA-Untersuchungsausschuss eingesetzt. Er arbeitet zum Teil mit geheimen Unterlagen, die die operativen Sicherheitsbelange von Partnerdiensten betreffen. Mir als Resident gibt man in London ziemlich eindeutig zu verstehen, dass ein Abbruch der Arbeitsbeziehungen zum BND drohe, sollten dem Parlamentsausschuss Dokumente vorgelegt werden, deren unautorisierte Weitergabe an Dritte, das heißt an Stellen außerhalb der Exekutive, nach dem britischen Information Security Act strafbar ist. Für den BND – und den deutschen Staat – ist die Kooperation mit den britischen Diensten außerordentlich wichtig. Hier geht es um direkte Schadensbegrenzung, und nur mit großen Anstrengungen der Bundesregierung und des Parlaments wird ein für beide Seiten gangbarer Weg gefunden.

Die britische Regierung handhabt den Fall-out der Snowden-Leaks umsichtig und konstruktiv. Sie räumt ein, man müsse sich darum bemühen, dass die politische und rechtliche Kontrolle mit den sich dramatisch entwickelnden technischen Möglichkeiten Schritt halten könne. Die geschieht ganz im Sinne des Wahlspruchs »Strong capabilities need strong oversight«. Für besagte strenge Kontrolle sorgt das mit dem Intelligence Services Act von 1994 eingerichtete Intelligence and Security Committee of Parliament (ISC). Diesem Komitee gehören ehemalige Fachminister und erfahrene Parlamentarier aus allen Bereichen der äußeren und inneren Sicherheit an. Jährlich legt das Gremium dem Premierminister einen Bericht mit den Feststellungen zur Bedrohungslage sowie zu dem Grad und der Ordnungsmäßigkeit der Auftragserfüllung vor. Dem Parlament wird eine vom Premierminister freizugebende heruntergestufte Version zur öffentlichen Kenntnisnahme vorgelegt. Die durchaus ebenfalls vorkommende Benennung von Defiziten oder auch Verfehlungen geht mit Vorschlägen einher, wie man eine Verbesserung der nachrichtendienstlichen Wirksamkeit bei Wahrung von Recht und Gesetz erzielen könne. Adressat dieser kritischen Überprüfung ist stets »Her Majesty's government« als politisch wie administrativ verantwortliche Instanz. Dem Ganzen liegt die Überzeugung zugrunde, dass »Her Majesty's services« grundsätzlich rechtstreu und auf Weisung der Regierung im Interesse des Königreichs und seiner Bürger handeln. Individuelles Fehlverhalten aus Inkompetenz oder gar aus krimineller Absicht lassen sich mit den entsprechenden Kontrollen und einer funktionierenden Dienst- und Fachaufsicht eindämmen. Es wäre dagegen kaum möglich gewesen, das Verhältnis von Prime Minister und Diensten in einer Weise zu beschreiben, wie dies im Februar 2017 ein kundiger journalistischer Beobachter des NSA-Untersuchungsausschusses in Deutschland getan hat: »Beide Seiten, Bundeskanzleramt und Geheimdienst, haben sich über die Jahrzehnte ein System gebaut, das beiden maximale Freiheit und minimale Verantwortung garantiert. Das Kanzleramt schaut nicht nach, was der Dienst so tut, um Informationen zu bekommen. Und der Dienst belastet das Kanzleramt nicht mit Problemen, wenn es welche gibt. Die einen sagen nichts, die anderen fragen nicht – so haben beide ihre Ruhe.«

Zu den *strong capabilities* zählen die britischen parlamentarischen Kontrolleure in ihren Berichten zu Recht auch Motivation und Ausbildung der Mitarbeiter der Dienste zu den Schlüsseln für Erfolg und mahnen beständig entsprechende Initiativen in Personalgewinnung, Personalführung und Personalentwicklung an, auch unter Verweis auf den notwendigen Einsatz deutlich höherer Haushaltsmittel, um mit dem Markt Schritt halten zu können.

Neben der qualifizierten spezifischen nachrichtendienstlichen Ausbildung, im angloamerikanischen Raum *tradecraft* (Handwerkszeug) genannt, komme ich damit zu einem Thema, das von besonderer Bedeutung gerade auch für die Position und Funktionalität von Nachrichtendiensten im Staatsgefüge ist, den Intelligence Studies. Es ist bezeichnend, dass es hierfür bisher keine adäquate deutsche sprachliche Entsprechung gibt. Jeder Dienst betreibt Einrichtungen, in denen in unterschiedlicher Qualität und Intensität seine Angehörigen in den erforderlichen sprachlichen, technischen, administrativen und methodischen Fähigkeiten zu Nachrichtenbeschaffung und Auswertung, darüber hinaus auch zu operativer Planung und Mitarbeiterführung geschult und weitergebildet werden. Wo aber werden wissenschaftliche Studien zur Frage betrieben, warum und zu welchem Zweck man Intelligence betreibt und unter welchen Rahmenbedingungen und Konditionen dies geschieht beziehungsweise geschehen sollte? Wie stehen Nachrichtendienste und politische oder militärische Entscheidungsstrukturen zueinander? Was kann/darf man mit Intelligence tun, was nicht? Wo führt eng verstandene Secret Intelligence allein schon methodisch in die Irre? Welche Ergebnisse kann man mit welcher Form von Intelligence erzielen und welche nicht? Was sind Ursachen und Bedingungsfaktoren für das Versagen nachrichtendienstlicher Aufklärung?

Die Bemühungen darum, Antworten auf diese Fragen zu finden, kann ich während meiner Zeit in Großbritannien beobachten. Sie erfolgen in Studiengängen und Forschungsrichtungen an einer ganzen Reihe von Universitäten, darunter dem renommierten King's College London, in Oxford und Cambridge, im International Institute for Strategic Studies (IISS), im Royal United Services Institute (RUSI) oder im Chatham House. Sie stehen grundsätzlich jedem offen, der die entsprechenden akademischen Qualifikationen besitzt. Whitehall, der Sitz der britischen Ministerien, ist der Ort an dem die Intelligence Studies sowohl ihre Hauptabnehmer als auch ihre Forschungsgegenstände finden. Neben den allgemein zugänglichen Bereichen gibt es auch spezielle Ausbildungsmodule, die den Angehörigen der britischen Dienste vorbehalten sind, darunter solche der Intelligence Analysis und der Cyber Security Studies. Neben einer notwendigen Ertüchtigung und Weiterqualifizierung von Dienstangehörigen tragen diese Studiengänge im angloamerikanischen Raum zu einem sachlich fundierten, durchaus auch kritischen Verständnis der Belange der Nachrichtendienste in Politik und Öffentlichkeit bei.

Nach einer ganzen Reihe von Kontakten und Diskussionen mit den in London, Oxford und Cambridge präsenten Vertretern dieser seit den Achtzigerjahren etablierten Fachrichtungen frage ich mich, ob es nicht auch der Bundesrepublik guttun würde, wenn die Arbeit der Nachrichtendienste zum Gegenstand akademischer Lehre und Forschung gemacht werden würde. Immerhin könnte dadurch ein öffentlicher Raum geschaffen werden, in dem nachrichten- und sicherheitsdienstliche Belange auf einer soliden Grundlage und in sachbezogener Weise erörtert werden könnten. Nicht alle Aspekte der Nachrichtendienste können einer öffentlichen Diskussion zugänglich gemacht werden, sehr wohl jedoch die Fragen, die ich eingangs gestellt habe. In Diskussionen mit einer neuen Generation von Professoren an der bisherigen Akademie des BND reifen hier in den Jahren 2013 und 2014 die Konturen eines Masterstudiengangs für Intelligence and

Security Studies (MISS) heran. Vor dem Hintergrund mehrerer gegenseitiger Besuche in Großbritannien und Deutschland zur Einleitung eines akademischen Austauschs über Studienzwecke und Studieninhalte werden Vorschläge erarbeitet, mit denen die Leitungen von BND und BfV, insbesondere aber auch das Bundeskanzleramt in seiner Eigenschaft als Dienst- und Fachaufsicht über den BND und Koordinationsinstanz für die Nachrichtendienste des Bundes vertraut gemacht werden.

Nach anfänglicher nahezu allseitiger Skepsis führt letztlich ein Besuch von Vertretern des King's College London im Bundeskanzleramt beim Koordinator der deutschen Dienste, Staatssekretär Klaus-Dieter Fritsche, zum Durchbruch: Fritsche erkennt spontan die zukunftsweisende, auch politische Dimension des akademischen Vorhabens und macht es sich zu eigen. Natürlich lassen sich solche grundlegend neuen Projekte nicht über Nacht realisieren, und so vergehen einige Jahre komplizierter administrativer, budgetärer und politischer Erörterungen und Planungen, bis ein Masterstudiengang »Intelligence and Security Studies« an der Hochschule des Bundes in Berlin in Kooperation mit der Universität der Bundeswehr in München eingerichtet werden kann. Mit der Einbeziehung der Bundeswehr sind letztlich alle Dimensionen nachrichtendienstlicher Aufgaben berücksichtigt: die zivile und militärische Auslandsaufklärung ebenso wie die Aufgabenstellungen des Verfassungsschutzverbunds von Bund und Ländern zur Wahrung der inneren Sicherheit. Im Januar 2019 ziehen die ersten Studierenden in die Hörsäle des Zentrums für Nachrichtendienstliche Aus- und Fortbildung (ZNAF) in Berlin ein.

Bislang ist der Masterstudiengang den Angehörigen der Dienste und ausgewählten Offizieren der Bundeswehr vorbehalten und strahlt noch nicht in dem Maße wie erhofft in die breitere akademische und allgemeine politische wie gesellschaftliche Öffentlichkeit aus. Ein Grund dafür liegt natürlich noch darin, dass die Identität der Studierenden im Hinblick auf ihre zukünftigen Verwendungen geschützt werden muss und bisher noch keine personellen und räumlichen Kapazitäten für offene Veranstaltungen zur Verfügung stehen. Die Studieninhalte sind dabei weit weniger geheimnisumwittert, es handelt sich um einen in dieser Form allerdings seltenen interdisziplinären Ansatz aus Politik-, Sozial-, Rechts- und Geisteswissenschaften. Informatik, Cybersicherheit, Psychologie und Geografie sind ebenfalls Teil eines ambitionierten Curriculums, das von einem überwiegend neu berufenen jungen Professorium mit internationalem Horizont gestaltet wird. Es geht hier eben nicht darum, nachrichtendienstliches Handwerkszeug zu vermitteln, sondern ein fundiertes Verständnis für die Sinnhaftigkeit von Nachrichtendiensten in all ihren breit gefächerten zivilen wie militärischen Dimensionen zu fördern. Das kommt nicht nur einer neuen Generation von Nachrichtendienstmitarbeitern, sondern auch den Endabnehmern und Nutzern nachrichtendienstlicher Berichterstattung und Analyse in den Ressorts der Bundes- wie auch der Landesregierungen zugute. So kann möglicherweise in Zukunft auch in Deutschland so etwas wie eine Intelligence Community entstehen, die der Regierung in puncto staatlicher Daseinsvorsorge und Sicherheitsgewährleistung in einer neuen Formation und Qualität zur Seite steht.

Es liegt auf der Hand, dass auch der Aspekt der internationalen Zusammenarbeit von Nachrichtendiensten in den Intelligence Studies eine sehr wichtige Rolle spielt. Kein Dienst kann den globalen Bedrohungen im analogen wie im Cyberraum allein mit Aussicht auf Erfolg begegnen. Die Kooperation mit einem Netz an Partnerdiensten wird immer wichtiger und hat in den vergangenen Jahrzehnten an Breite und Intensität enorm zugenommen. Durch meinen Einsatz als Resident des BND in

London habe ich die britische Intelligence Community sehr gut kennengelernt und in der Zusammenarbeit durch alle Höhen und Tiefen hinweg wichtige Einsichten und Anregungen zu den Voraussetzungen und Bedingungen bilateraler und multilateraler Kooperation zwischen den verschiedensten Diensten erhalten. Sie sollten mich auf der letzten Station meiner beruflichen Laufbahn begleiten.

KAPITEL 18

Gemeinschafts- und Partikularinteressen – Mister Hizballah in Brüssel

Mein Ruf eilte mir voraus. Noch während ich in London war, berichteten nationale und internationale Medien, dass ein »deutscher Topspion« zukünftig die europäischen Geheimdienste koordinieren solle. »Mister Hizballah in neuer Mission«, verkündete die Schlagzeile einer Tageszeitung. Ich fühlte mich angesichts der – allzu reißerischen und teilweise auch missverständlichen – Formulierungen nur mäßig geehrt. So konnte zum Beispiel von der »Leitung des europäischen Geheimdienstes« allein schon mangels Masse keine Rede sein. Doch ich weiß auch, dass ich mit dem Ruf, der als Folge meiner Nahost-Missionen entstanden ist, irgendwie leben muss.

Erst vor Kurzem hatte ich gegenüber einem hochrangigen, international versierten Bekannten meine Befürchtung dargelegt, ich könne für die komplexe Aufgabe in Brüssel nicht der Richtige sein, da ich eigentlich keine Erfahrung in internationalen Organisationen und schon gar nicht in der Europäischen Union hätte. »Lieber Herr Conrad«, so mein Gesprächspartner daraufhin schmunzelnd. »Wer im Nahen Osten mit der Hizballah und der Hamas klargekommen ist, der hat auch in Brüssel eine faire Chance.« Ich war mir nicht ganz sicher, ob ich die Worte als Ermutigung auffassen sollte. Von terroristischen Qualitäten der EU, ähnlich der Hamas oder Hizballah, war mir zwar nichts bekannt, aber ich konnte mir natürlich denken, dass auch die europäische Hauptstadt mit ihren komplexen politischen Interessenlagen und Verwaltungsstrukturen ein hartes Pflaster sein konnte.

Das Ansinnen, den Analyseverbund der europäischen Nachrichtendienste im EU INTCEN als Direktor zu leiten, wurde erstmals bereits im Dezember 2014 an mich herangetragen. Bei einem gemeinsamen Frühstück im Berliner Steigenberger Hotel fragte mich ein in europäischen Belangen bewanderter Kollege verdächtig beiläufig, ob ich mir nicht vorstellen könne, mich zu gegebener Zeit beim European External Action Service (EEAS) und dort wiederum beim Intelligence Analysis and Situation Centre (EU INTCEN) um den Direktorenposten zu bewerben. Spontan fiel mir dazu nur ein Satz aus der Karnevalshochburg Köln ein: »Im Leeve net!« EU INTCEN, so viel wusste ich, war eine komplexe und komplizierte Angelegenheit. Es handelt sich hier erklärtermaßen nicht um so etwas wie einen »EU-Geheimdienst« – der ja ebenso wenig wie EU-Streitkräfte in den europäischen Verträgen vorgesehen ist –, sondern um einen Analyseverbund, dem die Auslandsnachrichtendienste und Sicherheitsdienste aller seinerzeit noch 28 Mitgliedstaaten auf freiwilliger Basis eigene Berichte und Analysen zu für die EU relevanten Fragestellungen zukommen lassen. Angesichts der unterschiedlichen Kompetenzen von etwa sechzig verschiedenen zivilen Inlands- und Auslandsdiensten handelt es sich hier tatsächlich um eine beeindruckende Bandbreite an Wissen und Analysefähigkeiten. EU INTCEN besitzt – ähnlich der europäischen Polizeibehörde EUROPOL – keine Befähigungen oder Mandatierungen zur eigenständigen operativen geheimen Informationsbeschaffung mit menschlichen Quellen oder technischen Mitteln. Hier geht es ausschließlich um nachrichtendienstliche

Analyse und Wissensaustausch, nicht um verdecktes Handeln. EU INTCEN erarbeitet für den Europäischen Auswärtigen Dienst, der für die gemeinsame Außen- und Sicherheitspolitik der europäischen Staaten zuständig ist, Lageberichte und Analysen, die maßgeblich auf den Erkenntnissen der Mitgliedstaaten beruhen. Was also jeder einzelne Nachrichtendienst für seine Regierung leistet, so die Idee, das tun – in bereinigter Form und durchaus selektiv – hier alle Dienste gemeinsam für EU INTCEN und EUMS.INT.

Die Idee, dass die Europäische Union einen einheitlichen – oder geeinten – Zugang zu nachrichtendienstlichen Erkenntnissen haben müsse, entstand in den Neunzigerjahren, als der EU im Umgang mit den Balkankriegen und anderen humanitären Katastrophen in ihrer Peripherie sehr schmerzlich ihre sicherheitspolitische und militärische Handlungsunfähigkeit bewusst wurde. In der Folge ging es zunächst darum, sich zumindest möglichst effektiv in außen- und sicherheitspolitischen Fragen, die im gemeinsamen Interesse lagen, zu koordinieren. Nur so ließe sich das akkumulierte Gewicht aller Mitgliedstaaten zur Geltung bringen. Damals begann sich die Erkenntnis zu verfestigen, dass, wer gemeinsam entscheiden will, dazu auch eine gemeinsame Entscheidungsgrundlage braucht. Um die Jahrtausendwende fing die EU an, aus diesen Grundgedanken heraus geeignete Konzepte und Strukturen zu entwickeln. Der Idee einer gemeinsamen Außen-, Sicherheits- und Vereidigungspolitik, bei der alle Mitgliedstaaten in souveräner Entscheidung und auf Augenhöhe ihren Beitrag leisten, mussten dann allerdings auch entsprechende organisatorische Maßnahmen folgen.

Im Nachhinein stellte es sich als ein großer Glücksfall heraus, dass Javier Solana – ehemaliger langjähriger NATO-Generalsekretär und spanischer Außenminister – als Generalsekretär des Rats der Europäischen Union und erster Hoher Vertreter für Gemeinsame Außen- und Sicherheitspolitik eine solide Grundlage außen- und sicherheitspolitischer Erfahrungen sowie umfassende Regierungskontakte mitbrachte. So war Solana allein schon aus NATO-Zeiten die Notwendigkeit geläufig, dass gemeinsames Handeln auch ein gemeinsames nachrichtendienstlich unterlegtes Lagebewusstsein – sprich *situational awareness* – benötigte. Wie ich in den vorangegangenen Kapiteln dargelegt habe, ist dies ja auch auf nationaler Ebene in vielen Staaten der Fall, so wie ich dies gerade erst in London erlebt hatte – oder sollte es zumindest sein. Gerade im Nachgang zum globalen sicherheitspolitischen Schock der Terroranschläge vom 11. September 2001 in New York konnte Solana die Mitgliedstaaten dazu gewinnen, ihm Analysten aus den jeweiligen Auslandsnachrichtendiensten für eine kleine, ihm direkt zugeordnete Analysezelle zur Verfügung zu stellen. Deren Aufgabe war es, zu Bereichen, in denen man sich außen- und sicherheitspolitisch koordinieren wollte, nachrichtendienstliche Lageberichte und Analysen zu erstellen. Diese wurden von ihm und den Vertretern der Mitgliedstaaten als Basis für gemeinsame operative politische Überlegungen und Planungen zurate gezogen. Ergänzt wurde das Potenzial durch ein entsprechendes Intelligence Directorate im ebenfalls bereits seit 2001 eingerichteten Europäischen Militärstab EUMS, in dem Offiziere der Mitgliedstaaten auf der Grundlage von Beiträgen aus den nationalen militärischen Nachrichtendiensten entsprechende Lageberichte und -analysen verfassten.

All dies geschah – und geschieht bis heute – auf der Basis strikter Freiwilligkeit der einzelnen Mitgliedstaaten, die sich dem gemeinsamen Projekt einer EU-Außen- und Sicherheitspolitik verpflichtet fühlten. Nach den schweren Bombenanschlägen von Madrid und London in den Jahren 2004 und 2005 schlug Generalsekretär Solana angesichts des allseitigen Gefühls der unmittelbaren Betroffenheit durch terroristische Anschläge vor, nunmehr auch Terrorismusexperten der nationalen Dienste in sein Lage- und Analysezentrum entsenden zu lassen. Seitdem werden dort auch strategische Berichte zu allen Aspekten der terroristischen Bedrohungslage verfasst, was sich im *war on terrorism*, der zunehmend auch auf europäischem Boden ausgetragen wurde, als überaus wichtige Anregung und Grundlage für EU-Gesetzgebung und koordinierte Antiterrorpolitik erweisen sollte. Solana war damit gelungen, was in den einzelnen Mitgliedstaaten so gut wie nie zuvor geleistet worden war und auch bis heute eher Seltenheitswert hat: Alle drei Dimensionen nachrichtendienstlicher Arbeit – ziviler Auslandsdienst, Sicherheitsdienst und militärischer Nachrichtendienst – waren quasi unter einem Dach, jedenfalls aber unter seiner Autorität zu gemeinsamer Analyse und Berichterstattung versammelt. Um zudem Überschneidungen oder gar Konkurrenz und Widersprüche zwischen INTCEN und der Intelligence-Abteilung des Europäischen Militärstabs EUMS.INT zu vermeiden, verfügte Solana 2007 einen ablauforganisatorischen Kooperationsrahmen mit der Bezeichnung »Single Intelligence Analysis Capacity SIAC«.

Nachdem sich die Mitgliedstaaten im Jahr 2010 auf die Schaffung des Europäischen Auswärtigen Dienstes (EAD) geeinigt hatten, fand in der Gemeinsamen Außen- und Sicherheitspolitik der EU eine tiefgreifende Umstrukturierung und personelle Umschichtung statt. Die von Solana geschaffenen nachrichtendienstlichen Analysestäbe wurden in den EAD überführt und waren nunmehr der – ebenfalls neu definierten – Funktion der Hohen Vertreterin der EU für Außen- und Sicherheitspolitik, die in Personalunion auch eine der Vizepräsidentinnen der Kommission wurde, direkt unterstellt. Dadurch geriet SITCEN in ein vollkommen neues Operationsumfeld zwischen Rat und Kommission. Der 2011 neu bestallte Direktor, der Finne Ilkka Sami – vormals Leiter des finnischen Nachrichten- und Sicherheitsdienstes SUPO –, musste nun darum kämpfen, in diesem Umfeld – und auch angesichts der Herausforderungen, die der Arabische Frühling sowie die globale Wirtschafts- und Finanzkrise mit sich brachten – aus dem Analysestab inmitten der umfassenden personellen und strukturellen Neugestaltung eine handlungsfähige, entscheidungsrelevante Einheit mit soliden Abläufen, Verfahrensregeln und Strukturen zu machen. Der Abschied des alten sicherheitspolitischen Fahrensmanns Solana wie insgesamt eine völlige Neubesetzung von Leitungsstrukturen mit Persönlichkeiten, die wenig bis keine Berührungspunkte und Erfahrungen mit Strategic Intelligence hatten, führte in dieser schwierigen Phase dazu, dass die Möglichkeiten von EU INTCEN – wie das Intelligence and Analysis Center mittlerweile genannt wurde – nicht mehr im erforderlichen Umfang genutzt wurden.

Aus dem unverbindlichen Scherz am Frühstückstisch in Berlin war im Jahresverlauf 2015 dann doch Ernst geworden. Mir war vorab in Gesprächen mit Vertretern des Bundeskanzleramts und des Auswärtigen Amts bedeutet worden, dass »man« sich von Regierungsseite freuen würde, wenn ich mich um den Posten des Direktors bewerben würde, da die Bundesregierung hier eine Chance sehe, im umkämpften Gefüge der Brüsseler Spitzenpositionen eine durchaus relevante Position wahrzunehmen. Noch während ich in London war, versuchte ich mich also, in Vorbereitung auf eine solche Bewerbung als EU-Beamter in die Materie einzuarbeiten.

Die Strukturen, in die EU INTCEN eingebunden ist, habe ich hier stark vereinfacht wiedergegeben, in Wirklichkeit sind sie viel komplexer und in ihren vielfältigen Abhängigkeiten und Bedingtheiten schwer durchschaubar. Auf die entsprechende Ausschreibung hin bewarb ich mich, wurde zusammen mit einigen weiteren Mitbewerbern aus EU-Staaten vor eine Auswahlkommission geladen und harrte dann in stiller Demut der Dinge, die auf mich zukommen sollten. Zum Jahresende 2015 war es dann tatsächlich so weit. Ich erhielt eine Einladung zum Vorstellungsgespräch bei der Hohen Vertreterin der Europäischen Union Federica Mogherini in Brüssel und bekam den Posten. Die Aufregung in den deutschen Medien war – für einen kurzen Augenblick – erheblich, besetzte doch ein BND-Beamter nunmehr den höchstrangigen Posten, den die EU für einen Vertreter der zivilen Nachrichtendienste zu vergeben hatte.

Im Januar 2016 trete ich also meinen Dienst als Director EU INTCEN auf dem Kortenberg an. Umgangssprachlich nennen wir so den schon etwas in die Jahre gekommenen Bau an der Avenue de Cortenbergh, der mein neuer Arbeitsplatz und unser Hauptquartier ist. Meine Mitarbeiter stammen aus den Diensten der Mitgliedstaaten, sind in der Regel noch relativ jung, überwiegend hoch motiviert und qualifiziert. Die *lingua franca,* mittels derer wir uns verständigen, ist Englisch, von daher fällt mir die Umstellung von London auf Brüssel leicht, auch wenn mir das unvergleichliche Flair der britischen Weltmetropole noch eine ganze Weile sehr fehlen wird. Trotzdem stürze ich mich voller Enthusiasmus in die neue Aufgabe.

Nach der umfänglichen theoretischen Vorbereitung will ich nun herausfinden, wie die Dinge praktisch funktionieren. So verlasse ich an einem der ersten Tage den Kortenberg und mache mich zu Fuß auf den Weg zum wenige Gehminuten entfernten Rond Point Schumann, um an der täglichen Morgenrunde des EAD teilzunehmen. Bevor ich auf die Straße trete, winke ich den Sicherheitsbeamten hinter ihrer Panzerglasscheibe zu und frage mich, ob es sich wohl schon bis zu ihnen herumgesprochen hat, dass der Mann im schwarzen Anzug der neue Direktor ist. Nachdenklich passiere ich als Fußgänger den notorischen Stau auf der vierspurigen Einfallstraße. Ein Dienstwagen wäre hier mehr Problem als Lösung. Das Gebäude des Europäischen Auswärtigen

Diensts ist ungleich moderner als der angegraute Kortenberg mit seinem leicht düsteren Ambiente. Hier erhebt sich eine beinahe leichte Architektur aus Glas und Stahl in den wolkenverhangenen Himmel. Transparenz wird vermittelt im modernen europäischen Haus. Ich kenne mich als Neuling noch nicht allzu gut aus, habe aber immerhin alle Badges und Chipkarten bei mir, um die Sicherheitskontrollen zu passieren. Ein Assistent führt mich freundlicherweise durch das Gebäude – das im Inneren weit weniger transparent, beinahe verwirrend ist – zum Besprechungsraum.

An der täglichen Morgenrunde nehmen etwa dreißig hohe EAD-Beamte teil, alle sind wichtig, sehr beschäftigt und befinden sich unter Zeitdruck. Ich halte mich im Hintergrund und höre den gedämpften Unterhaltungen zu, die ab und zu vom Klingeln eines Smartphones übertönt werden. Das Benutzen eines Smartphones bei solchen Anlässen ist eigentlich eine sicherheitliche Todsünde. Es wird noch einige Zeit und etliche Mühen der Generalsekretärin des EAD brauchen, bis sie ausgemerzt wird. Die Besprechungsrunde ist auf dreißig Minuten angesetzt. Das ist nicht viel, wenn man bedenkt, dass hier die wichtigsten Ereignisse der Nacht und die Vorhaben des Tages besprochen werden sollen. Einer meiner Mitarbeiter hat mir erzählt, dass viele Teilnehmer nicht selten gerade erst von zu Hause eintreffen. Mit Kaffee und Notizblock als den wichtigsten Arbeitsutensilien versuchen sie, den Einstieg in den Tag zu schaffen. In den ersten Jahren des EAD, so berichtete man mir, sei die Morgenrunde sogar im Stehen abgehalten worden, um längere Diskussionen zu verhindern.

Mir als Direktor von EU INTCEN gibt all dies insofern zu denken, da ich dafür Sorge tragen muss, dass unsere Erkenntnisse und Analysen zu den durchaus wichtigen Themen hier überhaupt wahrgenommen werden. In der Dekade, die auf Solana folgte, hat das Interesse an EU INTCEN, auch aufgrund räumlicher Trennung, methodischer wie administrativer Unvereinbarkeiten und daraus resultierender Indifferenz, immer weiter abgenommen, und ich fürchte, dass dem Dienst ein Abgleiten in die Unmaßgeblichkeit drohen könnte. Jedenfalls möchte ich mich nicht damit abfinden, dass die EU-INTCEN-Lagebeiträge nicht auf der Ebene der Entscheidungsträger angemessen zur Kenntnis genommen werden. Ich sehe ein Hauptproblem darin, dass das Tagesgeschäft in Brüssel, so wie es sich nun einmal über die Jahre etabliert hat, für viele der Verantwortlichen einfach nicht zulässt, umfangreiche Dossiers und Analysen zu lesen, die nicht immer klare – und somit unmittelbar nutzbare – Aussagen und Schlussfolgerungen enthalten. Dazu kommt, dass die EU-INTCEN-Dokumente auf einem relativ komplizierten und langwierigen Weg in der Verschlusssachen-Registratur des EAD abgelegt und dort vom Endabnehmer speziell angefordert werden müssen. Da die Dokumente häufig klassifiziert sind, muss den Vorschriften entsprechend im schlimmsten Fall sogar noch ein Mitarbeiter danebenstehen, während der »Kunde« sie liest, und sie danach wieder an sich nehmen.

Praktikabel ist das alles nicht, und so weise ich nach einer guten Weile, während derer ich erst einmal meine überwiegend schlechten Erfahrungen in Sachen *outreach* und *impact* sammle, meine Mitarbeiter an, für die Morgenrunde des EAD auf einer Seite ein extrem komprimiertes Memorandum der fünf wichtigsten Ereignisse des Tages – einen sogenannten *Morning Brief* – zusammenzustellen. Dort wird im Stil von Schlagzeilen und schlagwortartigen Kurzkommentaren das Augenmerk auch eines flüchtigen Lesers auf lagebestimmende oder gar lageverändernde Ereignisse gerichtet, die für die Arbeit des aktuellen wie der kommenden Tage von Belang sein müssten. Jeder Teilnehmer der Morgenrunde bekommt das Memo, versehen mit dem schriftlichen Hinweis auf weiterführende Berichterstattung von EU INTCEN und EUMS.INT. Jeden Morgen um 08:30 Uhr begrüßt so alle Teilnehmer nicht das Murmeltier, sondern eine mit den SIAC-Insignien verzierte Tischvorlage.

Mit stiller Befriedigung stelle ich fest, dass »der Kortenberg« allein schon aufgrund dieser täglichen Präsenz im Kreis der auf sich und ihr Tagesgeschäft bezogenen Direktoren allmählich wieder mehr zur Kenntnis genommen wird. Immer öfter erreichen uns nun Bitten um aktuelle Analysen und Lageeinschätzungen. Das kleine Beispiel zeigt mir wieder, Nachrichtendienst muss strikt kundenorientiert sein, der Abnehmer muss zeitgerechte, handhabbare und thematisch relevante Informationen erhalten. Intelligence ist kein Selbstzweck, sondern wesentliches Mittel als Grundlage oder zumindest Anhaltspunkt für Entscheidungsprozesse. Auf einem meiner Gänge zwischen Kortenberg und Rond Point Schuman vergleiche ich den Nachrichtendienst mit dem Wetterbericht: Alle schimpfen auf ihn, aber jeder braucht und nutzt ihn, zumindest als Anhaltspunkt für das eigene Verhalten.

Zusammen mit meinem wunderbaren Gegenüber im EU-Militärstab, dem schwedischen Leiter des Intelligence Directorate, gelingt es, aus in gegenseitiger Indifferenz oder gar Ablehnung erstarrten Strukturen eine dynamische Zusammenarbeit der zivilen und militärischen Analysekapazitäten zu gestalten: die Single Intelligence Analysis Capacity (SIAC) ist nicht nur tote administrative Hülle, sondern gelebte, von den Angehörigen beider Abteilungen nach anfänglichem Zögern mit überwiegend großem Engagement ausgefüllte Praxis. Hinzu tritt das Satellite Center der EU (SATCEN) im spanischen Torrejon, mit dessen ebenfalls dynamischem und innovativem Direktor eine immer effizientere Zusammenarbeit aufgebaut werden kann: SIAC-Analysen werden, wo sachlich geboten und technisch möglich, zunehmend mit Satellitenbildmaterial unterlegt und in ihren Aussagen substanziiert. Die Kraft der Bilder hilft uns immer wieder, auch politischen Fehlentscheidungen vorzubeugen.

Die von EU INTCEN, EUMS.INT und SATCEN Schritt für Schritt vorangetriebene *intelligence fusion* wird im Laufe von zwei Jahren Schritt für Schritt zu einer festen Größe im außen- und sicherheitspolitischen Entscheidungsprozess der EU. Bereits im Gefolge des russischen Überfalls auf die Ukraine 2014 wurde darüber hinaus der Begriff *hybrid warfare* von NATO und EU zunehmend zur Beschreibung des konzertierten Einsatzes von Propaganda, Desinformation, Subversion, wirtschaftlicher und finanzieller Erpressung, Sabotage, Staatsterrorismus, Cyberangriffen auf kritische Infrastrukturen und verdeckter militärischer Gewalt genutzt, mit dem ein Gegner nachhaltig geschwächt, destabilisiert oder völlig in die Knie gezwungen werden soll, ohne dabei die Schwelle eines offenen militärischen Konflikts mit der möglichen Auslösung von Bündnisverpflichtungen zu überschreiten.

Eine meiner zentralen Aufgaben – und Herausforderungen – war es ab 2016, eine von den Mitgliedstaaten geforderte Hybrid Fusion Cell (HFC) im INTCEN aufzubauen, die sowohl nachrichtendienstliche und regierungsamtliche Hinweise aus den Mitgliedstaaten als auch sachdienliche Informationen aus den EU-Institutionen, das heißt, insbesondere aus zahlreichen Generaldirektoraten der Kommission, zu integrierten Lagepapieren zusammenfassen und aggregieren sollte. Mit dem unermüdlichen Einsatz meines in EU- und NATO-Dingen wie in nachrichtendienstlichen Dimensionen besonders erfahrenen französischen Vertreters und Leiters der Analyseabteilung gelang es, die widerstrebenden Interessen aller Beteiligten zu ermutigenden Anfangserfolgen zusammenzuführen. Die Hybrid Fusion Cell wurde auf diese Weise sogar ein Vorbild für den ein Jahr später etablierten »Hybrid Analysis Branch« der NATO, mit dem im Rahmen der gesetzlichen und politischen Vorgaben eine zunehmend relevante Kooperation eingerichtet werden konnte. Mit Counter Terrorism Analysis und der Hybrid Fusion Cell realisiert sich auch die Eigenschaft von INTCEN als Dienstleister für den Europäischen Rat und seine Strukturen wie für die Europäische Kommission, so wie dies auch dadurch klar zum Ausdruck kommt, dass die Abteilung dem Hohen Repräsentanten des Rats und Vizepräsident der Kommission direkt unterstellt ist. Vieles wird hier nach meinem Ausscheiden noch weiterzuführen und zu konsolidieren sein und ist in der Tat auch auf gutem Wege, doch immerhin ist ein vielversprechender Anfang gemacht worden.

Wie bitter nötig gute Intelligence ist, wird uns bereits zwei Monate nach meinem Amtsantritt im INTCEN vor der eigenen Haustür in furchtbarer Weise demonstriert. In der vermeintlich sicheren Hauptstadt Brüssel treffen uns die Ereignisse vollkommen unvorbereitet. Am Vormittag bin ich in meinem Büro gerade damit beschäftigt, Telefongespräche zu führen und E-Mails zu beantworten. Später stehen noch einige Gesprächstermine auf dem Programm. Plötzlich spüre ich, dass etwas nicht stimmt. Etwas ist anders als sonst, und das beunruhigt mich. Der Nachrichtendienstler würde hier vielleicht von einer Abweichung im System des Gewohnten sprechen und – wenn er es rechtzeitig bemerkt – genauer hinschauen. Instinktiv gehe ich zum Fenster. Noch bevor ich rausschauen kann, weiß ich, was anders ist. Das ansonsten omnipräsente Verkehrsgebrumm fehlt. Im klimatisierten Kortenberg lässt sich zwar kein Fenster öffnen, dennoch dringt der Lärm der mehrspurigen Straße gewöhnlich gedämpft ins Gebäude. Ich schaue nach draußen und sehe, dass die Straßen wie leer gefegt sind. Kein Auto, kein Motorrad, nicht einmal Radfahrer. Nichts. Nun wird auch die plötzliche Stille in ihrer ganzen Unnatürlichkeit wahrnehmbar. Von irgendwoher höre ich das verlorene Klingeln eines einzelnen Telefons.

Wenn an einem Wochentag in einer Millionenstadt der Verkehr unangekündigt und schlagartig zum Erliegen kommt, denke ich mir, kann das eigentlich nur bedeuten, dass sich ein katastrophaler Zwischenfall ereignet hat. Ich gehe durch das Vorzimmer und trete auf den Flur hinaus. Mitarbeiter stehen herum und wirken nervös angesichts erster bruchstückhafter Informationen. Radio und Fernsehen werden wieder einmal zu wichtigen Quellen. In Brüssel sollen sich mindestens drei Bombenanschläge ereignet haben. Zwei am Flughafen Zaventem und einer etwa 500 Meter von uns entfernt in der Metrostation Maelbeek. Dort liegen große Gebäude der Europäischen Kommission, in denen Hunderte Menschen arbeiten. Im U-Bahnhof gibt es Tote und Verletzte, ein schwerer Brand ist ausgebrochen, die anliegenden Bauten müssen rasch evakuiert werden. Die Frage steht im Raum, ob noch weitere Anschläge folgen werden, ob es sich um einen sogenannten *complex attack* handelt, bei dem bewaffnete Angreifer die Verwirrung nutzen und versuchen, in einzelne Gebäude einzudringen. Die schrecklichen Ereignisse vom 13. November 2015 in Paris sind allen immer noch präsent.

Obwohl ich beinahe mein gesamtes Berufsleben lang mit Terrorismus zu tun hatte, überrascht es doch, wenn sich die Taten so unmittelbar vor der eigenen Haustür in einem Milieu abspielen, das nichts mit einem Bürgerkrieg zu tun hat. Brüssel, das wird in diesen Tagen deutlich, ist auf Friedensbetrieb eingestellt. Genau wie die meisten Staaten der EU und natürlich auch Deutschland. Terroristische Bedrohungen werden als Ausnahmeerscheinungen gesehen, die sich – ähnlich einer Naturkatastrophe – einfach »ereignen«. Sie brechen sich Bahn, kommen aus dem Nichts und gehen – im günstigsten Fall, ohne allzu viele

Opfer zu fordern – vorüber und werden dann rasch wieder verdrängt. Eine Realität, mit der man sich am besten nicht allzu eingehend beschäftigen möchte. Genau das aber muss ein Nachrichtendienst tun in dem Bewusstsein, dass Ereignisse nicht einfach aus dem Nichts kommen. Sie kündigen sich an. Auch wenn sich die Urheber bemühen, sie zu verbergen, unter dem Radar agieren, gibt es doch Anzeichen, werden Spuren hinterlassen. Man muss sie nur finden und zu deuten wissen.

Es gab viele Momente, in denen ich auf solche Zeichen geblickt habe. Die Buchhandlung in Riad, die Rede Sheikh Nasrallahs auf der Trauerfeier für Hafis al-Assad, eine Bemerkung von Ahmed al-Dschabari, während der Verhandlungen mit der Hamas, der geheime Aufbau militärischer Befähigungen, die Vorbereitung von Cyberattacken – die Welt ist voll von versteckten Hinweisen auf kommende Ereignisse. Nicht alle davon verheißen Gutes. Zumindest nicht für Europa. In Brüssel – wie in der Bundesrepublik – hat man sich nach 1989, auf das »Ende der Geschichte« eingestellt, Frieden wurde als Normalzustand angesehen. Bis zum 11. September 2001, ja bis zum 24. Februar 2022 hat man zumindest in Deutschland geglaubt, man könne sich diese Haltung erlauben, doch irgendwann ließ sich es einfach nicht mehr ignorieren, dass die Welt auch jenseits der multilateralen und normbasierten Ordnung unverändert auch von einer anderen Größe bestimmt wird: dem in vielfältiger Weise und vielfältigen Formen ausgetragenen gewaltsamen Interessenkonflikt.

Das bedeutet natürlich nicht, dass Konflikte immer und überall mit Gewalt ausgetragen werden müssen. Sie können in der politischen Auseinandersetzung sogar überaus produktiv sein und zu innovativen Konzepten und Lösungen führen. Letztendlich ist ja auch die Europäische Union ein eindrucksvolles Ergebnis der Überwindung der gewaltsamen Konflikte, die den Kontinent im zwanzigsten Jahrhundert zerrissen und zu schrecklichen Opfern geführt haben. Doch wird in seltsamer Geschichts- und Weltvergessenheit immer wieder unterschätzt oder ignoriert, dass die Union ein hart erarbeiteter, keinesfalls selbstverständlicher und immer wieder auch gefährdeter Glücksfall in der leidvollen Geschichte Europas ist, dass aber weltweit wie in unserer unmittelbaren Umgebung das Potenzial von Feindseligkeit und Aggression unverändert hoch und keinesfalls leicht oder gar durch »gutes Zureden« oder »Wandel durch Handel« allein zu überwinden ist. Der aktuelle Ukraine-Konflikt ist hier nur ein besonders tragisches und hochgefährliches Beispiel. Auch der Terroranschlag vor der eigenen Haustür in Brüssel war ein schmerzlicher Hinweis, wie wichtig es ist, dem Prinzip Gewalt als Modus Operandi internationaler Politik gerade auch in europäischer Kooperation etwas Wirksames entgegenzusetzen. Da gab es die Sahel-Problematik, die zu einem langfristigen deutschen und französischen Militäreinsatz führte, den Bürgerkrieg in Syrien, die Migrationskrise sowie zahlreiche hybride Bedrohungen in Europa. All das war Grund genug, aus EU INTCEN im koordinierten Zusammenwirken mit EUMS.INT und dem EU SATCEN wieder ein wirksames, *all sources intelligence*-basiertes Beratungsinstrument des Hohen Repräsentanten und Kommissionsvizepräsidenten, für den Rat wie für die EU-Institutionen und die Mitgliedstaaten zu machen. Ausdruck dieses Relevanzgewinns war und ist auch das dankenswerterweise deutlich gewachsene Engagement der europäischen Nachrichten- und Sicherheitsdienste, gerade auch in Deutschland und Frankreich, bei der personellen und materiellen Unterstützung von SIAC. Trotz aller Herausforderungen und auch Rückschläge sah ich dann zum Glück am Ende meiner Amtszeit, dass von *low impact* oder gar *no impact* keine Rede mehr sein konnte.

SCHLUSSWORT

Mission accomplished?

Es ist nicht immer einfach, Chipkarten, Schlüssel und Badges zurückzugeben. Man verliert mit ihnen einen Teil der beruflichen Identität: die »Zugangsberechtigung«. So ging es mir, als ich mich 2019 von meinem Posten als Direktor des EU INTCEN in Brüssel verabschiedete. Nachdem ich die Amtsgeschäfte an meinen Nachfolger übergeben hatte, flog ich nach Berlin. Nur noch wenige Wochen arbeitete ich in der neuen BND-Zentrale an der Chausseestraße, denn auch diese Zeit stand schon unter dem Zeichen meines im Herbst anstehenden Ausscheidens aus dem aktiven Dienst. Im Wesentlichen ging es nur noch um die administrative »Abwicklung« des Mitarbeiters Conrad. Am Ende hieß es dann auch hier: »Dienstausweis, Karte und Schlüssel, bitte.«

Für mich war es ein denkwürdiger Moment. Jahrzehntelang war ich mit einer professionellen Selbstverständlichkeit in hochgesicherten Bereichen ein und aus gegangen, hatte Zugang zu den geheimsten Informationen gehabt, doch damit war es nun vorbei. Die BND-Zentrale konnte ich vielleicht noch von innen sehen, wenn meine ehemaligen Kollegen mich einladen würden und ich einen Besucherausweis bekommen sollte. Doch wie bisher über alles reden konnten wir in Zukunft natürlich nicht mehr. Bestimmte Informationen sind aus Sicherheitsgründen geheim und müssen es auch bleiben. Ein Nachrichtendienst hat recht strenge Regeln und ist in diesem Sinne ein eigener Kosmos.

Von einem Tag auf den anderen stand ich also außerhalb eines Systems, in dem ich vorher viele Funktionen bekleidet hatte. Dadurch ändert sich die Perspektive. Der sicherheitspolitische Geleitzug – um ein Bild zu gebrauchen – dampfte weiter, doch ich lehnte jetzt allenfalls noch an der Reling und dachte darüber nach, wohin die Reise uns wohl führen würde. Noch fühlte ich mich aber mit an Bord und nicht an Land mit dem Taschentuch in der Hand. Langjähriges Interesse, Engagement und persönliche Involvierung lassen sich nicht einfach mit einer Chipkarte abgeben.

Vor fast dreißig Jahren hatte ich meinen Dienst in Pullach angetreten. Das Hauptquartier des Nachrichtendienstes befand sich damals überwiegend in den spitzgiebligen Häusern der 1930er-Jahre inmitten einer abgeschiedenen weitläufigen Parkanlage. Am Ende stand nun die riesige hochmoderne siebenstöckige BND-Zentrale im Zentrum Berlins. 1989 war das Jahr, in dem das World Wide Web entstand und der Kalte Krieg endete, 2019 standen Quantencomputing und künstliche Intelligenz in der Tür und Europa vor schwerwiegenden existenziellen sicherheitspolitischen Herausforderungen. Keineswegs nur aus Russland und China. Rein äußerlich hat sich viel verändert, einige grundlegende Fragestellungen und Herausforderungen, die Staat und Nachrichtendienst betreffen, dagegen überhaupt nicht. Ich habe an einigen Stellen des Buches darüber geschrieben, wie und in welcher Form sich die technischen Möglichkeiten weiterentwickelt haben. Der BND wird in den kommenden Jahren drei eigene Aufklärungssatelliten in Dienst stellen. Endlich. Auch im Hinblick darauf, dass wir bislang in dieser Hinsicht allzu oft auf unsere Partnerdienste angewiesen sind, ist es ein wichtiger Schritt. Ein überfälliger sogar. Doch wie steht es mit unseren Befähigungen in anderen Bereichen der technischen Aufklärung? Wie wollen wir im globalen Cyberraum technisch bestehen, der bereits unser gegenwärtiges und noch viel mehr unser künftiges Leben bestimmen wird? Verstehen wir die dort herrschenden Bedingungen und können wir uns technisch-wissenschaftlich, materiell und rechtlich in die Lage versetzen, in diesem Raum wirksam zu handeln, Gefahren rechtzeitig zu erkennen und erfolgreich abzuwehren?

Im Deutschland der Friedensdividende, der milliardenschweren Wiedervereinigungsinvestitionen und einer wirtschaftlichen Schieflage um die Jahrtausendwende standen solche Überlegungen oder gar Investitionen nicht einmal zur Debatte. Während des Kalten Kriegs hatte der Bundesnachrichtendienst, insbesondere nach den massiven Investitionen in damals moderne Erfassungstechnik zur Zeit von Bundeskanzler Helmut Schmidt, ein international gutes Ansehen im Bereich der Fernmelde- und Funkaufklärung erworben. Doch mit dem dynamischen Aufkommen neuer Technologien und ihrer sich sprunghaft verbreitenden Auswirkungen – darunter globale Satellitenkommunikation, das World Wide Web und Social Media – konnte der BND auf diesen Gebieten allein schon mangels ausreichender finanzieller Ausstattung als Voraussetzung für die erforderlichen Entwicklungspotenziale nicht mithalten. Immerhin wurden in anderen Staaten Milliardenbeträge investiert, um mit den revolutionären Entwicklungen Schritt halten zu können. Die Fernmeldeaufklärung – seit Jahrzehnten im Bereich der Kurzwellenkommunikation erfolgreich praktiziert und zur hohen Kunst entwickelt – hatte um die Jahrtausendwende technische Quantensprünge hin zur satellitengestützten Kommunikation und bereits kurz danach zur Glasfasertechnologie als Träger rasanter Globalisierung zu bewältigen. Es kam zu einer Explosion weltweiter Kommunikationsbeziehungen. Technologieführer waren die USA, Silicon Valley war das Maß aller Dinge. Um in diesem epochalen Innovationssturm zu bestehen – oder ihn gar zu beeinflussen –, wurde die amerikanische National Security Agency (NSA) zu einer Multimilliarden-Institution aufgebaut. Doch auch das britische Government Communication Headquarters (GCHQ) stellte sich dieser Herausforderung unter weitsichtiger Leitung und mit politischer Unterstützung aus Whitehall. Der jährliche Mitteleinsatz lag hier über Jahre hinweg bei deutlich über einer Milliarde britischer Pfund. Das Gesamtbudget des BND – mithin für HUMINT und SIGINT, für zivile und militärische Aufklärung, Auswertung und Berichterstattung – lag über Jahre hinweg bestürzend weit darunter. Die Bundesrepublik befand sich in dieser Zeit – erklärtermaßen und selbst ausgerufen – in einem postheroischen gesellschaftlichen und politischen Zeitalter. Mehrheitlich fühlte man sich offenbar sehr wohl bei der Vorstellung, in erster Linie von wohlmeinenden Freunden und Status-quo-Mächten umgeben zu sein. Auch nach dem 11. September 2001 änderte sich daran nicht allzu viel. Zwar wurde nach einem Jahrzehnt des Personalabbaus im BND im Rahmen der »Antiterror-Programme« erstmals wieder ein leichter Personalaufwuchs eingeleitet, doch die Bereitstellung der eigentlich dazu benötigten Mittel, insbesondere im Bereich der technischen Ertüchtigung, blieb aus. Das Missverhältnis der Mittelansätze blieb im europäischen wie internationalen Rahmen bestehen. Angesichts der Größe der Bundesrepublik, ihrer in dieser Zeit wiederkehrenden Wirtschaftskraft und ihrer Verantwortung im westlichen Bündnis wurde dies nicht überall kommentarlos zur Kenntnis genommen. Auch die wohlbehütete Position in der Mitte des sicherheitspolitischen Geleitzugs der westlichen Verbündeten hätte es erfordert, angemessene Befähigungen im Rahmen der Bündnissolidarität zu erhalten und weiterzuentwickeln, etwas, das nicht nur für den BND, sondern bekanntlich in besonders augenfälliger Weise auch für die Bundeswehr galt.

Mit den »Out-of-area«-Einsätzen der Bundeswehr stellte sich

immer wieder die Frage, wie der Bundesnachrichtendienst diese mit den bestehenden Voraussetzungen und der Fokussierung auf Strategic Intelligence zeitgerecht vorbereiten und unterstützen könne. Obwohl die Floskel »Übernahme größerer außen- und sicherheitspolitischer Verantwortung« bald zu einer Art Mantra im politischen Berlin wurde, geschah hier im Ergebnis zu wenig. Wie vielfach auch öffentlich vermerkt, wurden letztlich keine ernsthaften Konsequenzen für die Befähigung der Bundeswehr und der sie unterstützenden Dienste gezogen. Die internationalen Einsätze – wie etwa in Afghanistan – wurden aus einer sicheren Position in der Mitte des jeweiligen Konvois – um im Bild zu bleiben – konzipiert und durchgeführt. Im Zweifel konnte man sich immer auf andere verlassen, damit sie einem, gerade auch im Bereich der taktischen Informationsgewinnung zur operativen Planung und zum Schutz der eigenen Soldaten, also zu *force protection*, aus der Patsche halfen. Die in jüngster Zeit von der Europäischen Union so vehement geforderte Befähigung zur »Strategischen Autonomie« oder »Souveränität« war damit bereits in einem der bedeutendsten Mitgliedstaaten notleidend – und ungeachtet aller anders lautenden Verlautbarungen und Positionsbestimmungen im Europäischen Rat – eine zu Hause innenpolitisch kaum ernst genommene Kategorie. Man schipperte wohlig in der Mitte des Verbands und konnte diese vermeintliche Gemütlichkeit sogar noch mit dem Abstimmungsgebot innerhalb von EU und NATO legitimieren. Von *partnership in leadership*, die ja schon US-Präsident Bush sen. in seiner Mainzer Rede 1989 angeboten hatte, hielt man sich jedenfalls ebenso parteiübergreifend wie nachhaltig fern.

Der *war on terrorism* dominierte nach dem 11. September 2001 das Aufgabenspektrum der Dienste und Sicherheitsbehörden. Erneut wurde hier jedoch eine Tradition deutscher sicherheitspolitischer Diskussion gefördert: Auch der Auslandsnachrichtendienst war über die Jahrzehnte hinweg in erster Linie aus der Perspektive der inneren Sicherheit und öffentlichen Ordnung betrachtet und entsprechend auch im Hinblick auf die Auswahl von Spitzenpersonal, Fach- und Dienstaufsicht, bis hin in die parlamentarische Kontrolle, eingeordnet worden.

Ich denke, bei der Lektüre dieses Buches ist deutlich geworden, dass gerade ein Auslandsnachrichtendienst im Kern ganz andere Aufgaben hat und haben muss, so wie dies auch das BND-Gesetz seit 1990 eindeutig formuliert. Im Zentrum steht die Auslandsaufklärung, die Erfassung und Analyse von abstrakten wie ganz konkreten Risikofaktoren und Bedrohungen, die jenseits der Grenzen des eigenen Landes, der europäischen und transatlantischen Solidargemeinschaft entstehen und sich entwickeln. Dazu gehört zweifelsfrei auch der sich transnational manifestierende und organisierende Terrorismus, doch ist es damit bei Weitem nicht getan.

Auch in den Untiefen des *war on terrorism* navigierte man vornehmlich in der Mitte des sicherheitspolitischen Geleitzugs, wo man sich ja nur nach vorn, Backbord und Steuerbord orientieren musste, um den Kurs zu halten und nicht aufzufahren. In Afghanistan, Nahost und Nordafrika wurde nach diesem Prinzip verfahren – wenn man sich nicht schon beim Auslaufen nach Achtern absetzte. Die postheroische Zeit war – auch im Hinblick auf die Bundeswehr – von einem öffentlichen Diskurs geprägt, der mit den Erfordernissen von Sicherheitspolitik und der Sinnhaftigkeit von Auslandsnachrichtendiensten wenig anfangen konnte. Nur zu gerne wurden Bundeswehr und Nachrichtendienst als Restposten einer historisch überwundenen Zeit betrachtet. Bestenfalls in wenigen seltenen Ausnahmefällen war es noch einmal hilfreich, das eine wie das andere zur Hand zu haben, doch insgesamt stellte sich gerne immer wieder die Frage, ob man die kostenaufwendigen, im Grunde überlebten Institutionen – wie die allgemeine Wehrpflicht – nicht doch lieber gleich ganz abschaffen sollte. Erinnert sei in diesem Zusammenhang nur an die bis zur aktuellen »Zeitenwende« anhaltende Polemik über eine bereits 2002 auf dem NATO-Gipfel in Prag von einer sozialdemokratischen Regierung eingegangene und 2014 in Wales von einer christdemokratisch geführten Koalition erneut bekräftigte Selbstverpflichtung, sich bei den Verteidigungsausgaben innerhalb von zehn Jahren (!) auf den Richtwert von zwei Prozent des Bruttoinlandsprodukts zuzubewegen und mindestens 20 Prozent davon in »neues Großgerät einschließlich damit zusammenhängender Forschung und Entwicklung« zu investieren.

Es ist bekanntlich ganz anders gekommen, wir sind nun offenbar »in einer anderen Welt aufgewacht«, in der »der Krieg nach Europa zurückgekehrt« ist. Jahrzehnte der Unterfinanzierung der Bundeswehr sollen nun mithilfe eines Sondervermögens von 100 Milliarden Euro kompensiert werden, das viel geschmähte »Zweiprozentziel« wird nunmehr zumindest als Diskussionsgrundlage ernst genommen. Bei etwas näherer Betrachtung und Überlegung kommt man allerdings nicht umhin zu bemerken, dass die Kriege auf dem Balkan bis in die zweite Hälfte der Neunzigerjahre – darunter der historisch erste Kampfeinsatz der Bundeswehr im Kosovo – auch schon in Europa geführt wurden und eine gravierende sicherheitspolitische Herausforderung für den Kontinent darstellten. Was also vielmehr zurückkehrt, ist nicht eine geänderte Realität, sondern das Bewusstsein, dass die Bundesrepublik sicherheitspolitischer Bestandteil dieses Kontinents ist und den sich hieraus ergebenden Interessen wie Verantwortlichkeiten und Verpflichtungen gerecht werden muss.

Sicherheit, Wohlstand und Zukunftsfähigkeit der Bundesrepublik und ihrer Partner sind in ein komplexes Gefüge aus sozioökonomischen, ökologischen, ja selbst epidemiologischen Faktoren eingebettet. Das sind Faktoren, die sich im friedlichen

Miteinander, im multilateralen, regelbasierten Interessenausgleich bestimmen und weiterentwickeln lassen. Grundvoraussetzung hierfür ist jedoch die Fähigkeit zur Selbstbehauptung gegenüber all jenen, die diesen Frieden infrage stellen. Potenzielle Störfaktoren reichen von organisierter Kriminalität über terroristische Aktivitäten bis hin zu staatlichen oder kriminellen Cyberattacken auf lebenswichtige Strukturen, aber auch militärische Bedrohungen durch feindliche Staaten. So wie es die Kernaufgabe des Staates ist, die Sicherheitsgewährleistung im Inneren als notwendige Lebens-, Rechts- und Wohlstandsvoraussetzung sicherzustellen, so hat er dies nötigenfalls auch im Außenverhältnis zu tun. Wobei hier die Bedrohungen eine wesentlich größere Dimension besitzen. Darum ist eine Kooperation mit gleichgesinnten Partnern dabei mindestens von Vorteil, häufig essenziell. Sie befreit jedoch keinesfalls von der Verantwortung, einen angemessenen und damit angesichts der Größe des Landes substanziellen Beitrag zur gemeinsamen Sicherheit zu leisten.

Zu den Elementen der *hard power* als »Lebensversicherung« zählen naturgemäß die Streitkräfte. Diese wiederum können jedoch nur verantwortungsvoll zum Einsatz kommen, wenn potenzielle und aktuelle Gefahrenmomente für die eigene Sicherheit im globalen Rahmen rechtzeitig – am besten vorausschauend – ausgemacht und in politischen Entscheidungsprozessen angemessen berücksichtigt werden. Dazu ist es nötig, die Informationen auch in ihrer inhärenten Relevanz zu verstehen und ihre Bedeutung für die eigenen Sicherheitsinteressen zu sehen. Kritische Entwicklungen müssen in ihrer Dynamik, ihren Hintergründen und ihrer Komplexität verfolgt und kontinuierlich bewertet werden, um den politischen und militärischen Entscheidungsträgern die erforderliche *situational awareness* an die Hand zu geben. Dieser Prozess ist der Kernauftrag eines Auslandsnachrichtendiensts. Dafür sollte er adäquat ausgestattet und rechtlich ermächtigt werden.

Werteentscheidungen – das hat sich im Zuge der NSA-Affäre eindrücklich gezeigt – können und sollen nachrichtendienstliche Befähigungen limitieren. Manchmal auch ganz ausschließen. Wo dies geschieht, muss aber auch Klarheit und Wahrheit darüber herrschen, was das für die Wahrung der eigenen Sicherheitsinteressen bedeutet. Es mag ernüchternd klingen, doch an dem viel zitierten Satz, wonach Sicherheit nicht alles, aber ohne Sicherheit eben auch alles nichts ist, kommt man letztlich nicht vorbei.

Am Beispiel des Kriegs in der Ukraine lässt sich im Übrigen auch aus russischer Perspektive deutlich erkennen, was geschieht, wenn es an *situational awareness* mangelt. Die russische Führung hat offenbar von Anfang an die Resilienz des von ihr überfallenen Landes und seiner Bevölkerung, aber auch die Bereitschaft des Westens unter Führung der »zurückgekehrten« Weltmacht USA zu einer raschen, entschlossenen und nachhaltigen Reaktion unterschätzt. Diese Fehleinschätzung, auf deren Grundlage der Kreml glaubte, ohne allzu schwerwiegende Konsequenzen einen schnellen »Enthauptungsschlag« mit nachfolgendem Regimewechsel im Nachbarland führen zu können, basierte auf einer als zögerlich und wenig robust perzipierten Reaktion des Westens auf die Annexion der Krim im Sommer 2014. Vieles – darunter auch eine Professionalisierung der ukrainischen Streitkräfte nach NATO-Kriterien – wurde in Moskau schlichtweg übersehen, vielleicht sogar geflissentlich ignoriert.

Im Grunde genommen handelt es sich bei der Entwicklung, die zu den Ereignissen vom 24. Februar 2022 führte, um eine ganze Reihe von sicherheitspolitischen Fehlleistungen. Eine unabdingbare – wenn auch nicht allein ausreichende – Voraussetzung für die Vermeidung folgenschwerer politischer und militärischer Fehler wäre eine möglichst zutreffende Wahrnehmung der Realität gewesen. Sach- und fachkompetente Nachrichtendienste können wesentlich zur Lagefeststellung und Lagebeurteilung beitragen. Doch dazu müssen sie entsprechend gefördert und gefordert werden. Letzteres bedeutet unabdingbar, dass sie im politischen Entscheidungsprozess angemessen berücksichtigt werden.

Das ist heute alles andere als selbstverständlich, wie man an den aktuellen internationalen Diskussionen sieht. Dort fielen die Reaktionen auf die Veröffentlichung der eindeutigen nachrichtendienstlichen Indikatoren für die russischen Angriffsvorbereitungen ganz unterschiedlich aus. Die einen wollten sie politisch wahrhaben, die anderen dagegen, allein schon aufgrund der sich hieraus ergebenden politischen oder militärischen Konsequenzen, nicht. Bei alledem wird deutlich, dass es darum geht, die Befähigungen und Absichten der sicherheitspolitisch relevanten Akteure zu kennen. Doch das allein reicht natürlich nicht aus. Eine Regierung muss sie auch in ihrer Bedeutung für die eigenen vitalen Interessen der Selbstbehauptung und Zukunftsfähigkeit in Freiheit, Frieden und Wohlstand anerkennen. Nur mithilfe dieser Erkenntnisse lassen sich eigene Befähigungen aufbauen, die ein Staat, am besten im Zusammenwirken mit Gleichgesinnten, zur glaubhaften Abschreckung – oder gegebenenfalls angemessenen Verteidigung – besitzen muss. Dabei handelt es sich um ein Kernelement der aus dem Kalten Krieg bekannten – und mit dessen Ende nur zu gerne verdrängten – NATO-Strategie der *flexible response.* Sie kann nur dann greifen, wenn die Bedrohungselemente, auf die flexibel reagiert werden soll, in ihrer zeitlichen, qualitativen und quantitativen Dimension rechtzeitig und zutreffend erkannt werden. Dieses Erkennen ist eine der Kernaufgaben der strategischen Auslandsaufklärung. Gerade wenn wir uns die Gefahren vor Augen halten, die im Cyberraum entstehen, wird deutlich, wie wichtig es ist, schon jetzt eine belastbare und bedrohungsadäquate Informationsbasis zu schaffen. Die Sentenz »Wissen ist Macht« gewinnt so im Bereich staatlicher Sicherheitsgewährleistung mehr denn je ihre ganz praktische – im Extremfall auch überlebenswichtige – Bedeutung.

Ohne den politischen Willen zum wissensbasierten Handeln und die Vermeidung von illusionären Wunschvorstellungen oder kognitiven Vermeidungshaltungen bei der Entscheidungsfindung geht es nicht. *All politics is local*, so lautet ein bekannter amerikanischer Slogan. Er soll in Erinnerung rufen, dass jedenfalls in Demokratien die entscheidenden Rahmenbedingungen auch für außen- und sicherheitspolitische Entscheidungen in der gesellschaftlichen Diskussion entstehen. Hier liegt eine wesentliche Verantwortung – und schwierige Herausforderung – für Politikerinnen und Politiker, der Versuchung einer »Wohlfühldemokratie« zu widerstehen. Es ist unumgänglich, das gesellschaftliche Bewusstsein auch auf die bedrückenden Realitäten zu lenken, die unsere privilegierte Existenz zu einer potenziell gefährdeten »Insel der Seligen« werden lassen. Wer die Abhängigkeiten, Bedingtheiten und Gefährdungen des eigenen Daseins nicht zur Kenntnis nimmt, läuft Gefahr, jäh »in einer anderen Welt« aufzuwachen, die es nicht mehr erlaubt, »am Fenster zu stehen, sein Gläschen auszutrinken, den Fluss hinab die bunten Schiffe gleiten zu sehen, um dann abends froh nach Haus zu gehen und Fried und Friedenszeiten zu segnen«. Nicht immer gibt das Schicksal eine zweite Chance.

Speaking truth to power, so möchte ich darum zum Abschluss sagen, ist eine der wichtigsten Aufgaben des Nachrichtendienstes. Diese »Wahrheit« zu ermitteln, zu verstehen und verständlich zu machen, ist seine vornehmste Aufgabe. Nur muss *power* dann auch bereit und politisch in der Lage sein, sich mit ihr auseinanderzusetzen und sachgerechte Konsequenzen zu ziehen, wenn nachrichtendienstliche Arbeit einen Sinn haben soll. Offenbar bedurfte es erst wieder eines Schocks, um vielen von uns die elementaren Bedingtheiten unseres Wohlstands und unserer Zukunftsfähigkeit ins Bewusstsein zu rufen. Sollten dem kollektiven Erschrecken und der vielstimmigen »inneren Einkehr« nunmehr angemessene – insbesondere bestandskräftige und nachhaltige – Konsequenzen auch für die Nachrichtendienste als tragende Teile der Sicherheitsstatik folgen, könnte am Ende vielleicht doch das stolze Wort *Mission accomplished* gewagt werden. Der sicherheitspolitische Geleitzug zieht weiter, und es ist für uns alle nicht nur wichtig zu wissen, wohin. Wir wären auch gut beraten, durch adäquate Eigenständigkeit und Eigenleistung unseren Beitrag zu seiner Kursbestimmung zu leisten.

Danksagung

Dieses Buch ist in der Hoffnung geschrieben worden, anhand von biografischen Episoden, Eindrücken und meist auch öffentlich diskutierten Hintergrundinformationen die Bedeutung und Aufgabenstellung des Bundesnachrichtendienstes in der Statik der deutschen Sicherheitsarchitektur einer breiteren Leserschaft näherbringen zu können.

Dass ein Neuanfang in der gesellschaftlichen wie politischen Bewertung und Unterstützung des Dienstes nunmehr im Zeichen der Zeitenwende gelingen möge, wünsche ich insbesondere einer neuen Generation, die sich anschickt, in den Nachrichtendiensten des Bundes und der Länder ihren Beitrag zur Bewältigung der gravierenden sicherheitspolitischen Herausforderungen zu leisten.

In Dankbarkeit und Anerkennung seien diese Zeilen all den Kolleginnen und Kollegen im Dienst gewidmet, die mich auf meinen zuweilen verschlungenen Pfaden angeleitet, gefördert, großartig unterstützt und zuverlässig begleitet haben und die selbst unter den widrigen Bedingungen ihrer Zeit dem Dienst und seiner Aufgabe in Beständigkeit, großem Engagement und unerschöpflichem Erfindungsreichtum die Treue gehalten haben.

Die Profession bringt es mit sich, dass Namen in der Öffentlichkeit meist fehl am Platz sind. So bleibt mir nur, in großer Dankbarkeit an die Menschen, auch an solche in weniger gut beleumundeten Ländern und Organisationen, zu denken, ohne deren Hilfsbereitschaft, Gastfreundschaft, guten Rat und tatkräftige Unterstützung ich meine Aufgaben nicht hätte erfüllen können. Mitmenschlichkeit und Anstand finden sich überall, auch und gerade dort, wo der oberflächliche oder auch selbstgerechte Beobachter nur Unheil wittert.

Ein herzlicher Dank gebührt aber in ganz besonderem Maße meiner lieben Frau, die mit großer Geduld und liebevollem Zuspruch meinen Unruhestand ebenso ertragen und unterstützt hat wie meine Autorschaft.

Zu guter Letzt möchte ich ganz besonders meinem Co-Autor Martin Specht danken, der mit großer Einfühlsamkeit, Kompetenz und sprachlicher Gestaltungskraft aus manchmal arg fachspezifischem »Sprech« ein lesbares und wohl auch spannendes Buch hat zaubern können. Natürlich liegen aber mögliche Fehler oder Missverständnisse ausschließlich in meiner persönlichen Verantwortung.

Berlin, im Juni 2022

Literaturhinweise

Zur Thematik dieses Buches gibt es eine umfangreiche Literatur, die hier natürlich nicht aufgeführt werden kann und soll. Grundsätzlich lohnt sich ein Blick auf die Website des Gesprächskreises Nachrichtendienste in Deutschland e. V. (GKND), auf der unter der Rubrik »Intelligence Studies« ein breit gefächertes Angebot an einführender und weiterführender Literatur zum Thema Nachrichtendienste wie auch zum Fach Intelligence Studies zu finden ist (www.gknd.org)

Zu einigen im Buch angesprochenen Themenschwerpunkten seien hier als erste Anhaltspunkte für weiterführende Lektüre die folgenden Werke genannt:

Bergman, Ronen: *Der Schattenkrieg. Israel und die geheimen Tötungskommandos des Mossad*, München 2016.

Conrad, Gerhard: »*Situational Awareness for EU Decision-making: The Next Decade*«, in: *European Foreign Affairs Review* 26, Nr.1 (2021), 55–70.

Dietl, Wilhelm: *Staatsaffäre: Hinter den Kulissen der Geheimdienste. Das Tauziehen um die deutschen Geiseln in Libanon*, Stuttgart 1997.

Dietrich, Jan-Hendrick/Eiffler, Sven R. (Hrsg.): *Handbuch des Rechts der Nachrichtendienste*, Stuttgart 2017.

Dietrich, Jan-Hendrick/Sule, Satish (Hrsg.): *Intelligence Law and Policies in Europe. A Handbook*, München 2019.

Harel, Amos/Issacharoff, Avi: *34 Days. Israel, Hezbollah and the War in Lebanon*, New York 2008.

Jervis, Robert: »Why Intelligence and Policy Makers Clash«, in: *Political Science Quarterly*, Band 125, Nr. 2 (Sommer 2010), S. 185–204.

Kepel, Gilles: *Les banlieues de l'Islam. Naissance d'une religion en France*, Paris 1991.

Nehring, Christopher: *Geheimdienstmorde. Wenn Staaten töten – Hintergründe, Motive, Methoden*, München 2022.

Neitzel, Sönke: *Cultures of Intelligence in the Era of the World Wars*, London 2020.

Neitzel, Sönke/Scianna, Bastian Matteo: *Blutige Enthaltung. Deutschlands Rolle im Syrienkrieg*, München 2021.

Omand, David: *Securing the State. Intelligence and Security*, London 2010.

Picco, Giandomenico: *Man without a gun. One diplomat's secret struggle to free the hostages, fright terrorism, and end a war*, New York 1999.

Schindler, Gerhard: *Wer hat Angst vorm BND? Warum wir mehr Mut beim Kampf gegen die Bedrohungen unseres Landes brauchen*. Eine Streitschrift, Berlin 2020.

Sonne, Werner: *Staatsraison? Wie Deutschland für Israels Sicherheit haftet*, Berlin 2013.